# TRANZLATY

## La lingua è per tutti

언어는 모든 사람을 위한 것입니다

# Il richiamo della foresta

## 야생의 부름

## Jack London

Italiano / 한국어

# Nel primitivo
## 원시 속으로

**Buck non leggeva i giornali.**
벅은 신문을 읽지 않았다.
**Se avesse letto i giornali avrebbe saputo che i guai si stavano avvicinando.**
그가 신문을 읽었더라면 문제가 생길 것이라는 걸 알았을 겁니다.
**Non erano guai solo per lui, ma per tutti i cani da caccia.**
문제는 그 자신에게만 있는 것이 아니라 모든 조수 개에게 있었습니다.
**Ogni cane con muscoli forti e pelo lungo e caldo sarebbe stato nei guai.**
근육이 튼튼하고 털이 따뜻하고 긴 개들은 모두 곤경에 처할 것입니다.
**Da Puget Bay a San Diego nessun cane poteva sfuggire a ciò che stava per accadere.**
퓨젯 베이에서 샌디에이고까지, 어떤 개도 다가오는 일에서 벗어날 수 없었습니다.
**Gli uomini, brancolando nell'oscurità artica, avevano trovato un metallo giallo.**
사람들은 북극의 어둠 속에서 더듬거리다가 노란 금속을 발견했습니다.
**Le compagnie di navigazione a vapore e di trasporto erano alla ricerca della scoperta.**
증기선과 운송 회사들이 그 발견을 추적했습니다.
**Migliaia di uomini si riversarono nel Nord.**
수천 명의 사람들이 북쪽 땅으로 달려갔습니다.
**Questi uomini volevano dei cani, e i cani che volevano erano cani pesanti.**
이 남자들은 개를 원했는데, 그들이 원했던 개는 몸집이 큰 개들이었습니다.
**Cani dotati di muscoli forti per lavorare duro.**
힘든 일을 할 수 있을 만큼 강한 근육을 가진 개.
**Cani con il pelo folto che li protegge dal gelo.**

서리로부터 몸을 보호하기 위해 털이 있는 개.

**Buck viveva in una grande casa nella soleggiata Santa Clara Valley.**
벅은 햇살이 가득한 산타클라라 밸리의 큰 집에서 살았습니다.

**La casa del giudice Miller era chiamata così.**
밀러 판사의 집이라고 불렸습니다.

**La sua casa era nascosta tra gli alberi, lontana dalla strada.**
그의 집은 길에서 멀리 떨어져 있었고, 나무 사이에 반쯤 숨겨져 있었습니다.

**Si poteva intravedere l'ampia veranda che circondava la casa.**
집 주변에 펼쳐진 넓은 베란다를 엿볼 수 있었습니다.

**Si accedeva alla casa tramite vialetti ghiaiosi.**
그 집은 자갈길을 따라 접근했습니다.

**I sentieri si snodavano attraverso ampi prati.**
길은 넓게 펼쳐진 잔디밭 사이로 구불구불하게 이어져 있었습니다.

**In alto si intrecciavano i rami degli alti pioppi.**
머리 위로는 키 큰 포플러나무 가지가 서로 얽혀 있었습니다.

**Nella parte posteriore della casa le cose erano ancora più spaziose.**
집 뒤쪽은 훨씬 더 넓었습니다.

**C'erano grandi scuderie, dove una dozzina di stallieri chiacchieravano**
12명의 신랑이 이야기를 나누고 있는 큰 마구간이 있었습니다.

**C'erano file di cottage per i servi ricoperti di vite**
포도나무로 덮인 하인들의 오두막이 줄지어 있었습니다.

**E c'era una serie infinita e ordinata di latrine**
그리고 끝없이 질서정연하게 늘어선 변소들이 있었습니다.

**Lunghi pergolati d'uva, pascoli verdi, frutteti e campi di bacche.**
긴 포도 나무, 푸른 목초지, 과수원, 딸기 농장.

Poi c'era l'impianto di pompaggio per il pozzo artesiano.
그리고 자연 샘물을 위한 펌핑 시설도 있었습니다.

E c'era la grande cisterna di cemento piena d'acqua.
그리고 물이 가득 찬 큰 시멘트 탱크가 있었습니다.

Qui i ragazzi del giudice Miller hanno fatto il loro tuffo mattutino.
여기서 밀러 판사의 아들들이 아침 수영을 했습니다.

E lì si rinfrescavano anche nel caldo pomeriggio.
그리고 그들은 더운 오후에도 그곳에서 식었습니다.

E su questo grande dominio, Buck era colui che lo governava tutto.
그리고 이 광대한 영역 전체를 통치하는 사람은 벅이었습니다.

Buck nacque su questa terra e visse qui tutti i suoi quattro anni.
벅은 이 땅에서 태어나서 4년 동안 이곳에서 살았습니다.

C'erano effettivamente altri cani, ma non avevano molta importanza.
물론 다른 개들도 있었지만, 그들은 정말 중요하지 않았습니다.

In un posto vasto come questo ci si aspettava la presenza di altri cani.
이처럼 넓은 장소에는 다른 개들이 있을 것으로 예상되었습니다.

Questi cani andavano e venivano oppure vivevano nei canili affollati.
이 개들은 왔다가 갔거나, 바쁜 개집 안에서 살았습니다.

Alcuni cani vivevano nascosti in casa, come Toots e Ysabel.
어떤 개들은 투츠와 이사벨처럼 집 안에 숨어서 살았습니다.

Toots era un carlino giapponese, Ysabel una cagnolina messicana senza pelo.
투츠는 일본산 퍼그이고, 이사벨은 털이 없는 멕시코산 개입니다.

Queste strane creature raramente uscivano di casa.
이 이상한 생물들은 집 밖으로 거의 나가지 않았습니다.

**Non toccarono terra né annusarono l'aria esterna.**
그들은 땅을 밟지도 않았고, 바깥 공기를 맡지도
않았습니다.

**C'erano anche i fox terrier, almeno una ventina.**
또한 폭스 테리어도 있었는데, 그 수가 적어도 20마리는
되었습니다.

**Questi terrier abbaiavano ferocemente a Toots e Ysabel in casa.**
이 테리어들은 집 안에 있는 투츠와 이사벨을 향해
사납게 짖었습니다.

**Toots e Ysabel rimasero dietro le finestre, al sicuro da ogni pericolo.**
투츠와 이사벨은 창문 뒤에 숨어서 피해를 입지
않았습니다.

**Erano sorvegliati da domestiche armate di scope e stracci.**
그들은 빗자루와 걸레를 든 하녀들의 보호를 받았습니다.

**Ma Buck non era un cane da casa e nemmeno da canile.**
하지만 벅은 집에서 키우는 개도 아니고, 개집에 있는
개도 아니었습니다.

**L'intera proprietà apparteneva a Buck come suo legittimo regno.**
그 재산 전체는 벅의 합법적 영토에 속했습니다.

**Buck nuotava nella vasca o andava a caccia con i figli del giudice.**
벅은 탱크에서 수영을 하거나 판사의 아들들과 사냥을
갔습니다.

**Camminava con Mollie e Alice nelle prime ore del mattino o tardi.**
그는 이른 아침이나 늦은 시간에 몰리와 앨리스와 함께
걸었습니다.

**Nelle notti fredde si sdraiava davanti al fuoco della biblioteca insieme al giudice.**
추운 밤에는 그는 판사와 함께 도서관 불 앞에 누워
있었습니다.

**Buck accompagnava i nipoti del giudice sulla sua robusta schiena.**

벅은 튼튼한 등에 판사의 손자들을 태워주었다.

Si rotolava nell'erba insieme ai ragazzi, sorvegliandoli da vicino.

그는 소년들과 함께 풀밭에 뒹굴며 그들을 단단히 지켰다.

Si avventurarono fino alla fontana e addirittura oltre i campi di bacche.

그들은 분수까지 갔고 심지어 베리밭을 지나치기도 했습니다.

Tra i fox terrier, Buck camminava sempre con orgoglio regale.

폭스 테리어들 사이에서 벅은 언제나 왕족의 자부심을 가지고 걸었다.

Ignorò Toots e Ysabel, trattandoli come se fossero aria.

그는 투츠와 이사벨을 무시하고 공기처럼 대했습니다.

Buck governava tutte le creature viventi sulla terra del giudice Miller.

벅은 밀러 판사의 땅에 사는 모든 생물을 다스렸습니다.

Dominava gli animali, gli insetti, gli uccelli e perfino gli esseri umani.

그는 동물, 곤충, 새, 심지어 인간까지 다스렸습니다.

Il padre di Buck, Elmo, era un enorme e fedele San Bernardo.

벅의 아버지 엘모는 거대하고 충성스러운 세인트 버나드였습니다.

Elmo non si allontanò mai dal Giudice e lo servì fedelmente.

엘모는 판사 곁을 떠난 적이 없으며, 충실하게 그를 섬겼습니다.

Buck sembrava pronto a seguire il nobile esempio del padre.

벅은 아버지의 고귀한 모범을 따를 준비가 된 것 같았다.

Buck non era altrettanto grande: pesava sessanta chili.

벅은 그보다 조금 더 컸고, 무게는 140파운드였다.

Sua madre, Shep, era una splendida cagnolina da pastore scozzese.

그의 어머니 셰프는 훌륭한 스코티시 셰퍼드견이었습니다.

Ma nonostante il suo peso, Buck camminava con una presenza regale.

하지만 그 무게에도 불구하고 벅은 당당한 위엄을 가지고 걸었다.

Ciò derivava dal buon cibo e dal rispetto che riceveva sempre.

이는 맛있는 음식과 그가 항상 받았던 존경에서 비롯되었습니다.

Per quattro anni Buck aveva vissuto come un nobile viziato.

4년 동안 벅은 버릇없는 귀족처럼 살았습니다.

Era orgoglioso di sé stesso e perfino un po' egocentrico.

그는 자신을 자랑스러워했고, 심지어 약간은 자만심이 강했습니다.

Quel tipo di orgoglio era comune tra i signori delle campagne remote.

그런 종류의 자부심은 멀리 떨어진 시골 영주들에게서 흔히 볼 수 있었습니다.

Ma Buck si salvò dal diventare un cane domestico viziato.

하지만 벅은 자신을 애지중지하는 집고양이로 전락하는 것을 막았습니다.

Rimase snello e forte grazie alla caccia e all'esercizio fisico.

그는 사냥과 운동을 통해 날씬하고 강한 몸매를 유지했습니다.

Amava profondamente l'acqua, come chi si bagna nei laghi freddi.

그는 차가운 호수에서 목욕하는 사람들처럼 물을 매우 사랑했습니다.

Questo amore per l'acqua mantenne Buck forte e molto sano.

물을 좋아하는 마음 덕분에 벅은 강하고 매우 건강하게 자랐습니다.

Questo era il cane che Buck era diventato nell'autunno del 1897.

벅은 1897년 가을에 이런 개로 변했습니다.

Quando lo sciopero del Klondike spinse gli uomini verso il gelido Nord.

클론다이크 파업으로 사람들이 얼어붙은 북쪽으로
이주하게 됐습니다.

**Da ogni parte del mondo la gente accorse in massa verso la fredda terra.**

사람들은 전 세계에서 추운 땅으로 몰려들었습니다.

**Buck, tuttavia, non leggeva i giornali e non capiva le notizie.**

하지만 벅은 신문을 읽지 않았고, 뉴스도 이해하지
못했습니다.

**Non sapeva che Manuel fosse una persona cattiva con cui stare.**

그는 마누엘이 주변에 있으면 안 좋은 사람이라는 걸
몰랐다.

**Manuel, che aiutava in giardino, aveva un grosso problema.**

정원 일을 돕는 마누엘은 심각한 문제를 안고
있었습니다.

**Manuel era dipendente dal gioco d'azzardo alla lotteria cinese.**

마누엘은 중국 복권 도박에 중독되어 있었습니다.

**Credeva fermamente anche in un sistema fisso per vincere.**

그는 또한 승리를 위한 고정된 시스템을 굳게
믿었습니다.

**Questa convinzione rese il suo fallimento certo e inevitabile.**

그 믿음이 그의 실패를 확실하고 불가피하게
만들었습니다.

**Per giocare con un sistema erano necessari soldi, soldi che a Manuel mancavano.**

시스템에 따라 플레이하려면 돈이 필요한데,
마누엘에게는 그게 없었습니다.

**Il suo stipendio bastava a malapena a sostenere la moglie e i numerosi figli.**

그의 급여로는 아내와 많은 아이들을 부양하기
어려웠습니다.

**La notte in cui Manuel tradì Buck, tutto era normale.**

마누엘이 벅을 배신한 밤, 모든 것은 평범했습니다.

**Il giudice si trovava a una riunione dell'Associazione dei coltivatori di uva passa.**

판사는 건포도 재배자 협회 회의에 참석했습니다.

**A quel tempo i figli del giudice erano impegnati a fondare un club sportivo.**

그 당시 판사의 아들들은 운동 클럽을 조직하는 데 바빴습니다.

**Nessuno vide Manuel e Buck uscire dal frutteto.**

마누엘과 벅이 과수원을 떠나는 것을 본 사람은 아무도 없었다.

**Buck pensava che questa fosse solo una semplice passeggiata notturna.**

벅은 이 산책이 단순한 야간 산책일 뿐이라고 생각했습니다.

**Incontrarono un solo uomo alla stazione della bandiera, a College Park.**

그들은 칼리지 파크의 깃발 역에서 단 한 명의 남자를 만났습니다.

**Quell'uomo parlò con Manuel e si scambiarono i soldi.**

그 남자는 마누엘에게 말을 걸었고, 그들은 돈을 교환했습니다.

**"Imballa la merce prima di consegnarla", suggerì.**

"물품을 배달하기 전에 포장하세요."라고 그는 제안했습니다.

**La voce dell'uomo era roca e impaziente mentre parlava.**

그 남자는 말할 때 거칠고 참을성 없는 목소리로 말했다.

**Manuel legò con cura una corda spessa attorno al collo di Buck.**

마누엘은 벅의 목에 두꺼운 밧줄을 조심스럽게 묶었다.

**"Se giri la corda, lo strangolerai di brutto"**

"밧줄을 비틀면 그를 충분히 목졸라 죽일 수 있을 거야"

**Lo straniero emise un grugnito, dimostrando di aver capito bene.**

낯선 사람은 웅얼거림을 내며 잘 이해했다는 것을 보여주었다.

**Quel giorno Buck accettò la corda con calma e silenziosa dignità.**

그날 벅은 침착하고 조용한 품위로 밧줄을 받았습니다.

Era un atto insolito, ma Buck si fidava degli uomini che conosceva.

특이한 행동이었지만 벅은 자신이 아는 사람들을 신뢰했습니다.

Credeva che la loro saggezza andasse ben oltre il suo pensiero.

그는 그들의 지혜가 자신의 생각을 훨씬 뛰어넘는다고 믿었습니다.

Ma poi la corda venne consegnata nelle mani dello straniero.

하지만 그 밧줄은 낯선 사람의 손에 건네졌습니다.

Buck emise un ringhio basso che suonava come un avvertimento e una minaccia silenziosa.

벅은 조용한 위협으로 경고하는 낮은 으르렁거림을 냈다.

Era orgoglioso e autoritario e intendeva mostrare il suo disappunto.

그는 거만하고 권위적이었고, 자신의 불만을 표현하고 싶어했습니다.

Buck credeva che il suo avvertimento sarebbe stato interpretato come un ordine.

벅은 자신의 경고가 명령으로 받아들여질 것이라고 믿었다.

Con suo grande stupore, la corda si strinse rapidamente attorno al suo grosso collo.

그는 깜짝 놀랐다. 밧줄이 그의 두꺼운 목을 단단히 조였다.

Gli mancò l'aria e cominciò a lottare in preda a una rabbia improvvisa.

그의 숨이 끊어지자 그는 갑자기 분노하여 싸우기 시작했습니다.

Si lanciò verso l'uomo, che si lanciò rapidamente contro Buck a mezz'aria.

그는 그 남자에게 달려들었고, 그 남자는 공중에서 벅을 빠르게 만났다.

L'uomo afferrò Buck per la gola e lo fece ruotare abilmente in aria.

그 남자는 벅의 목을 움켜쥐고 능숙하게 그를 공중으로 휘둘렀다.

**Buck venne scaraventato a terra con violenza, atterrando sulla schiena.**

벅은 세게 내던져져 등을 땅에 박았다.

**La corda ora lo strangolava crudelmente mentre lui scalciava selvaggiamente.**

그는 격렬하게 발길질을 하는 동안 밧줄이 잔인하게 그를 질식시켰다.

**La sua lingua cadde fuori, il suo petto si sollevò, ma non riprese fiato.**

그의 혀가 빠지고, 가슴이 뛰었지만, 숨을 쉴 수 없었다.

**Non era mai stato trattato con tanta violenza in vita sua.**

그는 평생 그렇게 폭력적인 대우를 받은 적이 없었습니다.

**Non era mai stato così profondamente invaso da una rabbia così profonda.**

그는 이전에 그렇게 깊은 분노에 사로잡힌 적이 없었습니다.

**Ma il potere di Buck svanì e i suoi occhi diventarono vitrei.**

하지만 벅의 힘은 약해졌고, 그의 눈은 유리처럼 변했습니다.

**Svenne proprio mentre un treno veniva fermato lì vicino.**

그는 근처에서 기차가 정차하는 순간 기절했습니다.

**Poi i due uomini lo caricarono velocemente nel vagone bagagli.**

그러자 두 남자는 그를 재빨리 짐차에 집어넣었다.

**La cosa successiva che Buck sentì fu dolore alla lingua gonfia.**

벅이 느낀 다음 느낌은 부어오른 혀에 느껴지는 통증이었습니다.

**Si muoveva su un carro traballante, solo vagamente cosciente.**

그는 흔들리는 수레를 타고 움직이고 있었고, 의식은 희미했습니다.

**Il fischio acuto di un treno rivelò a Buck la sua posizione.**

날카로운 기차 기적 소리가 벅의 위치를 알려주었다.

Aveva spesso cavalcato con il Giudice e conosceva quella sensazione.

그는 종종 판사와 함께 말을 타고 다녔고 그 느낌을 알고 있었습니다.

Fu un'esperienza unica viaggiare di nuovo in un vagone bagagli.

그것은 다시 한번 수하물 운반차를 타고 여행하는 독특한 충격이었습니다.

Buck aprì gli occhi e il suo sguardo ardeva di rabbia.

벅은 눈을 떴고, 그의 시선은 분노로 불타올랐다.

Questa era l'ira di un re orgoglioso detronizzato.

이는 왕좌에서 쫓겨난 거만한 왕의 분노였다.

Un uomo allungò la mano per afferrarlo, ma Buck colpì per primo.

한 남자가 그를 붙잡으려고 했지만 벅이 먼저 공격했습니다.

Affondò i denti nella mano dell'uomo e la strinse forte.

그는 그 남자의 손에 이빨을 박고 꽉 잡았다.

Non mi lasciò andare finché non svenne per la seconda volta.

그는 두 번째로 기절할 때까지 놓지 않았습니다.

"Sì, ha degli attacchi", borbottò l'uomo al facchino.

"그래, 발작이 일어났지." 그 남자는 짐꾼에게 중얼거렸다.

Il facchino aveva sentito la colluttazione e si era avvicinato.

짐꾼이 몸싸움 소리를 듣고 가까이 다가왔습니다.

"Lo porto a Frisco per conto del capo", spiegò l'uomo.

"사장님을 만나러 그를 프리스코로 데려갈 거예요." 그 남자가 설명했다.

"C'è un bravo dottore per cani che dice di poterli curare."

"그곳에 훌륭한 개 의사가 있어서 그들을 고칠 수 있다고 합니다."

Più tardi quella notte l'uomo raccontò la sua versione completa.

그날 밤 늦게 그 남자는 자신의 모든 사실을
진술했습니다.

Parlava da un capannone dietro un saloon sul molo.
그는 부두의 술집 뒤에 있는 창고에서 연설했다.

"Mi hanno dato solo cinquanta dollari", si lamentò con il
gestore del saloon.
그는 술집 주인에게 "제가 받은 건 겨우
50달러뿐이에요"라고 불평했다.

"Non lo rifarei, nemmeno per mille dollari in contanti."
"다시는 그런 짓은 하지 않을 거예요. 천만 원의 현금을
준다고 해도요."

La sua mano destra era strettamente avvolta in un panno
insanguinato.
그의 오른손은 피 묻은 천으로 단단히 감싸져
있었습니다.

La gamba dei suoi pantaloni era completamente strappata
dal ginocchio al piede.
그의 바지 다리는 무릎부터 발끝까지 찢어져 있었습니다.

"Quanto è stato pagato l'altro tizio?" chiese il gestore del
saloon.
"다른 놈은 얼마 받았지?" 술집 주인이 물었다.

«Cento», rispose l'uomo, «non ne accetterebbe uno in meno».
"100달러면 한 푼도 덜 받지 않겠어요." 그 남자가
대답했다.

"Questo fa centocinquanta", disse il gestore del saloon.
"그럼 150이 되는군요." 술집 주인이 말했다.

"E lui li merita tutti, altrimenti non sono meglio di uno
stupido."
"그가 그 모든 것의 가치가 있다면, 그렇지 않다면 나는
멍청이에 불과할 거야."

L'uomo aprì gli involucri per esaminarsi la mano.
그 남자는 포장을 뜯어 자신의 손을 살펴보았다.

La mano era gravemente graffiata e ricoperta di croste di
sangue secco.
손은 심하게 찢어졌고 마른 피로 딱딱하게 굳어
있었습니다.

"Se non mi viene l'idrofobia..." cominciò a dire.

"내가 공수증에 걸리지 않는다면..." 그는 말을 시작했다.

"Sarà perché sei nato per impiccarti", giunse una risata.

"그건 네가 교수형에 처해지기 위해 태어났기
때문이겠지." 웃음이 터져 나왔다.

"Aiutami prima di partire", gli chiesero.

"떠나기 전에 좀 도와주세요." 그가 부탁을 받았습니다.

Buck era stordito dal dolore alla lingua e alla gola.

벅은 혀와 목의 통증으로 멍해졌습니다.

Era mezzo strangolato e riusciva a malapena a stare in piedi.

그는 반쯤 목이 졸려 있었고, 제대로 서 있기도
힘들었습니다.

Ciononostante, Buck cercò di affrontare gli uomini che lo
avevano ferito così duramente.

그럼에도 불구하고 벅은 자신을 그렇게 다치게 한
사람들과 마주하려고 노력했습니다.

Ma lo gettarono a terra e lo strangolarono ancora una volta.

하지만 그들은 그를 다시 쓰러뜨리고 목을 조르더군요.

Solo allora riuscirono a segargli il pesante collare di ottone.

그제서야 그들은 그의 무거운 황동 칼라를 떼어낼 수
있었습니다.

Tolsero la corda e lo spinsero in una cassa.

그들은 밧줄을 제거하고 그를 상자 속으로 밀어 넣었다.

La cassa era piccola e aveva la forma di una gabbia di ferro
grezza.

상자는 작았고 거친 철제 우리 모양이었습니다.

Buck rimase lì per tutta la notte, pieno di rabbia e di
orgoglio ferito.

벅은 밤새도록 거기에 누워 분노와 상처받은 자존심에
가득 차 있었습니다.

Non riusciva nemmeno a capire cosa gli stesse succedendo.

그는 자신에게 무슨 일이 일어나고 있는지 이해할 수
없었습니다.

Perché quegli strani uomini lo tenevano in quella piccola
cassa?

이 이상한 남자들은 왜 그를 작은 상자에 가두었을까요?

Cosa volevano da lui e perché questa crudele prigionia?

그들은 그에게서 무엇을 원했고, 왜 이런 잔혹한 포로 생활을 했을까?

Sentì una pressione oscura e la sensazione che il disastro si avvicinasse.

그는 어두운 압박감을 느꼈다. 재앙이 다가오는 느낌이 들었다.

Era una paura vaga, ma si impadronì pesantemente del suo spirito.

그것은 막연한 두려움이었지만, 그의 정신에 깊이 자리 잡았습니다.

Diverse volte sobbalzò quando la porta del capanno sbatteva.

창고 문이 덜컹거리자 그는 몇 번이나 뛰어올랐다.

Si aspettava che il giudice o i ragazzi apparissero e lo salvassero.

그는 판사나 소년들이 나타나서 자신을 구해줄 것으로 기대했습니다.

Ma ogni volta solo la faccia grassa del gestore del saloon faceva capolino all'interno.

하지만 그때마다 술집 주인의 뚱뚱한 얼굴만이 들여다보였다.

Il volto dell'uomo era illuminato dalla debole luce di una candela di sego.

그 남자의 얼굴은 쇠기름 촛불의 희미한 빛으로 밝혀져 있었습니다.

Ogni volta, il latrato gioioso di Buck si trasformava in un ringhio basso e arrabbiato.

그때마다 벅의 즐거운 짖는 소리는 낮고 화난 으르렁거림으로 바뀌었다.


Il gestore del saloon lo ha lasciato solo per la notte nella cassa

술집 주인은 그를 밤새도록 상자에 혼자 두었습니다.

Ma quando si svegliò la mattina seguente, altri uomini stavano arrivando.

하지만 아침에 깨어나 보니 더 많은 사람들이 오고
있었습니다.

**Arrivarono quattro uomini e, con cautela, sollevarono la
cassa senza dire una parola.**
네 명의 남자가 와서 아무 말 없이 조심스럽게 상자를
집어 올렸습니다.

**Buck capì subito in quale situazione si trovava.**
벅은 자신이 처한 상황을 즉시 알아챘다.

**Erano ulteriori tormentatori che doveva combattere e temere.**
그들은 그가 싸우고 두려워해야 할 더욱 큰
괴롭힘이었습니다.

**Questi uomini apparivano malvagi, trasandati e molto mal
curati.**
이 남자들은 사악하고, 초라하고, 매우 형편없이
차려입은 모습이었습니다.

**Buck ringhiò e si lanciò contro di loro con furia attraverso le
sbarre.**
벅은 으르렁거리며 창살 너머로 그들에게 사납게
달려들었다.

**Si limitarono a ridere e a colpirlo con lunghi bastoni di
legno.**
그들은 그저 웃으며 긴 나무막대기로 그를 찔렀습니다.

**Buck morse i bastoncini, poi capì che era quello che gli
piaceva.**
벅은 막대기를 물어뜯다가 그것이 그들이 좋아하는
것이라는 걸 깨달았습니다.

**Così si sdraiò in silenzio, imbronciato e acceso da una rabbia
silenziosa.**
그래서 그는 조용히 누워서 침울한 표정으로 조용한
분노에 불타올랐습니다.

**Caricarono la cassa su un carro e se ne andarono con lui.**
그들은 상자를 마차에 싣고 그를 데리고 떠났다.

**La cassa, con Buck chiuso dentro, cambiò spesso
proprietario.**
벅이 갇혀 있는 상자는 자주 주인이 바뀌었다.

Gli impiegati dell'ufficio espresso presero in mano la situazione e si occuparono di lui per un breve periodo.

택배 사무실 직원들이 책임을 맡아 그를 잠깐 처리했습니다.

Poi un altro carro trasportò Buck attraverso la rumorosa città.

그리고 또 다른 마차가 벅을 시끄러운 마을을 가로질러 태워갔다.

Un camion lo portò con sé scatole e pacchi su un traghetto.

트럭이 그를 상자와 소포를 실은 채 페리보트에 실어 날랐다.

Dopo l'attraversamento, il camion lo scaricò presso un deposito ferroviario.

그는 강을 건너 철도 차량기지에서 트럭으로 내렸다.

Alla fine Buck venne fatto salire a bordo di un vagone espresso in attesa.

마침내 벅은 대기하고 있던 급행열차에 태워졌습니다.

Per due giorni e due notti i treni trascinarono via il vagone espresso.

이틀 밤낮으로 기차가 급행차를 끌고 나갔습니다.

Buck non mangiò né bevve durante tutto il doloroso viaggio.

벅은 고통스러운 여행 내내 아무것도 먹지 않고 마시지도 않았습니다.

Quando i messaggeri cercarono di avvicinarlo, lui ringhiò.

급행사원들이 그에게 다가가려고 하자 그는 으르렁거렸다.

Risposero prendendolo in giro e prendendolo in giro crudelmente.

그들은 그를 조롱하고 잔인하게 놀림으로써 대응했습니다.

Buck si gettò contro le sbarre, schiumando e tremando

벅은 막대에 몸을 던지고 거품을 내며 몸을 떨었습니다.

risero sonoramente e lo presero in giro come i bulli della scuola.

그들은 큰 소리로 웃으며, 학교 괴롭힘꾼처럼 그를 놀렸다.

Abbaiavano come cani finti e agitavano le braccia.

그들은 가짜 개처럼 짖으며 팔을 퍼덕였다.

**Arrivarono persino a cantare come galli, solo per farlo arrabbiare ancora di più.**

그들은 그를 더욱 화나게 하기 위해 수탉처럼 울부짖기도 했습니다.

**Era un comportamento sciocco e Buck sapeva che era ridicolo.**

그것은 어리석은 행동이었고, 벅은 그것이 터무니없다는 것을 알고 있었습니다.

**Ma questo non fece altro che accrescere il suo senso di indignazione e vergogna.**

하지만 그것은 그의 분노와 수치심을 더욱 깊게 할 뿐이었습니다.

**Durante il viaggio la fame non lo disturbò molto.**

그는 여행하는 동안 배고픔을 크게 느끼지 않았습니다.

**Ma la sete portava con sé dolori acuti e sofferenze insopportabili.**

하지만 갈증은 극심한 통증과 견딜 수 없는 고통을 가져왔습니다.

**La sua gola secca e infiammata e la lingua bruciavano per il calore.**

그의 건조하고 염증이 있는 목과 혀는 열로 인해 타올랐다.

**Questo dolore alimentava la febbre che cresceva nel suo corpo orgoglioso.**

이 고통은 그의 거만한 몸 속에서 치솟는 열을 더욱 부추겼다.

**Durante questa prova Buck fu grato per una sola cosa.**

벅은 이 시련 동안 단 한 가지에 대해서만 감사했습니다.

**Gli avevano tolto la corda dal grosso collo.**

그의 두꺼운 목에 감긴 밧줄이 제거되었습니다.

**La corda aveva dato a quegli uomini un vantaggio ingiusto e crudele.**

그 밧줄은 그 남자들에게 불공평하고 잔인한 이점을 제공했습니다.

Ora la corda non c'era più e Buck giurò che non sarebbe mai più tornata.

이제 밧줄은 사라졌고, 벅은 그것이 다시는 돌아오지 않을 것이라고 맹세했습니다.

Decise che nessuna corda gli sarebbe mai più passata intorno al collo.

그는 다시는 자신의 목에 밧줄을 두르지 않겠다고 결심했습니다.

Per due lunghi giorni e due lunghe notti soffrì senza cibo.

그는 긴 이틀 밤낮으로 아무것도 먹지 못하고 고생했습니다.

E in quelle ore, accumulò dentro di sé una rabbia enorme.

그리고 그 시간 동안 그는 엄청난 분노를 품게 되었습니다.

I suoi occhi diventarono iniettati di sangue e selvaggi per la rabbia costante.

그의 눈은 끊임없는 분노로 인해 충혈되고 사납게 변했습니다.

Non era più Buck, ma un demone con le fauci che schioccavano.

그는 더 이상 버크가 아니라, 딱딱거리는 턱을 가진 악마가 되었습니다.

Nemmeno il Giudice avrebbe potuto riconoscere questa folle creatura.

심지어 판사조차도 이 미친 생물을 알아보지 못했을 것이다.

I messaggeri espressi tirarono un sospiro di sollievo quando giunsero a Seattle

급행 배달원들은 시애틀에 도착하자 안도의 한숨을 쉬었다.

Quattro uomini sollevarono la cassa e la portarono in un cortile sul retro.

네 명의 남자가 상자를 들어올려 뒷마당으로 가져왔습니다.

Il cortile era piccolo, circondato da mura alte e solide.

마당은 작았고, 높고 튼튼한 벽으로 둘러싸여
있었습니다.

Un uomo corpulento uscì dalla stanza con una scollatura
larga e una camicia rossa.

늘어진 붉은 스웨터 셔츠를 입은 큰 남자가 나왔다.

Firmò il registro delle consegne con una calligrafia spessa e
decisa.

그는 두껍고 굵은 글씨로 납품서에 서명했다.

Buck intuì subito che quell'uomo era il suo prossimo
aguzzino.

벅은 이 남자가 자신을 괴롭히는 다음 대상이라는 것을
즉시 감지했습니다.

Si lanciò violentemente contro le sbarre, con gli occhi rossi
di rabbia.

그는 맹렬하게 쇠창살을 향해 달려들었고, 눈은 분노로
붉어졌다.

L'uomo si limitò a sorridere amaramente e andò a prendere
un'ascia.

그 남자는 그저 어두운 미소를 지으며 도끼를 가져오러
갔다.

Teneva anche una mazza nella sua grossa e forte mano
destra.

그는 두껍고 강한 오른손에 몽둥이를 들고 있었습니다.

"Lo porterai fuori adesso?" chiese l'autista preoccupato.

운전사는 걱정스러운 듯이 "지금 그를 데리고 나갈
건가요?"라고 물었다.

"Certo", disse l'uomo, infilando l'ascia nella cassa come se
fosse una leva.

"물론이죠." 그 남자는 도끼를 상자에 지렛대 삼아
꽂으며 말했다.

I quattro uomini si dileguarono all'istante, saltando sul
muro del cortile.

네 남자는 즉시 흩어져 마당 담 위로 뛰어올랐다.

Dai loro punti sicuri in alto, aspettavano di ammirare lo
spettacolo.

그들은 위쪽의 안전한 장소에서 그 광경을 지켜보았습니다.

**Buck si lanciò contro il legno scheggiato, mordendolo e scuotendolo violentemente.**

벅은 쪼개진 나무에 달려들어 사납게 물고 흔들었다.

**Ogni volta che l'ascia colpiva la gabbia, Buck era lì pronto ad attaccarla.**

도끼가 우리를 칠 때마다 벅이 우리를 공격했습니다.

**Ringhiò e schioccò le dita in preda a una rabbia selvaggia, desideroso di essere liberato.**

그는 으르렁거리고 격노하여 자유로워지고 싶어 안달이 났다.

**L'uomo all'esterno era calmo e fermo, concentrato sul suo compito.**

밖에 있는 남자는 침착하고 안정적이었으며, 자신의 임무에 집중하고 있었습니다.

**"Bene allora, diavolo dagli occhi rossi", disse quando il buco fu grande.**

"그럼, 붉은 눈의 악마야." 구멍이 커졌을 때 그는 말했다.

**Lasciò cadere l'ascia e prese la mazza nella mano destra.**

그는 도끼를 떨어뜨리고 오른손에 곤봉을 쥐었다.

**Buck sembrava davvero un diavolo: aveva gli occhi iniettati di sangue e fiammeggianti.**

벅은 정말 악마 같았습니다. 눈은 충혈되어 불타오르고 있었습니다.

**Il suo pelo si rizzò, la schiuma gli salì alla bocca e gli occhi brillarono.**

그의 털은 뻣뻣해지고, 입에서는 거품이 솟아오르고, 눈은 반짝였다.

**Lui tese i muscoli e si lanciò dritto verso il maglione rosso.**

그는 근육을 움츠리고 빨간 스웨터를 향해 곧장 달려들었다.

**Centoquaranta libbre di furia si riversarono sull'uomo calmo.**

침착한 남자에게 140파운드의 분노가 날아들었다.

Un attimo prima che le sue fauci si chiudessero, un colpo
terribile lo colpì.

그의 턱이 닫히기 직전, 끔찍한 타격이 그에게
가해졌습니다.

I suoi denti si schioccarono insieme solo sull'aria

그의 이빨은 공기 외에는 아무것도 없이 딱딱 부딪혔다.

una scossa di dolore gli risuonò nel corpo

그의 몸에는 고통의 충격이 울려 퍼졌다

Si capovolse a mezz'aria e cadde sulla schiena e su un fianco.

그는 공중에서 뒤집어져 등과 옆구리를 땅에 박살냈다.

Non aveva mai sentito prima un colpo di mazza e non
riusciva a sostenerlo.

그는 이전에 곤봉의 타격을 느껴본 적이 없었고 그것을
이해할 수도 없었다.

Con un ringhio acuto, in parte abbaio, in parte urlo, saltò di
nuovo.

그는 비명과 짖는 소리, 비명과도 같은 괴성을 지르며
다시 뛰어올랐습니다.

Un altro colpo violento lo colpì e lo scaraventò a terra.

또다시 잔혹한 일격이 그를 강타하여 땅에 쓰러뜨렸다.

Questa volta Buck capì: era la pesante clava dell'uomo.

이번에는 벅이 깨달았다. 그것은 그 남자가 들고 있던
무거운 곤봉이었다.

Ma la rabbia lo accecò e non pensò minimamente di ritirarsi.

하지만 분노가 그를 눈멀게 했고, 후퇴할 생각은 전혀
없었다.

Dodici volte si lanciò e dodici volte cadde.

그는 12번이나 뛰어올랐고, 12번이나 떨어졌습니다.

La mazza di legno lo colpiva ogni volta con una forza
spietata e schiacciante.

그때마다 나무 곤봉은 무자비하고 파괴적인 힘으로 그를
내리쳤다.

Dopo un colpo violento, si rialzò barcollando, stordito e
lento.

그는 강력한 타격을 한 번 받은 후 비틀거리며
일어섰는데, 멍하고 움직임이 느렸다.

Il sangue gli colava dalla bocca, dal naso e perfino dalle orecchie.

그의 입, 코, 심지어 귀에서도 피가 흘러내렸습니다.

Il suo mantello, un tempo bellissimo, era imbrattato di schiuma insanguinata.

한때 아름다웠던 그의 털은 피 묻은 거품으로 얼룩져 있었습니다.

Poi l'uomo si fece avanti e gli sferrò un violento colpo al naso.

그러자 그 남자가 앞으로 나서서 코를 사악하게 내리쳤다.

L'agonia fu più acuta di qualsiasi cosa Buck avesse mai provato.

그 고통은 벅이 느껴본 어떤 고통보다 더 극심했습니다.

Con un ruggito più da bestia che da cane, balzò di nuovo all'attacco.

그는 개보다 짐승에 가까운 포효와 함께 다시 공격하려고 뛰어올랐다.

Ma l'uomo gli afferrò la mascella inferiore e la torse all'indietro.

그런데 그 남자는 그의 아래턱을 잡아 뒤로 비틀었다.

Buck si girò a testa in giù e cadde di nuovo violentemente al suolo.

벅은 머리 위로 뒤집어져서 다시 세게 떨어졌다.

Un'ultima volta, Buck si lanciò verso di lui, ormai a malapena in grado di reggersi in piedi.

벅은 마지막으로 그에게 달려들었고, 이제는 서 있기도 힘들어졌습니다.

L'uomo colpì con sapiente tempismo, sferrando il colpo finale.

그 남자는 뛰어난 타이밍으로 마지막 일격을 가했다.

Buck crollò a terra, privo di sensi e immobile.

벅은 의식을 잃고 움직이지 못한 채 쓰러졌습니다.

"Non è uno stupido ad addestrare i cani, ecco cosa dico io", urlò un uomo.

"그는 개 훈련에 능숙한 사람이에요, 제 말은요." 한 남자가 소리쳤다.

**"Druther può spezzare la volontà di un segugio in qualsiasi giorno della settimana."**

"드루더는 일주일 중 언제든지 사냥개의 의지를 꺾을 수 있어요."

**"E due volte di domenica!" aggiunse l'autista.**

운전사는 "그리고 일요일에도 두 번이나!"라고 덧붙였다.

**Salì sul carro e tirò le redini per partire.**

그는 마차에 올라타 고삐를 당겨 떠났다.

**Buck riprese lentamente il controllo della sua coscienza**

벅은 천천히 자신의 의식을 되찾았습니다.

**ma il suo corpo era ancora troppo debole e rotto per muoversi.**

하지만 그의 몸은 여전히 너무 약하고 망가져서 움직일 수 없었습니다.

**Rimase lì dove era caduto, osservando l'uomo con il maglione rosso.**

그는 쓰러진 자리에 누워서 빨간 스웨터를 입은 남자를 지켜보고 있었다.

**"Risponde al nome di Buck", disse l'uomo, leggendo ad alta voce.**

"그는 벅이라는 이름을 따릅니다." 그 남자는 큰 소리로 읽으며 말했다.

**Citò la nota inviata con la cassa di Buck e i dettagli.**

그는 벅의 상자와 함께 보낸 메모에서 자세한 내용을 인용했다.

**"Bene, Buck, ragazzo mio", continuò l'uomo con tono amichevole,**

"그래, 벅, 내 아들아." 그 남자는 친절한 어조로 말을 이었다.

**"Abbiamo avuto il nostro piccolo litigio, e ora tra noi è finita."**

"우리가 잠깐 싸웠는데, 이제 우리 사이는 끝났어."

**"Tu hai imparato qual è il tuo posto, e io ho imparato qual è il mio", ha aggiunto.**

그는 "당신은 당신의 위치를 알게 되었고, 나는 내 위치를 알게 되었습니다"라고 덧붙였다.

**"Sii buono e tutto andrà bene e la vita sarà piacevole."**

"착하게 지내면 모든 게 잘 될 거고, 인생은 즐거울 거야."

**"Ma se sei cattivo, ti spaccherò a morte, capito?"**

"하지만 나쁜 짓을 하면, 내가 너를 혼내줄게, 알겠어?"

**Mentre parlava, allungò la mano e accarezzò la testa dolorante di Buck.**

그는 말하면서 손을 내밀어 벅의 아픈 머리를 쓰다듬었다.

**I capelli di Buck si rizzarono al tocco dell'uomo, ma lui non oppose resistenza.**

남자의 손길에 벅의 머리카락이 곤두섰지만 그는 저항하지 않았다.

**L'uomo gli portò dell'acqua e Buck la bevve a grandi sorsi.**

그 남자는 벅에게 물을 가져다 주었고, 벅은 그것을 크게 벌컥벌컥 마셨다.

**Poi arrivò la carne cruda, che Buck divorò pezzo per pezzo.**

그 다음에는 날고기가 나왔는데, 벅은 그것을 조각조각 먹어치웠다.

**Sapeva di essere stato sconfitto, ma sapeva anche di non essere distrutto.**

그는 자신이 패배했다는 것을 알았지만, 무너지지 않았다는 것도 알았습니다.

**Non aveva alcuna possibilità contro un uomo armato di manganello.**

그는 곤봉을 든 남자에게 대항할 수 없었다.

**Aveva imparato la verità e non dimenticò mai quella lezione.**

그는 진실을 깨달았고, 그 교훈을 결코 잊지 않았습니다.

**Quell'arma segnò l'inizio della legge nel nuovo mondo di Buck.**

그 무기는 벅의 새로운 세상에서 법의 시작이었습니다.

**Fu l'inizio di un ordine duro e primitivo che non poteva negare.**

그것은 그가 거부할 수 없는 가혹하고 원시적인 질서의
시작이었습니다.

**Accettò la verità: i suoi istinti selvaggi erano ormai
risvegliati.**

그는 진실을 받아들였습니다. 그의 거친 본능이 이제
깨어났습니다.

**Il mondo era diventato più duro, ma Buck lo affrontò
coraggiosamente.**

세상은 더욱 가혹해졌지만, 벅은 용감하게 맞섰습니다.

**Affrontò la vita con una nuova cautela, astuzia e una forza
silenziosa.**

그는 새로운 조심성과 교활함, 그리고 조용한 힘으로
삶에 맞섰습니다.

**Arrivarono altri cani, legati con corde o gabbie, come era
successo a Buck.**

더 많은 개들이 밧줄이나 상자에 묶인 채로
도착했습니다.

**Alcuni cani procedevano con calma, altri si infuriavano e
combattevano come bestie feroci.**

어떤 개들은 차분하게 다가왔고, 어떤 개들은 맹수처럼
격노하며 싸웠습니다.

**Tutti loro furono sottoposti al dominio dell'uomo con il
maglione rosso.**

그들 모두는 붉은 스웨터를 입은 남자의 지배를 받게
되었습니다.

**Ogni volta Buck osservava e vedeva svolgersi la stessa
lezione.**

그때마다 벅은 똑같은 교훈이 펼쳐지는 것을
지켜보았습니다.

**L'uomo con la clava era la legge: un padrone a cui obbedire.**

곤봉을 든 남자는 법이었고, 복종해야 할
주인이었습니다.

**Non era necessario che gli piacesse, ma che gli si obbedisse.**

그는 좋아할 필요는 없었지만, 복종은 필요했습니다.

**Buck non si è mai mostrato adulatore o scodinzolante come
facevano i cani più deboli.**

벅은 약한 개들처럼 아첨하거나 꼬리를 흔들지
않았습니다.

**Vide dei cani che erano stati picchiati e che continuavano a leccare la mano dell'uomo.**

그는 구타당한 개들이 여전히 그 남자의 손을 핥는 것을
보았습니다.

**Vide un cane che non obbediva né si sottometteva affatto.**

그는 전혀 복종하거나 복종하지 않는 개 한 마리를
보았습니다.

**Quel cane ha combattuto fino alla morte nella battaglia per il controllo.**

그 개는 통제권을 놓고 싸우다가 죽을 때까지
싸웠습니다.

**A volte degli sconosciuti venivano a trovare l'uomo con il maglione rosso.**

낯선 사람들이 가끔 빨간 스웨터를 입은 남자를 보러
오곤 했습니다.

**Parlavano con toni strani, supplicando, contrattando e ridendo.**

그들은 이상한 어조로 애원하고, 흥정하고, 웃으며
말했다.

**Dopo aver scambiato i soldi, se ne andavano con uno o più cani.**

돈을 교환한 뒤, 그들은 한 마리 이상의 개를 데리고
떠났습니다.

**Buck si chiese dove andassero questi cani, perché nessuno faceva mai ritorno.**

벅은 이 개들이 어디로 갔는지 궁금했습니다. 아무도
돌아오지 않았거든요.

**la paura dell'ignoto riempiva Buck ogni volta che un uomo sconosciuto si avvicinava**

낯선 남자가 나타날 때마다 벅은 미지의 두려움에
사로잡혔다.

**era contento ogni volta che veniva preso un altro cane, al posto suo.**

그는 자신이 아닌 다른 개가 데려가질 때마다
기뻤습니다.

**Ma alla fine arrivò il turno di Buck con l'arrivo di uno strano uomo.**

하지만 마침내 벅의 차례가 왔고, 낯선 남자가
나타났습니다.

**Era piccolo, nervoso e parlava un inglese stentato e imprecava.**

그는 키가 작고, 힘없었으며, 엉터리 영어와 욕설로
말했습니다.

**"Sacredam!" urlò quando vide il corpo di Buck.**

그는 벅의 몸을 보자마자 "신성하다!"고 소리쳤다.

**"Che cane maledetto e prepotente! Eh? Quanto costa?" chiese ad alta voce.**

"이거 진짜 깡패 개잖아! 응? 얼마야?" 그가 큰 소리로
물었다.

**"Trecento, ed è un regalo a quel prezzo",**

"300달러면 그 가격에 선물이 되는 셈이죠."

**"Dato che sono soldi del governo, non dovresti lamentarti, Perrault."**

"정부 돈이니까 불평할 필요는 없지, 페로."

**Perrault sorrise pensando all'accordo che aveva appena concluso con quell'uomo.**

페로는 그 남자와 방금 한 거래를 보고 싱긋이 웃었다.

**Il prezzo dei cani è salito alle stelle a causa della domanda improvvisa.**

급격한 수요 증가로 인해 개 가격이 급등했습니다.

**Trecento dollari non erano ingiusti per una bestia così bella.**

그렇게 훌륭한 짐승에게 300달러는 불공평한 게
아니었습니다.

**Il governo canadese non perderebbe nulla dall'accordo**

캐나다 정부는 이 거래에서 아무것도 잃지 않을
것입니다.

**Né i loro comunicati ufficiali avrebbero subito ritardi nel trasporto.**

공식적인 발송도 운송 중에 지연되지 않을 것입니다.

Perrault conosceva bene i cani e capì che Buck era una rarità.

페로는 개를 잘 알았고, 벅이 희귀한 존재라는 걸 알 수 있었습니다.

"Uno su dieci diecimila", pensò, mentre studiava la corporatura di Buck.

그는 벅의 체격을 살펴보며 "만분의 1이겠지."라고 생각했습니다.

Buck vide il denaro cambiare di mano, ma non mostrò alcuna sorpresa.

벅은 돈이 바뀌는 것을 보았지만 놀라지 않았습니다.

Poco dopo lui e Curly, un gentile Terranova, furono portati via.

곧 그와 뉴펀들랜드종 컬리는 끌려나갔습니다.

Seguirono l'omino dal cortile della casa con il maglione rosso.

그들은 빨간 스웨터를 입은 그 작은 남자를 따라 마당으로 나갔습니다.

Quella fu l'ultima volta che Buck vide l'uomo con la mazza di legno.

그것이 벅이 나무 곤봉을 든 남자를 본 마지막 장면이었다.

Dal ponte del Narwhal guardò Seattle svanire in lontananza.

그는 나르윌의 갑판에서 시애틀이 멀어져 가는 것을 지켜보았습니다.

Fu anche l'ultima volta che vide le calde terre del Sud.

그것은 또한 그가 따뜻한 사우스랜드를 본 마지막 순간이기도 했습니다.

Perrault li portò sottocoperta e li lasciò con François.

페로는 그들을 갑판 아래로 데려가 프랑수아에게 맡겼다.

François era un gigante con la faccia nera e le mani ruvide e callose.

프랑수아는 얼굴이 검고 손이 거칠고 굳은살이 박힌 거인이었습니다.

Era un uomo dalla carnagione scura e dalla carnagione scura, un meticcio franco-canadese.

그는 피부가 검고 거무스름한 프랑스-캐나다
혼혈이었습니다.

**Per Buck, quegli uomini erano come non li aveva mai visti prima.**
벅에게 이 남자들은 그가 전에 한 번도 본 적이 없는
사람들이었다.

**Nei giorni a venire avrebbe avuto modo di conoscere molti di questi uomini.**
그는 앞으로 그런 남자들을 많이 만나게 될 것이다.

**Non cominciò ad affezionarsi a loro, ma finì per rispettarli.**
그는 그들을 좋아하지는 않았지만 존경하게 되었다.

**Erano giusti e saggi e non si lasciavano ingannare facilmente da nessun cane.**
그들은 공정하고 현명했으며, 어떤 개에게도 쉽게 속지
않았습니다.

**Giudicavano i cani con calma e punivano solo quando meritavano.**
그들은 개를 차분하게 판단하고, 처벌할 만한 경우에만
처벌했습니다.

**Sul ponte inferiore del Narwhal, Buck e Curly incontrarono due cani.**
나월호의 아랫갑판에서 벅과 컬리는 두 마리의 개를
만났습니다.

**Uno era un grosso cane bianco proveniente dalle lontane e gelide isole Spitzbergen.**
그 중 하나는 멀리 떨어진 얼음 속의 스피츠베르겐에서
온 크고 하얀 개였습니다.

**In passato aveva navigato su una baleniera e si era unito a un gruppo di ricerca.**
그는 한때 고래잡이배에서 항해를 했고 조사 그룹에
참여했습니다.

**Era amichevole, ma astuto, subdolo e subdolo.**
그는 교활하고, 은밀하고, 교활한 방식으로
친절했습니다.

**Al loro primo pasto, rubò un pezzo di carne dalla padella di Buck.**

첫 식사 때 그는 벅의 냄비에서 고기 한 조각을
훔쳤습니다.

**Buck saltò per punirlo, ma la frusta di François colpì per prima.**

벅은 그를 처벌하려고 뛰어들었지만 프랑수아의 채찍이
먼저 날아들었다.

**Il ladro bianco urlò e Buck reclamò l'osso rubato.**

백인 도둑이 비명을 지르자, 벅은 훔친 뼈를
되찾았습니다.

**Questa correttezza colpì Buck e François si guadagnò il suo rispetto.**

벅은 그 공정함에 깊은 인상을 받았고, 프랑수아는 벅의
존경을 받았습니다.

**L'altro cane non lo salutò e non volle nessuno in cambio.**

다른 개는 인사도 하지 않았고, 보답도 원하지
않았습니다.

**Non rubava il cibo, né annusava con interesse i nuovi arrivati.**

그는 음식을 훔치지도 않았고, 새로 온 사람들을
흥미롭게 냄새 맡지도 않았습니다.

**Questo cane era cupo e silenzioso, cupo e lento nei movimenti.**

이 개는 험악하고 조용했으며, 우울하고 느리게
움직였습니다.

**Avvertì Curly di stargli lontano semplicemente lanciandole un'occhiata fulminante.**

그는 컬리에게 그녀를 노려보며 다가오지 말라고
경고했다.

**Il suo messaggio era chiaro: lasciatemi in pace o saranno guai.**

그의 메시지는 명확했습니다. 나를 내버려 두지 않으면
문제가 생길 거야.

**Si chiamava Dave e non faceva quasi caso a ciò che lo circondava.**

그는 데이브라고 불렸고, 주변 환경에 거의 신경 쓰지
않았습니다.

Dormiva spesso, mangiava tranquillamente e sbadigliava di tanto in tanto.

그는 자주 잠을 자고, 조용히 먹었고, 가끔씩 하품을 했습니다.

La nave ronzava costantemente con il rumore dell'elica sottostante.

배는 아래에서 프로펠러를 계속 돌리며 끊임없이 윙윙거렸다.

I giorni passarono senza grandi cambiamenti, ma il clima si fece più freddo.

시간이 흘러도 별 변화가 없었지만, 날씨는 점점 추워졌습니다.

Buck se lo sentiva nelle ossa e notò che anche gli altri lo sentivano.

벅은 그것을 자신의 뼈에서 느낄 수 있었고, 다른 사람들도 그것을 느꼈다는 것을 알았습니다.

Poi una mattina l'elica si fermò e tutto rimase immobile.

그러던 어느 날 아침, 프로펠러가 멈추고 모든 것이 고요해졌습니다.

Un'energia percorse la nave: qualcosa era cambiato.

배 전체에 에너지가 휩쓸렸습니다. 무언가가 바뀌었습니다.

François scese, li mise al guinzaglio e li portò su.

프랑수아가 내려와서 그들을 끈으로 묶고 데리고 올라왔습니다.

Buck uscì e trovò il terreno morbido, bianco e freddo.

벅은 밖으로 나가서 땅이 부드럽고 하얗고 차가워진 것을 발견했습니다.

Lui fece un balzo indietro allarmato e sbuffò in preda alla confusione più totale.

그는 놀라서 뒤로 물러섰고, 완전히 혼란스러워서 코웃음을 쳤다.

Una strana sostanza bianca cadeva dal cielo grigio.

이상한 흰색 물질이 회색 하늘에서 떨어지고 있었습니다.

Si scosse, ma i fiocchi bianchi continuavano a cadergli
addosso.
그는 몸을 흔들었지만 하얀 눈송이가 계속해서 그에게
떨어졌습니다.
Annusò attentamente la sostanza bianca e ne leccò alcuni
pezzetti ghiacciati.
그는 흰 물질을 조심스럽게 냄새 맡고 얼음 조각 몇 개를
핥았습니다.
La polvere bruciò come il fuoco e poi svanì subito dalla sua
lingua.
그 가루는 불처럼 타오르더니 그의 혀에서 바로
사라졌다.
Buck ci riprovò, sconcertato dallo strano freddo che svaniva.
벅은 이상하게도 차가움이 사라져서 당황하며 다시
시도했다.
Gli uomini intorno a lui risero e Buck si sentì in imbarazzo.
주변 남자들은 웃었고, 벅은 당황했다.
Non sapeva perché, ma si vergognava della sua reazione.
그는 왜 그런지는 몰랐지만, 자신의 반응이 부끄러웠다.
Era la sua prima esperienza con la neve e la cosa lo confuse.
그는 처음으로 눈을 경험했고, 그것은 그를 혼란스럽게
했습니다.

## La legge del bastone e della zanna
### 곤봉과 송곳니의 법칙

Il primo giorno di Buck sulla spiaggia di Dyea è stato un terribile incubo.

벅이 다이아 해변에서 보낸 첫날은 끔찍한 악몽 같았다.

Ogni ora portava con sé nuovi shock e cambiamenti inaspettati per Buck.

벅은 매 시간마다 새로운 충격과 예상치 못한 변화를 겪었습니다.

Era stato strappato alla civiltà e gettato nel caos più totale.

그는 문명에서 끌려나와 혼란스러운 세상으로 내던져졌습니다.

Questa non era una vita soleggiata e pigra, fatta di noia e riposo.

이것은 지루함과 휴식이 있는 밝고 나른한 삶이 아니었습니다.

Non c'era pace, né riposo, né momento senza pericolo.

평화도 없고, 휴식도 없고, 위험 없는 순간도 없었습니다.

La confusione regnava su tutto e il pericolo era sempre vicino.

혼란이 모든 것을 지배했고 위험은 언제나 가까이에 있었습니다.

Buck doveva stare attento perché quegli uomini e quei cani erano diversi.

벅은 이 남자들과 개들이 달랐기 때문에 항상 경계해야 했습니다.

Non provenivano da città; erano selvaggi e spietati.

그들은 도시 출신이 아니었습니다. 그들은 거칠고 무자비했습니다.

Questi uomini e questi cani conoscevano solo la legge del bastone e della zanna.

이 남자들과 개들은 곤봉과 송곳니의 법칙만을 알고 있었습니다.

Buck non aveva mai visto dei cani combattere come questi feroci husky.

벅은 이런 사나운 허스키들처럼 개들이 싸우는 것을 본 적이 없었다.

**La sua prima esperienza gli insegnò una lezione che non avrebbe mai dimenticato.**

그의 첫 경험은 그에게 결코 잊지 못할 교훈을 주었습니다.

**Fu una fortuna che non fosse lui, altrimenti sarebbe morto anche lui.**

다행히 그 사람이 자신이 아니었기 때문에 그도 죽었을 것입니다.

**Curly era quello che soffriva, mentre Buck osservava e imparava.**

벅이 지켜보며 배우는 동안 컬리는 고통을 겪었습니다.

**Si erano accampati vicino a un deposito costruito con tronchi.**

그들은 통나무로 지은 상점 근처에 캠프를 세웠습니다.

**Curly cercò di essere amichevole con un grosso husky simile a un lupo.**

컬리는 늑대와 비슷한 큰 허스키에게 친절하게 대하려고 노력했습니다.

**L'husky era più piccolo di Curly, ma aveva un aspetto selvaggio e cattivo.**

허스키는 컬리보다 작았지만, 사납고 사나워 보였다.

**Senza preavviso, lui saltò su e le tagliò il viso.**

그는 아무런 경고도 없이 달려들어 그녀의 얼굴을 베어버렸다.

**Con un solo movimento i suoi denti le tagliarono l'occhio fino alla mascella.**

그의 이빨은 단 한 번의 움직임으로 그녀의 눈부터 턱까지 깎아냈다.

**Ecco come combattevano i lupi: colpivano velocemente e saltavano via.**

늑대는 이렇게 싸웠습니다. 빨리 공격하고 뛰어서 도망갔습니다.

**Ma c'era molto di più da imparare da quell'unico attacco.**

하지만 그 공격으로부터 배울 수 있는 것은 그보다 더
많았습니다.

Decine di husky si precipitarono dentro e formarono un
cerchio silenzioso.

수십 마리의 허스키가 달려들어 조용한 원을 그렸습니다.

Osservavano attentamente e si leccavano le labbra per la
fame.

그들은 주의 깊게 지켜보며 배고픔에 입술을 핥았습니다.

Buck non capiva il loro silenzio né i loro occhi ansiosi.

벅은 그들의 침묵이나 열망하는 눈빛을 이해할 수
없었다.

Curly si lanciò ad attaccare l'husky una seconda volta.

컬리는 허스키를 두 번째로 공격하기 위해 달려갔다.

Usò il suo petto per buttarla a terra con un movimento
violento.

그는 가슴을 이용해 그녀를 강력한 움직임으로
쓰러뜨렸다.

Cadde su un fianco e non riuscì più a rialzarsi.

그녀는 옆으로 넘어져서 다시 일어날 수 없었습니다.

Era proprio quello che gli altri aspettavano da tempo.

그것이 바로 다른 사람들이 쭉 기다려왔던 것이었습니다.

Gli husky le saltarono addosso, guaindo e ringhiando
freneticamente.

허스키들이 그녀에게 달려들어 미친 듯이 울부짖고
으르렁거렸습니다.

Lei urlò mentre la seppellivano sotto una pila di cani.

그녀는 개 더미 아래에 묻히자 비명을 질렀습니다.

L'attacco fu così rapido che Buck rimase immobile per lo
shock.

공격이 너무 빨라서 벅은 충격으로 그 자리에
얼어붙었다.

Vide Spitz tirare fuori la lingua in un modo che sembrava
una risata.

그는 스피츠가 웃는 것처럼 혀를 내미는 것을 보았다.

François afferrò un'ascia e corse dritto verso il gruppo di
cani.

프랑수아는 도끼를 움켜쥐고 개 무리 속으로 곧장
달려들었다.

**Altri tre uomini hanno usato dei manganelli per allontanare
gli husky.**

다른 세 남자는 곤봉을 이용해 허스키를 쫓아냈습니다.

**In soli due minuti la lotta finì e i cani se ne andarono.**

단 2분 만에 싸움은 끝났고 개들은 사라졌습니다.

**Curly giaceva morta nella neve rossa calpestata, con il corpo
fatto a pezzi.**

컬리는 붉게 짓밟힌 눈 속에 죽어 누워 있었고, 그녀의
몸은 갈기갈기 찢어져 있었다.

**Un uomo dalla pelle scura era in piedi davanti a lei,
maledicendo la scena brutale.**

검은 피부의 남자가 그녀 위에 서서 그 잔혹한 광경을
저주했습니다.

**Il ricordo rimase con Buck e ossessionò i suoi sogni notturni.**

그 기억은 벅의 마음속에 남았고, 밤에 그의 꿈에
나타났습니다.

**Ecco come funzionava: niente equità, niente seconda
possibilità.**

여기서는 그게 다였습니다. 공정함도 없고, 두 번째
기회도 없었습니다.

**Una volta caduto un cane, gli altri lo uccidevano senza pietà.**

한 마리의 개가 쓰러지면 다른 개들은 무자비하게 사람을
죽인다.

**Buck decise allora che non si sarebbe mai lasciato cadere.**

벅은 그때 자신이 결코 타락하는 것을 허용하지 않겠다고
결심했습니다.

**Spitz tirò fuori di nuovo la lingua e rise guardando il
sangue.**

스피츠는 다시 혀를 내밀고 피를 보며 웃었다.

**Da quel momento in poi, Buck odiò Spitz con tutto il cuore.**

그 순간부터 벅은 스피츠를 진심으로 미워하게
되었습니다.

**Prima che Buck potesse riprendersi dalla morte di Curly, accadde qualcosa di nuovo.**

벅이 컬리의 죽음에서 회복하기도 전에 새로운 일이 일어났습니다.

**François si avvicinò e legò qualcosa attorno al corpo di Buck.**

프랑수아가 다가와서 벅의 몸에 뭔가를 묶었습니다.

**Era un'imbracatura simile a quelle usate per i cavalli al ranch.**

그것은 목장에서 말에 사용하는 것과 같은 하네스였습니다.

**Così come Buck aveva visto lavorare i cavalli, ora era costretto a lavorare anche lui.**

벅은 말이 일하는 것을 보았고, 이제 그도 일을 하게 되었다.

**Dovette trascinare François su una slitta nella foresta vicina.**

그는 프랑수아를 썰매에 태워 근처 숲으로 끌고 가야 했습니다.

**Poi dovette trascinare indietro un pesante carico di legna da ardere.**

그런 다음 그는 무거운 장작을 한 짐 뒤로 끌어야 했습니다.

**Buck era orgoglioso e gli faceva male essere trattato come un animale da lavoro.**

벅은 자존심이 강했기 때문에, 일하는 동물처럼 취급받는 것이 마음에 걸렸습니다.

**Ma era saggio e non cercò di combattere la nuova situazione.**

하지만 그는 현명해서 새로운 상황에 맞서 싸우려 하지 않았습니다.

**Accettò la sua nuova vita e diede il massimo in ogni compito.**

그는 새로운 삶을 받아들이고 모든 일에 최선을 다했습니다.

**Tutto di quel lavoro gli risultava strano e sconosciuto.**

그에게는 그 일과 관련된 모든 것이 낯설고 생소했습니다.

**François era severo e pretendeva obbedienza senza indugio.**

프랑수아는 엄격했고 지체 없이 복종할 것을
요구했습니다.

La sua frusta garantiva che ogni comando venisse eseguito
immediatamente.

그의 채찍은 모든 명령이 한꺼번에 따르도록 했습니다.

Dave era il timoniere, il cane più vicino alla slitta dietro
Buck.

데이브는 썰매를 몰고 가는 개였고, 벅 뒤에서 썰매에
가장 가까이 있는 개였습니다.

Se commetteva un errore, Dave mordeva Buck sulle zampe
posteriori.

데이브는 실수를 하면 벅의 뒷다리를 물었다.

Spitz era il cane guida, abile ed esperto nel ruolo.

스피츠는 리더 역할을 맡았으며, 그 역할에 능숙하고
경험이 풍부했습니다.

Spitz non riusciva a raggiungere Buck facilmente, ma lo
corresse comunque.

스피츠는 벅에게 쉽게 다가갈 수 없었지만, 그래도 그를
바로잡았다.

Ringhiava aspramente o tirava la slitta in modi che
insegnavano a Buck.

그는 거칠게 으르렁거리거나 벅에게 가르쳐준 방식으로
썰매를 끌었다.

Grazie a questo addestramento, Buck imparò più
velocemente di quanto tutti si aspettassero.

이 훈련을 통해 벅은 그들 중 누구보다도 빨리
배웠습니다.

Lavorò duramente e imparò sia da François che dagli altri
cani.

그는 열심히 일했고 프랑수아와 다른 개들로부터
배웠습니다.

Quando tornarono, Buck conosceva già i comandi chiave.

그들이 돌아왔을 때, 벅은 이미 주요 명령을 알고
있었습니다.

Imparò a fermarsi al suono della parola "oh" di François.

그는 프랑수아로부터 "호"라는 소리에 멈추는 법을
배웠습니다.

**Imparò quando era il momento di tirare la slitta e correre.**
그는 썰매를 끌고 달려야 할 때를 배웠습니다.

**Imparò a svoltare senza problemi nelle curve del sentiero.**
그는 어려움 없이 산길의 굽은 길에서 크게 방향을
바꾸는 법을 배웠습니다.

**Imparò anche a evitare Dave quando la slitta scendeva
velocemente.**
그는 또한 썰매가 내리막길을 빠르게 내려갈 때 데이브를
피하는 법도 배웠습니다.

**"Sono cani molto buoni", disse orgoglioso François a
Perrault.**
프랑수아는 페로에게 자랑스럽게 "그들은 정말 훌륭한
개들이죠"라고 말했다.

**"Quel Buck tira come un dannato, glielo insegno subito."**
"벅은 정말 빨리 잡아당기죠. 제가 가르쳐준 대로 정말
빠르거든요."

**Più tardi quel giorno, Perrault tornò con altri due husky.**
그날 늦게 페로는 허스키 개 두 마리를 데리고
돌아왔습니다.

**Si chiamavano Billee e Joe ed erano fratelli.**
그들의 이름은 빌리와 조였고, 그들은 형제였습니다.

**Provenivano dalla stessa madre, ma non erano affatto simili.**
그들은 같은 어머니에게서 태어났지만 전혀 달랐습니다.

**Billee era un tipo dolce e molto amichevole con tutti.**
빌리는 성격이 좋고 모든 사람에게 매우 친절했습니다.

**Joe era l'opposto: silenzioso, arrabbiato e sempre ringhiante.**
조는 그와는 정반대였습니다. 조용하고, 화를 잘 내고,
항상 으르렁거렸습니다.

**Buck li salutò amichevolmente e si mantenne calmo con
entrambi.**
벅은 그들을 친절하게 맞이했고 두 사람 모두에게
침착함을 유지했습니다.

Dave non prestò loro attenzione e rimase in silenzio come al solito.

데이브는 그들에게 전혀 주의를 기울이지 않았고 평소처럼 아무 말도 하지 않았다.

Spitz attaccò prima Billee, poi Joe, per dimostrare la sua superiorità.

스피츠는 먼저 빌리를 공격했고, 그다음에는 조를 공격하며 자신의 우월함을 과시했습니다.

Billee scodinzolava e cercava di essere amichevole con Spitz.

빌리는 꼬리를 흔들며 스피츠에게 친절하게 대하려고 노력했습니다.

Quando questo non funzionò, cercò di scappare.

그래도 소용이 없자 그는 대신 도망치려고 했습니다.

Pianse tristemente quando Spitz lo morse forte sul fianco.

스피츠가 그의 옆구리를 세게 물었을 때 그는 슬프게 울었습니다.

Ma Joe era molto diverso e si rifiutava di farsi prendere in giro.

하지만 조는 달랐고 괴롭힘을 당하는 것을 거부했습니다.

Ogni volta che Spitz si avvicinava, Joe si girava velocemente per affrontarlo.

스피츠가 가까이 올 때마다 조는 재빨리 돌아서서 그를 마주 보았다.

La sua pelliccia si drizzò, le sue labbra si arricciarono e i suoi denti schioccarono selvaggiamente.

그의 털이 곤두서고, 입술이 말려 올라가고, 이빨이 격렬하게 딱딱 부딪혔다.

Gli occhi di Joe brillavano di paura e rabbia, sfidando Spitz a colpire.

조의 눈은 두려움과 분노로 빛났고, 스피츠가 공격하도록 도전했다.

Spitz abbandonò la lotta e si voltò, umiliato e arrabbiato.

스피츠는 싸움을 포기하고 굴욕감과 분노로 돌아섰습니다.

Sfogò la sua frustrazione sul povero Billee e lo cacciò via.

그는 불쌍한 빌리에게 자신의 좌절감을 풀어내어 그를 쫓아냈습니다.

Quella sera Perrault aggiunse un altro cane alla squadra.

그날 저녁, 페로는 팀에 개 한 마리를 더 추가했습니다.

Questo cane era vecchio, magro e coperto di cicatrici di battaglia.

이 개는 늙고, 마르고, 전쟁으로 인한 흉터가 가득했습니다.

Gli mancava un occhio, ma l'altro brillava di potere.

그의 눈 하나는 없었지만, 다른 눈은 강력하게 번쩍였다.

Il nome del nuovo cane era Solleks, che significa "l'Arrabbiato".

새로 태어난 개의 이름은 솔렉스였는데, 이는 화난 사람을 뜻했습니다.

Come Dave, Solleks non chiedeva nulla agli altri e non dava nulla in cambio.

데이브와 마찬가지로 솔렉스는 다른 사람에게 아무것도 요구하지 않았고, 아무것도 돌려주지 않았습니다.

Quando Solleks entrò lentamente nell'accampamento, persino Spitz rimase lontano.

솔렉스가 천천히 캠프 안으로 들어오자, 스피츠조차도 멀리 떨어져 있었습니다.

Aveva una strana abitudine che Buck ebbe la sfortuna di scoprire.

그는 이상한 습관을 가지고 있었는데, 벅은 그것을 불행히도 발견하지 못했습니다.

Solleks detestava essere avvicinato dal lato in cui era cieco.

솔렉스는 자신이 시력을 잃었기 때문에 누군가가 자신에게 다가오는 것을 싫어했습니다.

Buck non lo sapeva e commise quell'errore per sbaglio.

벅은 이 사실을 모르고 실수로 그런 실수를 저질렀습니다.

Solleks si voltò di scatto e colpì la spalla di Buck in modo profondo e rapido.

솔렉스는 돌아서서 벅의 어깨를 깊고 빠르게 베어냈다.

Da quel momento in poi, Buck non si avvicinò mai più al lato cieco di Solleks.

그 순간부터 벅은 솔렉스의 눈에 띄지 않게 되었다.

Non ebbero mai più problemi per il resto del tempo che trascorsero insieme.

그들은 함께 지낸 나머지 시간 동안 그 이후로는 아무런 문제를 겪지 않았습니다.

Solleks voleva solo essere lasciato solo, come il tranquillo Dave.

솔렉스는 조용한 데이브처럼 혼자 있고 싶어했습니다.

Ma Buck avrebbe scoperto in seguito che ognuno di loro aveva un altro obiettivo segreto.

하지만 벅은 나중에 그들 각자가 다른 비밀 목표를 가지고 있다는 사실을 알게 됩니다.

Quella notte Buck si trovò ad affrontare una nuova e preoccupante sfida: come dormire.

그날 밤 벅은 새로운 난제에 직면했습니다. 바로 잠을 자는 방법이었습니다.

La tenda era illuminata caldamente dalla luce delle candele nel campo innevato.

눈 덮인 들판에서 촛불이 켜지면서 텐트가 따뜻하게 빛났습니다.

Buck entrò, pensando che lì avrebbe potuto riposare come prima.

벅은 이전처럼 그곳에서 쉴 수 있을 거라 생각하며 안으로 들어갔다.

Ma Perrault e François gli urlarono contro e gli tirarono delle padelle.

하지만 페로와 프랑수아는 그에게 소리를 지르고 냄비를 던졌습니다.

Sconvolto e confuso, Buck corse fuori nel freddo gelido.

벅은 충격을 받고 혼란스러워서 얼어붙는 추위 속으로 달려 나갔다.

Un vento gelido gli pungeva la spalla ferita e gli congelava le zampe.

매서운 바람이 그의 다친 어깨를 찌르고 발은
얼어붙었다.

**Si sdraiò sulla neve e cercò di dormire all'aperto.**
그는 눈 속에 누워서 야외에서 잠을 자려고
노력했습니다.

**Ma il freddo lo costrinse presto a rialzarsi, tremando forte.**
하지만 추위 때문에 그는 곧 일어나야 했고 몸이 심하게
떨렸습니다.

**Vagò per l'accampamento, cercando di trovare un posto più
caldo.**
그는 캠프 안을 돌아다니며 더 따뜻한 곳을 찾으려고
노력했습니다.

**Ma ogni angolo era freddo come quello precedente.**
하지만 모든 구석은 이전 구석과 마찬가지로
차가웠습니다.

**A volte dei cani feroci gli saltavano addosso dall'oscurità.**
때로는 어둠 속에서 사나운 개들이 그에게 달려들기도
했습니다.

**Buck drizzò il pelo, scoprì i denti e ringhiò in tono
ammonitore.**
벅은 털을 곤두세우고, 이빨을 드러내며 경고하듯
으르렁거렸다.

**Lui stava imparando in fretta e gli altri cani si sono subito
tirati indietro.**
그는 빠르게 학습했고 다른 개들은 금세 물러났다.

**Tuttavia, non aveva un posto dove dormire e non aveva idea
di cosa fare.**
그래도 그는 잠을 잘 곳도 없었고, 무엇을 해야 할지 전혀
몰랐습니다.

**Alla fine gli venne in mente un pensiero: andare a dare
un'occhiata ai suoi compagni di squadra.**
마침내 그에게 생각이 떠올랐습니다. 팀 동료들을 확인해
보는 것이었습니다.

**Ritornò nella loro zona e rimase sorpreso nel constatare che
non c'erano più.**

그는 그 지역으로 돌아왔고 그들이 사라진 것을 보고 놀랐다.

Cercò di nuovo nell'accampamento, ma ancora non riuscì a trovarli.

그는 다시 진영을 수색했지만 여전히 그들을 찾을 수 없었다.

Sapeva che loro non potevano stare nella tenda, altrimenti ci sarebbe stato anche lui.

그는 그들이 텐트 안에 있을 수 없다는 것을 알고 있었습니다. 그랬다면 그도 텐트 안에 있었을 테니까요.

E allora, dove erano finiti tutti i cani in quell'accampamento ghiacciato?

그렇다면 이 얼어붙은 캠프에 있던 개들은 다 어디로 갔을까?

Buck, infreddolito e infelice, girò lentamente intorno alla tenda.

벅은 추위에 떨며 괴로워하며 천천히 텐트 주위를 돌았습니다.

All'improvviso, le sue zampe anteriori sprofondarono nella neve soffice e lo spaventarono.

갑자기 그의 앞다리가 부드러운 눈 속으로 푹 빠져들어 그는 놀랐다.

Qualcosa si mosse sotto i suoi piedi e lui fece un salto indietro per la paura.

그의 발 밑에서 무언가가 꿈틀거리자 그는 두려움에 휩싸여 뒤로 물러섰다.

Ringhiava e ringhiava, non sapendo cosa si nascondesse sotto la neve.

그는 눈 아래에 무엇이 있는지 알지 못한 채 으르렁거리고 으르렁거렸습니다.

Poi udì un piccolo abbaio amichevole che placò la sua paura.

그러자 그는 두려움을 덜어주는 친근한 작은 짖는 소리를 들었습니다.

Annusò l'aria e si avvicinò per vedere cosa fosse nascosto.

그는 공기를 맡아보고 무엇이 숨겨져 있는지 보기 위해 더 가까이 다가갔습니다.

**Sotto la neve, rannicchiata in una calda palla, c'era la piccola Billee.**
눈 아래에는 따뜻한 공 모양으로 웅크리고 있는 작은 빌리가 있었습니다.

**Billee scodinzolò e leccò il muso di Buck per salutarlo.**
빌리는 꼬리를 흔들고 벅의 얼굴을 핥으며 인사했다.

**Buck vide come Billee si era costruito un posto per dormire nella neve.**
벅은 빌리가 눈 속에 잠자리를 만든 것을 보았습니다.

**Aveva scavato e sfruttato il suo calore per scaldarsi.**
그는 땅을 파고 자신의 열을 이용해 몸을 따뜻하게 유지했습니다.

**Buck aveva imparato un'altra lezione: ecco come dormivano i cani.**
벅은 또 다른 교훈을 얻었다. 개들은 이렇게 자는 것이다.

**Scelse un posto e cominciò a scavare la sua buca nella neve.**
그는 한 장소를 골라 눈 속에 자신만의 구멍을 파기 시작했습니다.

**All'inizio si muoveva troppo e sprecava energie.**
처음에는 너무 많이 움직여서 에너지를 낭비했습니다.

**Ma ben presto il suo corpo riscaldò lo spazio e si sentì al sicuro.**
하지만 곧 그의 몸은 공간을 따뜻하게 만들었고, 그는 안전함을 느꼈다.

**Si rannicchiò forte e poco dopo si addormentò profondamente.**
그는 몸을 꼭 웅크리고 얼마 지나지 않아 깊이 잠들었습니다.

**La giornata era stata lunga e dura e Buck era esausto.**
그날은 길고 힘든 하루였고, 벅은 지쳐 있었습니다.

**Dormì profondamente e comodamente, anche se fece sogni selvaggi.**
그는 꿈이 매우 거칠었음에도 불구하고 깊고 편안하게 잠을 잤다.

**Ringhiava e abbaiava nel sonno, contorcendosi mentre sognava.**

그는 꿈속에서 으르렁거리고 짖으며, 꿈을 꾸는 동안
몸을 비틀었다.


**Buck non si svegliò finché l'accampamento non cominciò a prendere vita.**
벅은 캠프가 활기를 띠기 시작할 때까지 깨어나지
않았습니다.

**All'inizio non sapeva dove si trovasse o cosa fosse successo.**
처음에는 그는 자신이 어디에 있는지, 무슨 일이
일어났는지 몰랐습니다.

**La neve era caduta durante la notte e aveva seppellito completamente il suo corpo.**
밤새 눈이 내려 그의 시신은 완전히 묻혔습니다.

**La neve lo circondava, fitta su tutti i lati.**
눈이 그의 주위로 빽빽이 쌓여 사방이 꽁꽁 얼어붙었다.

**All'improvviso un'ondata di paura percorse tutto il corpo di Buck.**
갑자기 두려움의 물결이 벅의 온 몸을 휩쓸었다.

**Era la paura di rimanere intrappolati, una paura che proveniva da istinti profondi.**
그것은 갇힐지도 모른다는 두려움이었고, 깊은 본능에서
나온 두려움이었습니다.

**Sebbene non avesse mai visto una trappola, la paura era viva dentro di lui.**
그는 함정을 본 적은 없었지만, 두려움은 그의 안에 살아
있었습니다.

**Era un cane addomesticato, ma ora i suoi vecchi istinti selvaggi si stavano risvegliando.**
그는 길들여진 개였지만, 이제 그의 옛날 야생 본능이
깨어나고 있었습니다.

**I muscoli di Buck si irrigidirono e il pelo gli si rizzò su tutta la schiena.**
벅의 근육이 긴장되었고, 등 전체에 털이 곤두섰다.

**Ringhiò furiosamente e balzò in piedi nella neve.**
그는 사납게 으르렁거리며 눈 속을 뚫고 뛰어올랐다.

La neve volava in ogni direzione mentre lui irrompeva nella luce del giorno.

그가 햇빛 속으로 나오자 눈이 사방으로 날아다녔다.

Ancora prima di atterrare, Buck vide l'accampamento disteso davanti a lui.

벅은 착륙하기도 전에 캠프가 눈앞에 펼쳐지는 것을 보았다.

Ricordò tutto del giorno prima, tutto in una volta.

그는 전날의 모든 일을 한꺼번에 기억해냈다.

Ricordava di aver passeggiato con Manuel e di essere finito in quel posto.

그는 마누엘과 함께 산책을 하다가 이곳에 도착한 것을 기억했습니다.

Ricordava di aver scavato la buca e di essersi addormentato al freddo.

그는 구멍을 파고 추위 속에서 잠이 들었던 걸 기억했습니다.

Ora era sveglio e il mondo selvaggio intorno a lui era limpido.

이제 그는 깨어났고, 그의 주변의 거친 세상이 선명하게 보였습니다.

Un grido di François annunciò l'improvvisa apparizione di Buck.

프랑수아는 벅의 갑작스러운 출현을 환영하며 큰 소리로 외쳤다.

"Cosa ho detto?" gridò a gran voce il conducente del cane a Perrault.

"내가 뭐라고 했지?" 개 운전사가 페로에게 큰 소리로 외쳤다.

"Quel Buck impara sicuramente in fretta", ha aggiunto François.

프랑수아는 "저 벅은 정말 빨리 배우는군요"라고 덧붙였다.

Perrault annuì gravemente, visibilmente soddisfatto del risultato.

페로는 결과에 만족한 듯 진지하게 고개를 끄덕였다.

In qualità di corriere del governo canadese, trasportava dispacci.

그는 캐나다 정부의 택배기사로 일하며 전문을 전달했습니다.

Era ansioso di trovare i cani migliori per la sua importante missione.

그는 자신의 중요한 임무에 가장 적합한 개를 찾고 싶어했습니다.

Ora si sentiva particolarmente contento che Buck facesse parte della squadra.

그는 벅이 팀의 일원이 된 것을 특히 기쁘게 생각했습니다.

Nel giro di un'ora, alla squadra furono aggiunti altri tre husky.

1시간 만에 허스키 3마리가 팀에 추가되었습니다.

Ciò ha portato il numero totale dei cani della squadra a nove.

이로써 팀의 개 수는 총 9마리가 되었습니다.

Nel giro di quindici minuti tutti i cani erano imbracati.

15분 이내에 모든 개들이 하네스를 착용하게 되었습니다.

La squadra di slitte stava risalendo il sentiero verso Dyea Cañon.

썰매 팀은 다이아 캐넌을 향해 산길을 따라 올라가고 있었습니다.

Buck era contento di andarsene, anche se il lavoro che lo attendeva era duro.

벅은 앞으로의 일이 힘들더라도 떠나게 되어 기뻤다.

Scoprì di non disprezzare particolarmente né il lavoro né il freddo.

그는 노동이나 추위를 특별히 싫어하지 않는다는 것을 알게 되었다.

Fu sorpreso dall'entusiasmo che pervadeva tutta la squadra.

그는 팀 전체를 가득 채운 열의에 놀랐다.

Ancora più sorprendente fu il cambiamento avvenuto in Dave e Solleks.

더욱 놀라운 것은 데이브와 솔렉스에게 일어난
변화였습니다.

**Questi due cani erano completamente diversi quando
venivano imbrigliati.**
이 두 마리의 개는 하네스를 착용했을 때 완전히
달랐습니다.

**La loro passività e la loro disattenzione erano
completamente scomparse.**
그들의 수동성과 무관심은 완전히 사라졌습니다.

**Erano attenti e attivi, desiderosi di svolgere bene il loro
lavoro.**
그들은 경계심이 강하고 활동적이었으며, 자신의 일을 잘
하려는 의욕이 강했습니다.

**Si irritavano ferocemente per qualsiasi cosa provocasse
ritardi o confusione.**
그들은 지연이나 혼란을 일으키는 모든 것에 대해 몹시
짜증을 냈습니다.

**Il duro lavoro sulle redini era il centro del loro intero essere.**
고삐를 다루는 힘든 일이 그들의 존재의 중심이었습니다.

**Sembrava che l'unica cosa che gli piacesse davvero fosse
tirare la slitta.**
썰매를 끄는 것이 그들이 정말로 즐기는 유일한 일인
듯했다.

**Dave era in fondo al gruppo, il più vicino alla slitta.**
데이브는 썰매에 가장 가까운, 그룹의 뒤쪽에
있었습니다.

**Buck fu messo davanti a Dave e Solleks superò Buck.**
벅은 데이브 앞에 놓였고, 솔렉스는 벅보다 앞서
나아갔다.

**Il resto dei cani era disposto in fila indiana davanti a loro.**
나머지 개들은 일렬로 줄을 서서 앞으로 나아갔다.

**La posizione di testa in prima linea era occupata da Spitz.**
선두의 선두 자리는 스피츠가 차지했습니다.

**Buck era stato messo tra Dave e Solleks per essere istruito.**
벅은 지시를 받기 위해 데이브와 솔렉스 사이에
배치되었습니다.

Lui imparava in fretta e gli insegnanti erano risoluti e capaci.
그는 빨리 배우는 사람이었고, 그들은 확고하고 유능한
교사들이었습니다.

Non permisero mai a Buck di restare a lungo nell'errore.
그들은 벅이 오랫동안 오류에 빠지는 것을 결코 허용하지
않았습니다.

Quando necessario, impartivano le lezioni con denti affilati.
그들은 필요할 때마다 날카로운 이빨로 교훈을
가르쳤습니다.

Dave era giusto e dimostrava una saggezza pacata e seria.
데이브는 공정했고 조용하고 진지한 지혜를
보여주었습니다.

Non mordeva mai Buck senza una buona ragione.
그는 정당한 이유 없이 벅을 물지 않았습니다.

Ma non mancava mai di mordere quando Buck aveva
bisogno di essere corretto.
하지만 벅이 교정을 필요로 할 때마다 그는 항상
반항했습니다.

La frusta di François era sempre pronta e sosteneva la loro
autorità.
프랑수아의 채찍은 언제나 준비되어 있었고 그들의
권위를 뒷받침했습니다.

Buck scoprì presto che era meglio obbedire che reagire.
벅은 곧 맞서 싸우는 것보다 복종하는 것이 낫다는 것을
깨달았습니다.

Una volta, durante un breve riposo, Buck rimase impigliato
nelle redini.
어느 날, 잠깐 쉬던 중 벅이 고삐에 엉키는 일이
생겼습니다.

Ritardò la partenza e confuse i movimenti della squadra.
그는 시작을 늦추고 팀의 움직임을 혼란스럽게 했습니다.

Dave e Solleks si avventarono su di lui e lo picchiarono
duramente.
데이브와 솔렉스는 그에게 달려들어 심하게 구타했다.

La situazione peggiorò ulteriormente, ma Buck imparò bene
la lezione.

문제는 점점 더 심각해졌지만, 벅은 교훈을 잘
얻었습니다.

Da quel momento in poi tenne le redini tese e lavorò con
attenzione.

그때부터 그는 고삐를 단단히 잡고 조심스럽게
일했습니다.

Prima che la giornata finisse, Buck aveva portato a termine
gran parte del suo compito.

그날이 끝나기 전에 벅은 자신의 작업의 대부분을
완수했습니다.

I suoi compagni di squadra quasi smisero di correggerlo o di
morderlo.

그의 팀 동료들은 그를 바로잡거나 물어뜯는 것을 거의
멈췄습니다.

La frusta di François schioccava nell'aria sempre meno
spesso.

프랑수아의 채찍이 공기를 가르는 소리가 점점
줄어들었다.

Perrault sollevò addirittura i piedi di Buck ed esaminò
attentamente ogni zampa.

페로는 벅의 발을 들어올려 각 발을 주의 깊게
살펴보았습니다.

Era stata una giornata di corsa dura, lunga ed estenuante per
tutti loro.

그것은 그들 모두에게 힘든 하루였고, 길고 지치게 하는
달리기였습니다.

Risalirono il Cañon, attraversarono Sheep Camp e
superarono le Scales.

그들은 캐넌 강을 따라 올라가서, 시프 캠프를 지나,
스케일스를 지나갔습니다.

Superarono il limite della vegetazione arborea, poi ghiacciai
e cumuli di neve alti diversi metri.

그들은 수목 한계선을 넘었고, 그다음에는 수 피트
깊이의 빙하와 눈더미를 넘었습니다.

Scalarono il grande e freddo Chilkoot Divide.

그들은 극심한 추위와 칠쿠트 분수령을 넘어
올라갔습니다.

**Quella cresta elevata si ergeva tra l'acqua salata e l'interno
ghiacciato.**

그 높은 산등성이는 소금물과 얼어붙은 내부 사이에
있었습니다.

**Le montagne custodivano il triste e solitario Nord con
ghiaccio e ripide salite.**

산은 얼음과 가파른 오르막길로 슬프고 외로운 북쪽을
보호했습니다.

**Scesero rapidamente lungo una lunga catena di laghi sotto la
dorsale.**

그들은 분수령 아래에 있는 긴 호수들을 따라 내려가며
좋은 시간을 보냈습니다.

**Questi laghi riempivano gli antichi crateri di vulcani spenti.**

그 호수들은 사화산의 고대 분화구를 채웠습니다.

**Quella notte tardi raggiunsero un grande accampamento
presso il lago Bennett.**

그날 늦은 밤, 그들은 베넷 호수에 있는 큰 캠프에
도착했습니다.

**Migliaia di cercatori d'oro erano lì, intenti a costruire barche
per la primavera.**

수천 명의 금을 찾는 사람들이 그곳에 모여서 봄에 쓸
배를 만들고 있었습니다.

**Il ghiaccio si sarebbe presto rotto e dovevano essere pronti.**

얼음이 곧 깨질 테니, 그들은 대비해야 했습니다.

**Buck scavò la sua buca nella neve e cadde in un sonno
profondo.**

벅은 눈 속에 구멍을 파고 깊은 잠에 빠졌다.

**Dormiva come un lavoratore, esausto dopo una dura
giornata di lavoro.**

그는 힘든 하루를 보낸 후 지쳐서 노동자처럼 잠을
잤습니다.

**Ma venne strappato al sonno troppo presto, nell'oscurità.**

하지만 어둠이 깔린 너무 이른 시간에 그는 잠에서
깨어났습니다.

Fu nuovamente imbrigliato insieme ai suoi compagni e attaccato alla slitta.

그는 다시 동료들과 함께 썰매에 묶였습니다.

Quel giorno percorsero quaranta miglia, perché la neve era ben calpestata.

그날 그들은 40마일을 갔는데, 눈이 많이 쌓여 있었기 때문이다.

Il giorno dopo, e per molti giorni a seguire, la neve era soffice.

그 다음날, 그리고 그 후 여러 날 동안 눈은 부드러웠습니다.

Dovettero farsi strada da soli, lavorando di più e muovendosi più lentamente.

그들은 더 열심히 일하고 더 느리게 움직여서 스스로 길을 만들어야 했습니다.

Di solito, Perrault camminava davanti alla squadra con le ciaspole palmate.

페로는 보통 물갈퀴가 달린 눈신을 신고 팀보다 앞서 걸었다.

I suoi passi compattavano la neve, facilitando lo spostamento della slitta.

그의 발걸음은 눈을 압축하여 썰매가 움직이기 쉽게 만들었습니다.

François, che era al timone della barca a vela, a volte prendeva il comando.

지폴에서 조종을 맡았던 프랑수아가 가끔은 조종을 맡기도 했습니다.

Ma era raro che François prendesse l'iniziativa

그러나 프랑수아가 주도권을 잡는 경우는 드물었다.

perché Perrault aveva fretta di consegnare le lettere e i pacchi.

페로는 편지와 소포를 배달하느라 서둘렀기 때문이다.

Perrault era orgoglioso della sua conoscenza della neve, e in particolare del ghiaccio.

페로는 눈, 특히 얼음에 대한 자신의 지식을 자랑스러워했습니다.

Questa conoscenza era essenziale perché il ghiaccio autunnale era pericolosamente sottile.

그 지식은 필수적이었습니다. 왜냐하면 가을철 얼음이 위험할 정도로 얇았기 때문입니다.

Dove l'acqua scorreva rapidamente sotto la superficie non c'era affatto ghiaccio.

표면 아래로 물이 빠르게 흐르는 곳에는 얼음이 전혀 없었습니다.

Giorno dopo giorno, la stessa routine si ripeteva senza fine.

날마다 똑같은 일상이 끝없이 반복되었습니다.

Buck lavorava senza sosta con le redini, dall'alba alla sera.

벅은 새벽부터 밤까지 끝없이 고삐를 잡고 고생했습니다.

Lasciarono l'accampamento al buio, molto prima che sorgesse il sole.

그들은 해가 뜨기 훨씬 전, 어둠 속에서 캠프를 떠났습니다.

Quando spuntò l'alba, avevano già percorso molti chilometri.

날이 밝았을 때, 그들은 이미 수 마일을 뒤로하고 있었습니다.

Si accamparono dopo il tramonto, mangiando pesce e scavando buche nella neve.

그들은 어두워진 후에 캠프를 치고 물고기를 먹고 눈 속에 파묻혔습니다.

Buck era sempre affamato e non era mai veramente soddisfatto della sua razione.

벅은 항상 배가 고팠고, 배급량에 만족한 적이 한 번도 없었습니다.

Riceveva ogni giorno mezzo chilo di salmone essiccato.

그는 매일 1파운드 반의 말린 연어를 받았습니다.

Ma il cibo sembrò svanire dentro di lui, lasciandogli solo la fame.

하지만 음식은 그의 몸 안에서 사라져 버렸고, 배고픔만 남았습니다.

Soffriva di continui morsi della fame e sognava di avere più cibo.

그는 끊임없이 배고픔에 시달렸고, 더 많은 음식을 꿈꿨습니다.

Gli altri cani hanno ricevuto solo mezzo chilo di cibo, ma sono rimasti forti.

다른 개들은 1파운드의 음식만 먹었지만, 힘을 잃지 않았습니다.

Erano più piccoli ed erano nati in una società nordica.

그들은 더 작았고 북쪽의 삶에서 태어났습니다.

Perse rapidamente la pignoleria che aveva caratterizzato la sua vecchia vita.

그는 옛날의 삶에 존재했던 꼼꼼함을 금세 잃어버렸다.

Fino a quel momento era stato un mangiatore prelibato, ma ora non gli era più possibile.

그는 맛있는 음식을 먹는 것을 좋아했지만, 이제는 더 이상 그럴 수 없게 되었습니다.

I suoi compagni arrivarono primi e gli rubarono la razione rimasta.

그의 친구들이 먼저 식사를 마치고 그에게서 남은 식량을 빼앗았습니다.

Una volta cominciati, non c'era più modo di difendere il cibo da loro.

일단 그들이 공격하기 시작하자 그의 음식을 방어할 방법이 없었습니다.

Mentre lui lottava contro due o tre cani, gli altri rubarono il resto.

그가 두세 마리의 개를 쫓아내는 동안 다른 개들이 나머지를 훔쳐갔습니다.

Per risolvere il problema, cominciò a mangiare velocemente come mangiavano gli altri.

이를 해결하기 위해 그는 다른 사람들처럼 빨리 먹기 시작했습니다.

La fame lo spingeva così forte che arrivò persino a prendere del cibo non suo.

배고픔이 그를 너무 힘들게 해서 그는 자신의 음식이
아닌 다른 음식도 먹었습니다.

**Osservò gli altri e imparò rapidamente dalle loro azioni.**
그는 다른 사람들을 관찰하고 그들의 행동으로부터
빠르게 배웠습니다.

**Vide Pike, un nuovo cane, rubare una fetta di pancetta a
Perrault.**
그는 새로 온 개 파이크가 페로에게서 베이컨 한 조각을
훔치는 것을 보았습니다.

**Pike aveva aspettato che Perrault gli voltasse le spalle per
rubare la pagnotta.**
파이크는 페로가 등을 돌릴 때까지 기다렸다가 베이컨을
훔쳤습니다.

**Il giorno dopo, Buck copiò Pike e rubò l'intero pezzo.**
다음 날, 벅은 파이크를 따라해 그 덩어리 전체를
훔쳤습니다.

**Seguì un gran tumulto, ma Buck non fu sospettato.**
큰 소란이 일어났지만 벅은 의심받지 않았습니다.

**Al suo posto venne punito Dub, un cane goffo che veniva
sempre beccato.**
늘 잡히던 서투른 개 더브는 대신 벌을 받았습니다.

**Quel primo furto fece di Buck un cane adatto a sopravvivere
al Nord.**
첫 번째 도난 사건은 벅이 북쪽에서 살아남을 수 있는
개라는 것을 보여주었습니다.

**Ha dimostrato di sapersi adattare alle nuove condizioni e di
saper imparare rapidamente.**
그는 새로운 환경에 적응하고 빠르게 학습할 수 있다는
것을 보여주었습니다.

**Senza tale adattabilità, sarebbe morto rapidamente e
gravemente.**
그런 적응력이 없었다면 그는 빨리, 그리고 심하게
죽었을 것이다.

**Segnò anche il crollo della sua natura morale e dei suoi
valori passati.**

또한 그것은 그의 도덕적 본성과 과거 가치관의 붕괴를
의미했습니다.

Nel Southland aveva vissuto secondo la legge dell'amore e
della gentilezza.
그는 사우스랜드에서 사랑과 친절의 법칙에 따라
살았습니다.

Lì aveva senso rispettare la proprietà e i sentimenti degli
altri cani.
그곳에서는 자신의 재산과 다른 개들의 감정을 존중하는
것이 합리적이었습니다.

Ma i Northland seguivano la legge del bastone e la legge
della zanna.
하지만 노스랜드는 곤봉의 법칙과 송곳니의 법칙을
따랐습니다.

Chiunque rispettasse i vecchi valori era uno sciocco e
avrebbe fallito.
여기서 옛 가치관을 존중하는 사람은 어리석고 실패할
것입니다.

Buck non rifletté su tutto questo nella sua mente.
벅은 이 모든 것을 마음속으로 추론하지 못했다.

Era in forma e quindi si adattò senza pensarci due volte.
그는 건강했기 때문에 생각할 필요 없이 적응할 수
있었습니다.

In tutta la sua vita non era mai fuggito da una rissa.
그는 평생 싸움에서 도망간 적이 한 번도 없었습니다.

Ma la mazza di legno dell'uomo con il maglione rosso
cambiò la regola.
하지만 빨간 스웨터를 입은 남자의 나무 곤봉이 그
규칙을 바꾸었습니다.

Ora seguiva un codice più profondo e antico, inscritto nel
suo essere.
이제 그는 자신의 존재에 새겨진 더 깊고 오래된 코드를
따랐습니다.

Non rubava per piacere, ma per il dolore della fame.
그는 즐거움을 위해 훔친 것이 아니라, 배고픔으로 인한
고통 때문에 훔쳤습니다.

**Non rubava mai apertamente, ma rubava con astuzia e attenzione.**

그는 공개적으로 강도질을 한 적이 없지만 교활하고 신중하게 도둑질을 했습니다.

**Agì per rispetto verso la clava di legno e per paura delle zanne.**

그는 나무 곤봉에 대한 존경심과 송곳니에 대한 두려움 때문에 그렇게 행동했습니다.

**In breve, ha fatto ciò che era più facile e sicuro che non farlo.**

간단히 말해서, 그는 아무것도 하지 않는 것보다 더 쉽고 안전한 일을 했습니다.

**Il suo sviluppo, o forse il suo ritorno ai vecchi istinti, fu rapido.**

그의 발전은 빨랐다. 아니면 옛날의 본능으로의 복귀도 빨랐다.

**I suoi muscoli si indurirono fino a diventare forti come il ferro.**

그의 근육은 철처럼 강해질 때까지 굳어졌습니다.

**Non gli importava più del dolore, a meno che non fosse grave.**

그는 심각한 고통이 아닌 이상 더 이상 고통에 신경 쓰지 않았습니다.

**Divenne efficiente dentro e fuori, senza sprecare nulla.**

그는 안팎으로 효율성을 높여 아무것도 낭비하지 않았습니다.

**Poteva mangiare cose disgustose, marce o difficili da digerire.**

그는 역겹고 썩은 것, 소화하기 힘든 것도 먹을 수 있었습니다.

**Qualunque cosa mangiasse, il suo stomaco ne sfruttava ogni singolo pezzetto di valore.**

그는 무엇을 먹든 간에 그의 뱃속은 마지막 남은 음식까지 모두 먹어 치웠다.

**Il suo sangue trasportava i nutrienti in tutto il suo potente corpo.**

그의 혈액은 그의 강력한 몸 전체에 영양분을
공급했습니다.

Ciò gli ha permesso di sviluppare tessuti forti che gli hanno
conferito un'incredibile resistenza.

이로 인해 그는 놀라운 지구력을 갖춘 튼튼한 조직을
가지게 되었습니다.

La sua vista e il suo olfatto diventarono molto più sensibili
di prima.

그의 시력과 후각은 이전보다 훨씬 더 민감해졌습니다.

Il suo udito diventò così acuto che riusciva a percepire anche
i suoni più deboli durante il sonno.

그의 청력은 너무 예민해져서 잠자는 동안에도 희미한
소리를 들을 수 있었습니다.

Nei sogni sapeva se quei suoni significavano sicurezza o
pericolo.

그는 꿈에서 그 소리가 안전을 의미하는지 위험을
의미하는지 알았습니다.

Imparò a mordere con i denti il ghiaccio tra le dita dei piedi.

그는 발가락 사이의 얼음을 이빨로 물어뜯는 법을
배웠습니다.

Se una pozza d'acqua si ghiacciava, lui rompeva il ghiaccio
con le gambe.

물웅덩이가 얼어붙으면 그는 다리로 얼음을 깨곤 했다.

Si impennò e colpì duramente il ghiaccio con gli arti
anteriori rigidi.

그는 몸을 일으켜 뻣뻣한 앞발로 얼음을 세게 내리쳤다.

La sua abilità più sorprendente era quella di prevedere i
cambiamenti del vento durante la notte.

그의 가장 놀라운 능력은 밤새 바람의 변화를 예측하는
것이었습니다.

Anche quando l'aria era immobile, sceglieva luoghi riparati
dal vento.

공기가 고요할 때에도 그는 바람으로부터 보호되는
장소를 선택했습니다.

Ovunque scavasse il nido, il vento del giorno dopo lo
superava.

그가 둥지를 파는 곳마다 다음 날의 바람이 그를
지나갔다.

**Alla fine si ritrovava sempre al sicuro e protetto, al riparo dal
vento.**

그는 언제나 바람이 없는 쪽에서 아늑하고 안전하게
지냈습니다.

**Buck non solo imparò dall'esperienza: anche il suo istinto
tornò.**

벅은 경험을 통해 배웠을 뿐만 아니라, 그의 본능도
돌아왔습니다.

**Le abitudini delle generazioni addomesticate cominciarono
a scomparire.**

길들여진 세대의 습관은 사라지기 시작했습니다.

**Ricordava vagamente i tempi antichi della sua razza.**

그는 막연하게나마 자신의 품종의 고대 시절을 기억했다.

**Ripensò a quando i cani selvatici correvano in branco nelle
foreste.**

그는 야생 개들이 숲 속에서 떼지어 달리던 때를
떠올렸다.

**Avevano inseguito e ucciso la loro preda mentre la
inseguivano.**

그들은 먹이를 쫓아가서 죽이면서 달렸습니다.

**Per Buck fu facile imparare a combattere con forza e velocità.**

벅은 이빨과 빠른 속도를 이용해 싸우는 법을 쉽게
배웠습니다.

**Come i suoi antenati, usava tagli, squarci e schiocchi rapidi.**

그는 조상들처럼 자르고, 베고, 재빠르게 꺾는 기술을
사용했습니다.

**Quegli antenati si risvegliarono in lui e risvegliarono la sua
natura selvaggia.**

그 조상들은 그의 내면에서 깨어나 그의 야생적 본성을
일깨웠습니다.

**Le loro vecchie abilità gli erano state trasmesse attraverso la
linea di sangue.**

그들의 오래된 기술은 혈통을 통해 그에게 전해졌습니다.

Ora i loro trucchi erano suoi, senza bisogno di pratica o
sforzo.
이제 그들의 속임수는 그의 것이 되었고, 연습이나
노력이 필요 없게 되었습니다.


Nelle notti fredde e tranquille, Buck sollevava il naso e
ululò.
고요하고 추운 밤이면 벅은 코를 들고 울부짖었다.

Ululò a lungo e profondamente, come facevano i lupi tanto
tempo fa.
그는 마치 옛날 늑대들이 그랬던 것처럼 길고 깊은
울부짖음을 내질렀다.

Attraverso di lui, i suoi antenati defunti puntarono il naso e
ulularono.
그를 통해 그의 죽은 조상들이 코를 들이밀고
울부짖었다.

Hanno ululato attraverso i secoli con la sua voce e la sua
forma.
그들은 수세기 동안 그의 목소리와 모습으로
울부짖었습니다.

Le sue cadenze erano le loro, vecchi gridi che parlavano di
dolore e di freddo.
그의 운율은 그들의 운율과 같았고, 슬픔과 추위를
말해주는 오래된 울음소리였다.

Cantavano dell'oscurità, della fame e del significato
dell'inverno.
그들은 어둠, 굶주림, 그리고 겨울의 의미를
노래했습니다.

Buck ha dimostrato come la vita sia plasmata da forze che
vanno oltre noi stessi,
벅은 삶이 자신을 넘어서는 힘에 의해 형성된다는 것을
증명했습니다.

l'antico canto risuonò nelle vene di Buck e si impadronì
della sua anima.
고대의 노래가 벅의 영혼을 사로잡았습니다.

**Ritrovò se stesso perché gli uomini avevano trovato l'oro nel Nord.**

그는 북쪽에서 사람들이 금을 발견했기 때문에 자신을 발견했습니다.

**E lo trovò perché Manuel, l'aiutante giardiniere, aveva bisogno di soldi.**

그리고 그는 정원사의 도우미인 마누엘에게 돈이 필요해서 자신을 찾았습니다.

# La Bestia Primordiale Dominante
## 지배적인 원시 짐승

La bestia primordiale dominante era più forte che mai in Buck.

지배적인 원시적 짐승은 버크에서 예전처럼 강력했습니다.

Ma la bestia primordiale dominante era rimasta dormiente in lui.

하지만 지배적인 원시적 짐승은 그의 안에 잠복해 있었습니다.

La vita sui sentieri era dura, ma rafforzava la bestia che era in Buck.

산길에서의 생활은 혹독했지만, 그것은 벅의 내면에 있는 야수를 강화시켜 주었다.

Segretamente la bestia diventava sempre più forte ogni giorno.

그 짐승은 비밀리에 날이 갈수록 더욱 강해졌습니다.

Ma quella crescita interiore è rimasta nascosta al mondo esterno.

하지만 그러한 내면의 성장은 외부 세계에 알려지지 않았습니다.

Una forza primordiale calma e silenziosa si stava formando dentro Buck.

벅의 내면에는 조용하고 차분한 원초적인 힘이 형성되고 있었습니다.

Una nuova astuzia diede a Buck equilibrio, calma e compostezza.

새로운 교활함은 벅에게 균형, 차분한 통제력, 평정심을 주었습니다.

Buck si concentrò molto sull'adattamento, senza mai sentirsi completamente rilassato.

벅은 적응에만 집중했고, 결코 완전히 편안한 기분을 느끼지 못했다.

Evitava i conflitti, non iniziava mai litigi e non cercava mai guai.

그는 갈등을 피했고, 결코 싸움을 시작하지 않았으며, 문제를 일으키지도 않았습니다.

**Ogni mossa di Buck era scandita da una riflessione lenta e costante.**

벅의 모든 움직임에는 느리고 꾸준한 생각이 담겨 있었습니다.

**Evitava scelte avventate e decisioni improvvise e sconsiderate.**

그는 성급한 선택이나 갑작스럽고 무모한 결정을 피했습니다.

**Sebbene Buck odiasse profondamente Spitz, non gli mostrò alcuna aggressività.**

벅은 스피츠를 몹시 싫어했지만, 그에게 공격적인 태도를 보이지는 않았습니다.

**Buck non provocò mai Spitz e mantenne le sue azioni moderate.**

벅은 스피츠를 자극하지 않았고, 자신의 행동을 자제했습니다.

**Spitz, d'altro canto, percepì il pericolo crescente in Buck.**

반면, 스피츠는 벅에게서 점점 커지는 위험을 감지했습니다.

**Vedeva Buck come una minaccia e una seria sfida al suo potere.**

그는 벅을 자신의 권력에 대한 위협이자 심각한 도전으로 여겼습니다.

**Coglieva ogni occasione per ringhiare e mostrare i suoi denti aguzzi.**

그는 으르렁거리며 날카로운 이빨을 보일 기회가 있을 때마다 이용했다.

**Stava cercando di dare inizio allo scontro mortale che sarebbe dovuto avvenire.**

그는 다가올 치명적인 싸움을 시작하려고 했습니다.

**All'inizio del viaggio, tra loro scoppiò quasi una lite.**

여행 초반에 그들 사이에 싸움이 벌어질 뻔했습니다.

**Ma un incidente inaspettato impedì che il combattimento avesse luogo.**

하지만 예상치 못한 사고로 인해 싸움은 일어나지 않게
되었습니다.

**Quella sera si accamparono sul gelido lago Le Barge.**
그날 저녁, 그들은 몹시 추운 르바르주 호수에 캠프를
세웠습니다.

**La neve cadeva fitta e il vento era tagliente come una lama.**
눈이 많이 내리고, 바람이 칼날처럼 휘몰아쳤습니다.

**La notte era scesa troppo in fretta e l'oscurità li aveva avvolti.**
밤은 너무 빨리 찾아왔고, 어둠이 그들을 에워쌌다.

**Difficilmente avrebbero potuto scegliere un posto peggiore
per riposare.**
그들이 휴식하기에 이보다 더 나쁜 곳은 없었을 것이다.

**I cani cercavano disperatamente un posto dove sdraiarsi.**
개들은 필사적으로 누울 곳을 찾았습니다.

**Dietro il piccolo gruppo si ergeva un'alta parete rocciosa.**
작은 무리 뒤로는 높은 바위벽이 가파르게 솟아
있었습니다.

**Per alleggerire il carico, la tenda era stata lasciata a Dyea.**
짐을 가볍게 하기 위해 텐트는 다이아에 남겨
두었습니다.

**Non avevano altra scelta che accendere il fuoco direttamente
sul ghiaccio.**
그들은 얼음 위에 불을 피울 수밖에 없었습니다.

**Stendevano i loro accappatoi direttamente sul lago
ghiacciato.**
그들은 얼어붙은 호수 위에 잠자리 옷을 바로 펼쳤다.

**Qualche pezzo di legno galleggiante dava loro un po' di
fuoco.**
몇 개의 유목이 그들에게 약간의 불을 가져다주었습니다.

**Ma il fuoco è stato acceso sul ghiaccio e attraverso di esso si
è scongelato.**
하지만 불은 얼음 위에 피워졌고, 얼음을 통해
녹아내렸습니다.

**Alla fine cenarono al buio.**
결국 그들은 어둠 속에서 저녁을 먹고 있었습니다.

Buck si rannicchiò accanto alla roccia, al riparo dal vento freddo.

벅은 차가운 바람을 피해 바위 옆에 웅크리고 있었다.

Il posto era così caldo e sicuro che Buck non voleva andarsene.

그 장소는 너무 따뜻하고 안전해서 벅은 이사하고 싶지 않았습니다.

Ma François aveva scaldato il pesce e stava distribuendo le razioni.

하지만 프랑수아는 물고기를 데워놓고 식량을 나눠주고 있었습니다.

Buck finì di mangiare in fretta e tornò a letto.

벅은 재빨리 식사를 마치고 침대로 돌아갔다.

Ma Spitz ora giaceva dove Buck aveva preparato il suo letto.

하지만 스피츠는 이제 벅이 침대를 만든 곳에 누워 있었습니다.

Un ringhio basso avvertì Buck che Spitz si rifiutava di muoversi.

낮은 으르렁거림으로 벅은 스피츠가 움직이지 않을 것이라고 경고했다.

Finora Buck aveva evitato lo scontro con Spitz.

지금까지 벅은 스피츠와의 싸움을 피해왔습니다.

Ma nel profondo di Buck la bestia alla fine si liberò.

하지만 벅의 깊은 곳에서 짐승이 마침내 풀려났습니다.

Il furto del suo posto letto era troppo da tollerare.

그의 잠자리가 도난당한 것은 참을 수 없는 일이었습니다.

Buck si lanciò contro Spitz, pieno di rabbia e furore.

벅은 분노와 격노로 가득 차서 스피츠에게 달려들었다.

Fino a quel momento Spitz aveva pensato che Buck fosse solo un grosso cane.

지금까지 스피츠는 벅이 단지 큰 개일 뿐이라고 생각하지 않았습니다.

Non pensava che Buck fosse sopravvissuto grazie al suo spirito.

그는 벅이 자신의 영혼을 통해 살아남았다고 생각하지
않았다.

Si aspettava paura e codardia, non furia e vendetta.

그는 분노와 복수가 아닌 두려움과 비겁함을
기대했습니다.

François rimase a guardare mentre entrambi i cani
schizzavano fuori dal nido in rovina.

프랑수아는 두 마리의 개가 무너진 둥지에서 뛰쳐나오는
것을 바라보았다.

Capì subito cosa aveva scatenato quella violenta lotta.

그는 즉시 격렬한 싸움이 시작된 이유를 이해했습니다.

"Aa-ah!" gridò François in sostegno del cane marrone.

"아아!" 프랑수아는 갈색 개를 응원하며 소리쳤다.

"Dategli una bella lezione! Per Dio, punite quel ladro furbo!"

"그놈을 때려눕혀! 신이시여, 저 교활한 도둑놈을 벌해
주십시오!"

Spitz dimostrò altrettanta prontezza e fervore nel
combattere.

스피츠 역시 싸움에 대한 동등한 준비성과 맹렬한 열망을
보였다.

Gridò di rabbia mentre girava velocemente in tondo,
cercando un varco.

그는 빠르게 돌며 틈을 찾으며 분노에 차 소리쳤다.

Buck mostrò la stessa fame di combattere e la stessa cautela.

벅은 여전히 싸우고자 하는 열망을 보였지만, 여전히
조심스러운 태도를 보였다.

Anche lui girò intorno al suo avversario, cercando di avere la
meglio nella battaglia.

그는 상대방을 에워싸고 전투에서 우위를 점하려고
노력했습니다.

Poi accadde qualcosa di inaspettato e cambiò tutto.

그러다 예상치 못한 일이 일어나 모든 것이
바뀌었습니다.

Quel momento ritardò l'eventuale lotta per la leadership.

그 순간으로 인해 결국 리더십을 놓고 벌어질 싸움이
지연되었습니다.

Ci sarebbero ancora molti chilometri di sentiero e di lotta da percorrere prima della fine.

끝까지 가려면 아직도 수 마일에 달하는 고난과 투쟁이 기다리고 있었습니다.

Perrault urlò un'imprecazione mentre una mazza colpiva l'osso.

페로는 곤봉이 뼈에 부딪히자 욕설을 외쳤다.

Seguì un acuto grido di dolore, poi il caos esplose tutt'intorno.

날카로운 고통의 비명이 이어졌고, 그 후 주변은 혼란스러워졌습니다.

Forme scure si muovevano nell'accampamento: husky selvatici, affamati e feroci.

캠프에 어두운 형체들이 움직였다. 굶주리고 사나운 야생 허스키들이었다.

Quattro o cinque dozzine di husky avevano fiutato l'accampamento da molto lontano.

허스키 4~50마리가 멀리서 캠프를 냄새로 알아보았습니다.

Si erano introdotti furtivamente mentre i due cani litigavano lì vicino.

두 마리의 개가 근처에서 싸우는 동안 그들은 조용히 기어 들어왔습니다.

François e Perrault si lanciarono all'attacco, colpendo con i manganelli gli invasori.

프랑수아와 페로는 곤봉을 휘두르며 침략자들을 공격했습니다.

Gli husky affamati mostrarono i denti e si dibatterono freneticamente.

굶주린 허스키들은 이빨을 드러내고 광적으로 반격했다.

L'odore della carne e del pane li aveva fatti superare ogni paura.

고기와 빵 냄새가 그들을 모든 두려움에서 몰아냈습니다.

Perrault picchiò un cane che aveva nascosto la testa nella buca delle vivande.

페로는 음식 상자에 머리를 파묻은 개를 때렸다.

Il colpo fu violento e la scatola si ribaltò, facendo fuoriuscire il cibo.

강한 타격이 가해지자 상자가 뒤집히고 음식이 쏟아졌습니다.

Nel giro di pochi secondi, una ventina di bestie feroci si avventarono sul pane e sulla carne.

몇 초 만에 20마리의 야수들이 빵과 고기를 찢어버렸습니다.

I bastoni degli uomini sferrarono un colpo dopo l'altro, ma nessun cane si allontanò.

남자 곤봉들이 연이어 공격을 가했지만, 어떤 개도 물러서지 않았습니다.

Urlavano di dolore, ma continuarono a lottare finché non rimase più cibo.

그들은 고통스럽게 울부짖었지만, 음식이 다 없어질 때까지 싸웠습니다.

Nel frattempo i cani da slitta erano saltati giù dalle loro culle innevate.

그 사이 썰매개들은 눈 덮인 침대에서 뛰어내렸습니다.

Furono immediatamente attaccati dai feroci e affamati husky.

그들은 사납고 배고픈 허스키들에게 즉시 공격을 받았습니다.

Buck non aveva mai visto prima creature così selvagge e affamate.

벅은 이전에 그렇게 사납고 굶주린 동물을 본 적이 없었다.

La loro pelle pendeva flaccida, nascondendo a malapena lo scheletro.

그들의 피부는 헐거워져 뼈대가 거의 보이지 않았습니다.

C'era un fuoco nei loro occhi, per fame e follia

그들의 눈에는 배고픔과 광기로 인한 불이 있었습니다.

Non c'era modo di fermarli, di resistere al loro assalto selvaggio.

그들을 막을 수 있는 사람은 아무도 없었고, 그들의 맹렬한 돌진에 저항할 수 있는 사람도 없었습니다.

**I cani da slitta vennero spinti indietro e premuti contro la parete della scogliera.**

썰매개들은 뒤로 밀려나 절벽 벽에 기대어 섰다.

**Tre husky attaccarono Buck contemporaneamente, lacerandogli la carne.**

허스키 세 마리가 한꺼번에 벅을 공격해 그의 살을 찢었습니다.

**Il sangue gli colava dalla testa e dalle spalle, dove era stato tagliato.**

그의 머리와 어깨, 즉 베인 부분에서 피가 쏟아졌습니다.

**Il rumore riempì l'accampamento: ringhi, guaiti e grida di dolore.**

캠프 안에는 소음이 가득 찼다. 으르렁거리는 소리, 울부짖는 소리, 고통스러운 비명.

**Billee pianse forte, come al solito, presa dal panico e dalla mischia.**

빌리는 평소처럼 싸움과 공황에 휩싸여 큰 소리로 울었다.

**Dave e Solleks rimasero fianco a fianco, sanguinanti ma con aria di sfida.**

데이브와 솔렉스는 피를 흘리면서도 저항하며 나란히 섰습니다.

**Joe lottava come un demonio, mordendo tutto ciò che gli si avvicinava.**

조는 악마처럼 싸웠고, 가까이 다가오는 것은 무엇이든 물어뜯었다.

**Con un violento schiocco di mascelle schiacciò la zampa di un husky.**

그는 턱을 잔혹하게 한 번 꺾어 허스키의 다리를 부러뜨렸습니다.

**Pike saltò sull'husky ferito e gli ruppe il collo all'istante.**

파이크는 부상당한 허스키에게 달려들어 그 즉시 목을 부러뜨렸습니다.

**Buck afferrò un husky per la gola e gli strappò la vena.**

벅은 허스키의 목을 물어 혈관을 찢어버렸습니다.

**Il sangue schizzò e il sapore caldo mandò Buck in delirio.**

피가 튀었고, 따뜻한 맛이 벅을 격노하게 만들었다.

Si lanciò contro un altro aggressore senza esitazione.

그는 주저하지 않고 다른 공격자에게 달려들었다.

Nello stesso momento, denti aguzzi si conficcarono nella gola di Buck.

동시에 날카로운 이빨이 벅의 목에 박혔다.

Spitz aveva colpito di lato, attaccando senza preavviso.

스피츠는 아무런 경고도 없이 측면에서 공격해 왔습니다.

Perrault e François avevano sconfitto i cani rubando il cibo.

페로와 프랑수아는 음식을 훔치는 개들을 물리쳤습니다.

Ora si precipitarono ad aiutare i loro cani a respingere gli aggressori.

이제 그들은 공격자들을 물리치기 위해 개들을 돕기 위해 달려갔습니다.

I cani affamati si ritirarono mentre gli uomini roteavano i loro manganelli.

굶주린 개들은 남자들이 곤봉을 휘두르자 물러났다.

Buck riuscì a liberarsi dall'attacco, ma la fuga fu breve.

벅은 공격에서 벗어났지만 탈출은 잠깐이었다.

Gli uomini corsero a salvare i loro cani e gli husky tornarono ad attaccarli.

남자들은 개들을 구하기 위해 달려갔고 허스키들이 다시 몰려왔다.

Billee, spaventato e coraggioso, si lanciò nel branco di cani.

겁에 질린 빌리는 용기를 내어 개 무리 속으로 뛰어들었다.

Ma poi fuggì attraverso il ghiaccio, in preda al terrore e al panico.

하지만 그는 극심한 공포와 공황 상태에 빠져 얼음 위로 도망쳤습니다.

Pike e Dub li seguirono da vicino, correndo per salvarsi la vita.

파이크와 더브는 그 뒤를 따라가며 목숨을 구하기 위해 달렸다.

Il resto della squadra si disperse e li inseguì.

나머지 팀원들도 흩어져 그들을 따라갔다.

Buck raccolse le forze per correre, ma poi vide un lampo.
벅은 도망치려고 힘을 모았지만, 그때 섬광을
보았습니다.

Spitz si lanciò verso Buck, cercando di buttarlo a terra.
스피츠는 벅의 옆으로 달려들어 그를 땅에 쓰러뜨리려고
했습니다.

Sotto quella banda di husky, Buck non avrebbe avuto
scampo.
허스키 무리 아래에서는 벅이 탈출할 방법이 없었을
것이다.

Ma Buck rimase fermo e si preparò al colpo di Spitz.
하지만 벅은 굳건히 서서 스피츠의 타격에 대비했습니다.

Poi si voltò e corse sul ghiaccio con la squadra in fuga.
그러고 나서 그는 돌아서서 도망치는 팀과 함께 얼음
위로 달려나갔습니다.


Più tardi i nove cani da slitta si radunarono al riparo del
bosco.
나중에, 9마리의 썰매개들이 숲의 보호소에 모였습니다.

Nessuno li inseguiva più, ma erano malconci e feriti.
더 이상 그들을 쫓는 사람은 없었지만, 그들은 폭행을
당하고 부상을 입었습니다.

Ogni cane presentava delle ferite: quattro o cinque tagli
profondi su ogni corpo.
각 개는 상처를 입고 있었습니다. 몸에는 깊은 상처가
4~5개 있었습니다.

Dub aveva una zampa posteriore ferita e ora faceva fatica a
camminare.
더브는 뒷다리에 부상을 입었고 이제는 걷는 데 어려움을
겪고 있습니다.

Dolly, l'ultimo cane arrivato da Dyea, aveva la gola tagliata.
다이아의 새 강아지 돌리는 목이 베였습니다.

Joe aveva perso un occhio e l'orecchio di Billee era stato
tagliato a pezzi
조는 한쪽 눈을 잃었고, 빌리의 귀는 조각조각
잘렸습니다.

**Tutti i cani piansero per il dolore e la sconfitta durante la notte.**

모든 개들은 밤새도록 고통과 패배감에 울부짖었습니다.

**All'alba tornarono lentamente all'accampamento, doloranti e distrutti.**

새벽이 되자 그들은 몸이 아프고 지친 채로 캠프로 돌아왔습니다.

**Gli husky erano scomparsi, ma il danno era fatto.**

허스키들은 사라졌지만 피해는 이미 발생했습니다.

**Perrault e François erano di pessimo umore e osservavano le rovine.**

페로와 프랑수아는 폐허를 바라보며 기분이 나빴다.

**Metà del cibo era sparito, rubato dai ladri affamati.**

음식의 절반은 배고픈 도둑들에게 낚아채가 갔습니다.

**Gli husky avevano strappato le corde e la tela della slitta.**

허스키들은 썰매의 묶음과 캔버스를 찢어버렸습니다.

**Tutto ciò che aveva odore di cibo era stato divorato completamente.**

음식 냄새가 나는 것은 모두 먹어 치워졌습니다.

**Mangiarono un paio di stivali da viaggio in pelle di alce di Perrault.**

그들은 페로의 무스 가죽으로 만든 여행용 부츠 한 켤레를 먹었습니다.

**Hanno masticato le pelli e rovinato i cinturini rendendoli inutilizzabili.**

그들은 가죽 레이스를 씹어먹고, 끈을 망가뜨려 더 이상 쓸 수 없게 만들었습니다.

**François smise di fissare la frusta strappata per controllare i cani.**

프랑수아는 찢어진 채찍을 바라보는 것을 멈추고 개들을 살펴보았다.

**«Ah, amici miei», disse con voce bassa e preoccupata.**

"아, 친구들." 그는 걱정이 가득한 낮은 목소리로 말했다.

**"Forse tutti questi morsi vi trasformeranno in bestie pazze."**

"어쩌면 이 모든 물림이 너를 미친 짐승으로 만들지도 몰라."

"Forse tutti cani rabbiosi, sacredam! Che ne pensi, Perrault?"
"미친 개들이 다 그럴 수도 있겠지, 새시캠! 어떻게
생각하니, 페로?"

Perrault scosse la testa, con gli occhi scuri per la
preoccupazione e la paura.
페로는 고개를 저으며, 눈은 걱정과 두려움으로
어두워졌다.

C'erano ancora quattrocento miglia tra loro e Dawson.
그들과 도슨 사이는 아직도 400마일이나 떨어져
있었습니다.

La follia dei cani potrebbe ormai distruggere ogni possibilità
di sopravvivenza.
지금의 개 광기는 생존의 모든 가능성을 파괴할 수도
있습니다.

Hanno passato due ore a imprecare e a cercare di riparare
l'attrezzatura.
그들은 2시간 동안 욕설을 퍼부으며 장비를 고치려고
노력했습니다.

La squadra ferita alla fine lasciò l'accampamento, distrutta e
sconfitta.
부상을 입은 팀은 마침내 캠프를 떠났고, 무너지고
패배했습니다.

Questo è stato il sentiero più duro finora e ogni passo è stato
doloroso.
지금까지 본 길 중 가장 힘든 길이었고, 매 걸음마다
고통스러웠습니다.

Il fiume Thirty Mile non era ghiacciato e scorreva
impetuoso.
서티마일 강은 얼지 않았고, 거세게 흐르고 있었습니다.

Soltanto nei punti calmi e nei vortici il ghiaccio riusciva a
resistere.
오직 고요한 곳과 소용돌이치는 곳에서만 얼음이 버틸 수
있었습니다.

Trascorsero sei giorni di duro lavoro per percorrere le trenta
miglia.

30마일을 가는 데까지 6일간의 힘든 노동이
이어졌습니다.

**Ogni miglio del sentiero porta con sé pericoli e minacce di
morte.**
그 길을 1마일씩 걸어갈 때마다 위험과 죽음의 위협이
찾아왔습니다.

**Uomini e cani rischiavano la vita a ogni passo doloroso.**
남자와 개들은 고통스러운 한 걸음을 내딛으며 목숨을
걸었습니다.

**Perrault riuscì a superare i sottili ponti di ghiaccio una
dozzina di volte.**
페로는 얇은 얼음 다리를 12번이나 돌파했습니다.

**Prese un palo e lo lasciò cadere nel buco creato dal suo
corpo.**
그는 막대기를 들고 자신의 몸이 만든 구멍에
떨어뜨렸습니다.

**Quel palo salvò Perrault più di una volta dall'annegamento.**
그 기둥은 페로를 익사로부터 구한 적이 여러 번
있었습니다.

**L'ondata di freddo persisteva, la temperatura era di
cinquanta gradi sotto zero.**
추위가 계속되었고 기온은 영하 50도였습니다.

**Ogni volta che cadeva, Perrault era costretto ad accendere un
fuoco per sopravvivere.**
페로는 빠질 때마다 살아남기 위해 불을 피워야
했습니다.

**Gli abiti bagnati si congelavano rapidamente, perciò li
faceva asciugare vicino al calore cocente.**
젖은 옷은 빨리 얼기 때문에 그는 뜨거운 열기에
말렸습니다.

**Perrault non provava mai paura, e questo faceva di lui un
corriere.**
페로는 결코 두려움을 느끼지 않았고, 그로 인해 그는
택배기사가 되었습니다.

**Fu scelto per affrontare il pericolo e lo affrontò con
silenziosa determinazione.**

그는 위험을 감수하기 위해 선택되었지만, 그는 조용한 결의로 위험을 맞이했습니다.

**Si spinse in avanti controvento, con il viso raggrinzito e congelato.**

그는 바람을 맞으며 앞으로 나아갔고, 그의 주름진 얼굴은 동상에 걸렸다.

**Perrault li guidò in avanti dall'alba al tramonto.**

희미한 새벽부터 밤까지 페로는 그들을 이끌었다.

**Camminava sul ghiaccio sottile che scricchiolava a ogni passo.**

그는 걸을 때마다 갈라지는 좁은 얼음 위를 걸었다.

**Non osavano fermarsi: ogni pausa rischiava di provocare un crollo mortale.**

그들은 감히 멈출 수 없었다. 멈출 때마다 치명적인 붕괴의 위험이 있었기 때문이다.

**Una volta la slitta si ruppe, trascinando dentro Dave e Buck.**

어느 날 썰매가 뚫고 들어가 데이브와 벅을 끌어당겼습니다.

**Quando furono liberati, entrambi erano quasi congelati.**

그들이 끌려나왔을 때, 두 사람 모두 거의 얼어붙어 있었습니다.

**Gli uomini accesero rapidamente un fuoco per salvare Buck e Dave.**

남자들은 벅과 데이브를 살리기 위해 재빨리 불을 피웠다.

**I cani erano ricoperti di ghiaccio dal naso alla coda, rigidi come legno intagliato.**

개들은 코부터 꼬리까지 얼음으로 뒤덮여 있었고, 조각된 나무처럼 뻣뻣했습니다.

**Gli uomini li fecero correre in cerchio vicino al fuoco per scongelarne i corpi.**

남자들은 불 근처에서 그들을 원으로 돌며 몸을 녹였다.

**Si avvicinarono così tanto alle fiamme che la loro pelliccia rimase bruciacchiata.**

그들은 불길에 너무 가까이 다가가서 털이 그을렸습니다.

Spitz ruppe poi il ghiaccio, trascinando dietro di sé la squadra.

스피츠가 얼음을 깨고 뒤따라오는 팀을 이끌었다.

La frenata arrivava fino al punto in cui Buck stava tirando.

그 틈은 벅이 잡아당기는 곳까지 닿아 있었습니다.

Buck si appoggiò bruscamente allo schienale, con le zampe che scivolavano e tremavano sul bordo.

벅은 몸을 뒤로 기대었고, 발은 가장자리에서 미끄러지고 떨렸다.

Anche Dave si sforzò all'indietro, proprio dietro Buck sulla linea.

데이브도 벅 바로 뒤쪽, 결승선에서 뒤로 힘을 주었다.

François tirava la slitta e i suoi muscoli scricchiolavano per lo sforzo.

프랑수아는 썰매를 끌고 갔고, 그의 근육은 힘겹게 경련을 일으켰다.

Un'altra volta, il ghiaccio del bordo si è crepato davanti e dietro la slitta.

또 다른 때는 썰매 앞뒤의 가장자리 얼음이 갈라졌습니다.

Non avevano altra via d'uscita se non quella di arrampicarsi su una parete ghiacciata.

그들은 얼어붙은 절벽을 오르는 것 외에는 탈출할 방법이 없었습니다.

In qualche modo Perrault riuscì a scalare il muro: un miracolo lo tenne in vita.

페로는 어떻게든 벽을 올라갔고, 기적적으로 그는 살아남았습니다.

François rimase sottocoperta, pregando che gli capitasse la stessa fortuna.

프랑수아는 아래에 머물며 같은 행운을 빌었습니다.

Legarono ogni cinghia, legatura e tirante in un'unica lunga corda.

그들은 모든 끈과 끈을 묶어 하나의 긴 밧줄로 만들었습니다.

Gli uomini trascinarono i cani uno alla volta fino in cima.

남자들은 한 번에 한 마리씩 개를 꼭대기까지
끌어올렸습니다.

François salì per ultimo, dopo la slitta e tutto il carico.
프랑수아는 썰매와 짐 전체를 싣고 마지막으로
올라갔습니다.

Poi iniziò una lunga ricerca di un sentiero che scendesse
dalle scogliere.
그러고 나서 절벽 아래로 내려갈 길을 찾기 위한 긴
탐색이 시작되었습니다.

Alla fine scesero utilizzando la stessa corda che avevano
costruito.
그들은 마침내 자신들이 만든 것과 같은 밧줄을 이용해
내려갔습니다.

Scese la notte mentre tornavano al letto del fiume, esausti e
doloranti.
그들이 지치고 몸이 아픈 채로 강바닥으로 돌아왔을 때
밤이 깊어졌습니다.

Avevano impiegato un giorno intero per percorrere solo un
quarto di miglio.
그들은 단 400미터를 가는 데도 하루 종일 걸렸습니다.

Quando giunsero all'Hootalinqua, Buck era sfinito.
그들이 후탈린콰에 도착했을 때, 벅은 지쳐 있었습니다.

Anche gli altri cani soffrivano le stesse condizioni del
sentiero.
다른 개들도 산길 상황 때문에 똑같이 큰 고통을
겪었습니다.

Ma Perrault aveva bisogno di recuperare tempo e li spingeva
avanti giorno dopo giorno.
하지만 페로는 시간을 벌기 위해 노력했고, 매일 그들을
밀어붙였습니다.

Il primo giorno percorsero trenta miglia fino a Big Salmon.
첫날 그들은 30마일을 여행하여 빅 샐먼에
도착했습니다.

Il giorno dopo percorsero trentacinque miglia fino a Little
Salmon.

다음 날 그들은 35마일을 여행하여 리틀 샐먼에
도착했습니다.

Il terzo giorno percorsero quaranta miglia ghiacciate.

셋째 날, 그들은 얼어붙은 40마일의 긴 길을 뚫고
나아갔습니다.

A quel punto si stavano avvicinando all'insediamento di
Five Fingers.

그때쯤 그들은 파이브 핑거스의 정착지에 가까워지고
있었습니다.


I piedi di Buck erano più morbidi di quelli duri degli husky
autoctoni.

벅의 발은 토종 허스키의 단단한 발보다 부드럽습니다.

Le sue zampe erano diventate tenere nel corso di molte
generazioni civilizzate.

그의 발은 여러 세대의 문명을 거치며 부드러워졌습니다.

Molto tempo fa, i suoi antenati erano stati addomesticati
dagli uomini del fiume o dai cacciatori.

옛날 옛적에 그의 조상들은 강의 사람들이나
사냥꾼들에게 길들여졌습니다.

Ogni giorno Buck zoppicava per il dolore, camminando con
le zampe screpolate e doloranti.

벅은 매일 고통스럽게 절뚝거리며, 벌겋고 아픈 발로
걸었다.

Giunto all'accampamento, Buck cadde come un corpo senza
vita sulla neve.

캠프에 도착하자 벅은 눈 위에 죽은 듯이 쓰러졌습니다.

Sebbene fosse affamato, Buck non si alzò per consumare il
pasto serale.

배가 고팠지만, 벅은 저녁 식사를 하기 위해 일어나지
않았습니다.

François portò la sua razione a Buck, mettendogli del pesce
vicino al muso.

프랑수아는 벅에게 식량을 가져다 주면서 총구에
물고기를 놓았습니다.

Ogni notte l'autista massaggiava i piedi di Buck per mezz'ora.

매일 밤 운전사는 벅의 발을 30분 동안 문질러 주었다.

François arrivò persino a tagliare i suoi mocassini per farne delle calzature per cani.

프랑수아는 개 신발을 만들기 위해 모카신을 직접 자르기도 했습니다.

Quattro scarpe calde diedero a Buck un grande e gradito sollievo.

따뜻한 신발 네 켤레가 벅에게 큰 위안과 안도감을 주었다.

Una mattina François dimenticò le scarpe e Buck si rifiutò di alzarsi.

어느 날 아침, 프랑수아는 신발을 잊어버렸고, 벅은 일어나기를 거부했습니다.

Buck giaceva sulla schiena, con i piedi in aria, e li agitava in modo pietoso.

벅은 등을 대고 누워서 발을 공중에 뻗고 애처롭게 흔들고 있었다.

Persino Perrault sorrise alla vista dell'appello drammatico di Buck.

심지어 페로조차도 벅의 극적인 호소를 보고 미소를 지었다.

Ben presto i piedi di Buck diventarono duri e le scarpe poterono essere tolte.

곧 벅의 발은 딱딱해졌고, 신발을 벗어야 했습니다.

A Pelly, durante il periodo in cui veniva imbrigliata, Dolly emise un ululato terribile.

펠리에서는 굴레를 씌우는 동안 돌리가 무서운 울부짖음을 터뜨렸습니다.

Il grido era lungo e pieno di follia, e fece tremare tutti i cani.

그 울음소리는 길고 광기로 가득 차 있었고, 모든 개들이 떨렸습니다.

Ogni cane si rizzava per la paura, senza capirne il motivo.

각각의 개들은 그 이유를 모른 채 두려움에 움츠러들었다.

Dolly era impazzita e si era scagliata contro Buck.

돌리는 미쳐서 벅에게 곧장 달려들었다.

Buck non aveva mai visto la follia, ma l'orrore gli riempì il cuore.

벅은 광기를 본 적이 없었지만, 공포가 그의 마음을 가득 채웠다.

Senza pensarci due volte, si voltò e fuggì in preda al panico più assoluto.

그는 아무런 생각도 없이 돌아서서 완전히 당황한 채로 도망쳤습니다.

Dolly lo inseguì, con gli occhi selvaggi e la saliva che le colava dalle fauci.

돌리는 그를 쫓았고, 그녀의 눈은 사나워졌고, 그녀의 입에서는 침이 흘러내렸다.

Si tenne sempre dietro a Buck, senza mai guadagnare terreno e senza mai indietreggiare.

그녀는 벅 바로 뒤를 따라갔고, 결코 뒤처지지도, 따라잡지도 않았습니다.

Buck corse attraverso i boschi, giù per l'isola, sul ghiaccio frastagliato.

벅은 숲을 지나, 섬을 지나, 험준한 얼음 위를 달렸습니다.

Attraversò un'isola, poi un'altra, per poi tornare indietro verso il fiume.

그는 한 섬으로 건너갔다가 또 다른 섬으로 건너간 뒤 다시 강으로 돌아왔습니다.

Dolly continuava a inseguirlo, ringhiando sempre più forte a ogni passo.

돌리는 여전히 그를 쫓아갔고, 매 걸음마다 으르렁거리는 소리를 내며 뒤따랐다.

Buck poteva sentire il suo respiro e la sua rabbia, anche se non osava voltarsi indietro.

벅은 그녀의 숨소리와 분노를 들을 수 있었지만, 뒤돌아볼 용기가 나지 않았다.

François gridò da lontano e Buck si voltò verso la voce.

프랑수아가 멀리서 소리치자, 벅은 목소리가 들리는
쪽으로 돌아섰다.

**Ancora senza fiato, Buck corse oltre, riponendo ogni
speranza in François.**

벅은 여전히 숨을 헐떡이며 프랑수아에게 모든 희망을
걸고 달려갔다.

**Il conducente del cane sollevò un'ascia e aspettò che Buck gli
passasse accanto.**

개 운전사는 도끼를 들고 벅이 지나가는 것을 기다렸다.

**L'ascia calò rapidamente e colpì la testa di Dolly con forza
mortale.**

도끼는 빠르게 내려와 돌리의 머리를 치명적인 힘으로
쳤다.

**Buck crollò vicino alla slitta, ansimando e incapace di
muoversi.**

벅은 썰매 근처에 쓰러져 쌕쌕거리며 움직일 수 없게
되었다.

**Quel momento diede a Spitz la possibilità di colpire un
nemico esausto.**

그 순간, 스피츠는 지친 적을 공격할 기회를 얻었다.

**Morse Buck due volte, strappandogli la carne fino all'osso
bianco.**

그는 벅을 두 번 물어뜯어 살을 찢어 흰 뼈까지
남겼습니다.

**La frusta di François schioccò, colpendo Spitz con tutta la
sua forza, con furia.**

프랑수아의 채찍이 휘둘리며, 엄청난 힘으로 스피츠를
공격했다.

**Buck guardò con gioia Spitz mentre riceveva il pestaggio più
duro fino a quel momento.**

벅은 스피츠가 지금까지 가장 가혹한 구타를 당하는 것을
기쁨으로 지켜보았습니다.

**«È un diavolo, quello Spitz», borbottò Perrault tra sé e sé.**

"슈피츠는 악마야." 페로는 어두운 목소리로 중얼거렸다.

**"Un giorno o l'altro, quel cane maledetto ucciderà Buck, lo
giuro."**

"언젠가는 저 저주받은 개가 벅을 죽일 거야. 맹세해."

«Quel Buck ha due diavoli dentro di sé», rispose François annuendo.

프랑수아는 고개를 끄덕이며 "벅은 악마가 두 마리나 있는 놈이야."라고 대답했다.

"Quando osservo Buck, so che dentro di lui si cela qualcosa di feroce."

"벅을 보면, 그 안에 사나운 무언가가 도사리고 있다는 걸 알 수 있어요."

"Un giorno, si infurierà come il fuoco e farà a pezzi Spitz."

"어느 날, 그는 불처럼 화가 나서 스피츠를 갈기갈기 찢어놓을 거야."

"Masticherà quel cane e lo sputerà sulla neve ghiacciata."

"그는 그 개를 씹어 얼어붙은 눈 위에 뱉어낼 거야."

"Certo, lo so fin nel profondo."

"물론이죠, 저는 이걸 뼈 속 깊이 알고 있어요."

Da quel momento in poi, i due cani furono in guerra tra loro.

그 순간부터 두 마리의 개는 전쟁을 벌이게 되었습니다.

Spitz guidava la squadra e deteneva il potere, ma Buck lo sfidava.

스피츠는 팀을 이끌고 권력을 쥐고 있었지만, 벅은 그에 도전했습니다.

Spitz si rese conto che il suo rango era minacciato da questo strano straniero del Sud.

스피츠는 이 이상한 사우스랜드 낯선 사람 때문에 자신의 계급이 위협받는 것을 보았습니다.

Buck era diverso da tutti i cani del sud che Spitz aveva conosciuto fino ad allora.

벅은 스피츠가 지금까지 알고 있던 남부의 어떤 개와도 달랐습니다.

La maggior parte di loro fallì: troppo deboli per sopravvivere al freddo e alla fame.

그들 대부분은 실패했습니다. 추위와 굶주림을 견뎌내기에는 너무 약했습니다.

Morirono rapidamente a causa del lavoro, del gelo e del lento bruciare della carestia.

그들은 노동과 추위, 그리고 기근으로 인한 느린
타오르는 열기에 빨리 죽었습니다.

Buck si distingueva: ogni giorno più forte, più intelligente e
più selvaggio.

벅은 돋보였습니다. 날이 갈수록 더 강하고, 더 똑똑하고,
더 사나워졌습니다.

Ha prosperato nonostante le difficoltà, crescendo al pari
degli husky del nord.

그는 어려움을 겪으며 성장하여 북부 허스키와 어깨를
나란히 했습니다.

Buck era dotato di forza, abilità straordinaria e un istinto
paziente e letale.

벅은 힘과 뛰어난 기술, 그리고 인내심과 치명적인
본능을 가지고 있었습니다.

L'uomo con la mazza aveva annientato Buck per fargli
perdere la temerarietà.

곤봉을 든 남자가 벅의 성급함을 몰아냈다.

La furia cieca se n'era andata, sostituita da un'astuzia
silenziosa e dal controllo.

맹목적인 분노는 사라지고 조용한 교활함과 통제력으로
대체되었습니다.

Attese, calmo e primordiale, in attesa del momento giusto.

그는 침착하고 원초적인 자세로 적절한 순간을 기다렸다.

La loro lotta per il comando divenne inevitabile e chiara.

그들의 지휘권을 둘러싼 싸움은 피할 수 없고
분명해졌습니다.

Buck desiderava la leadership perché il suo spirito la
richiedeva.

벅은 자신의 정신이 요구했기 때문에 리더십을
원했습니다.

Era spinto da quello strano orgoglio che nasceva dal sentiero
e dall'imbracatura.

그는 산길과 굴레에서 비롯된 이상한 자존심에
이끌렸습니다.

Quell'orgoglio faceva sì che i cani tirassero fino a crollare
sulla neve.

그 자존심 때문에 개들은 눈 위에 쓰러질 때까지 힘을 썼습니다.

L'orgoglio li spinse a dare tutta la forza che avevano.

오만함은 그들을 유혹하여 그들이 가진 모든 힘을 바치게 했습니다.

L'orgoglio può trascinare un cane da slitta fino al punto di ucciderlo.

교만함은 썰매개를 죽음의 지경까지 유혹할 수 있다.

Perdere l'imbracatura rendeva i cani deboli e senza scopo.

하네스를 잃으면 개들은 힘없고 쓸모없는 존재가 됩니다.

Il cuore di un cane da slitta può essere spezzato dalla vergogna quando va in pensione.

썰매를 끄는 개는 은퇴할 때 수치심으로 인해 마음이 상할 수 있다.

Dave viveva con questo orgoglio mentre trascinava la slitta da dietro.

데이브는 썰매를 뒤에서 끌면서 그 자부심에 따라 살았습니다.

Anche Solleks diede il massimo con cupa forza e lealtà.

솔렉스 역시 굳건한 힘과 충성심을 가지고 모든 것을 바쳤다.

Ogni mattina l'orgoglio li trasformava da amareggiati a determinati.

매일 아침, 교만함은 그들을 비통함에서 단호함으로 바꾸었습니다.

Spinsero per tutto il giorno, poi tacquero una volta giunti alla fine dell'accampamento.

그들은 하루 종일 밀고 나갔고, 캠프가 끝나자 아무 말도 하지 않았습니다.

Quell'orgoglio diede a Spitz la forza di mettere in riga i fannulloni.

그 자부심 덕분에 스피츠는 게으른 자들을 물리치고 규율을 지킬 수 있는 힘을 얻었습니다.

Spitz temeva Buck perché Buck nutriva lo stesso profondo orgoglio.

스피츠는 벅을 두려워했는데, 벅은 그와 똑같은 깊은 자존심을 가지고 있었기 때문이다.

**L'orgoglio di Buck ora si agitò contro Spitz, ma lui non si fermò.**

벅의 자존심은 이제 스피츠에 대해 들끓었고, 그는 멈추지 않았습니다.

**Buck sfidò il potere di Spitz e gli impedì di punire i cani.**

벅은 스피츠의 힘에 저항하여 그가 개를 처벌하는 것을 막았습니다.

**Quando gli altri fallivano, Buck si frapponeva tra loro e il loro capo.**

다른 사람들이 실패했을 때, 벅은 그들과 그들의 리더 사이에 들어섰습니다.

**Lo fece con intenzione, rendendo la sua sfida aperta e chiara.**

그는 의도적으로 이를 행했으며, 자신의 도전을 공개적이고 명확하게 표현했습니다.

**Una notte una forte nevicata coprì il mondo in un profondo silenzio.**

어느 날 밤, 폭설이 세상을 깊은 침묵 속에 덮었습니다.

**La mattina dopo, Pike, pigro come sempre, non si alzò per andare al lavoro.**

다음날 아침, 파이크는 언제나처럼 게으르며 일하러 일어나지 않았습니다.

**Rimase nascosto nel suo nido sotto uno spesso strato di neve.**

그는 두꺼운 눈층 아래 둥지에 숨어 있었습니다.

**François gridò e cercò, ma non riuscì a trovare il cane.**

프랑수아는 소리쳐 수색했지만 개를 찾을 수 없었다.

**Spitz si infuriò e si scagliò contro l'accampamento coperto di neve.**

슈피츠는 격노하여 눈 덮인 캠프를 습격했습니다.

**Ringhiò e annusò, scavando freneticamente con gli occhi fiammeggianti.**

그는 으르렁거리고 냄새를 맡으며, 불타는 눈으로 미친 듯이 땅을 파헤쳤다.

La sua rabbia era così violenta che Pike tremava sotto la neve per la paura.

그의 분노가 너무 강렬해서 파이크는 눈 속에서 두려움에 떨었습니다.

Quando finalmente Pike fu trovato, Spitz si lanciò per punire il cane nascosto.

파이크가 마침내 발견되자, 스피츠는 숨어 있던 개를 처벌하기 위해 달려들었다.

Ma Buck si scagliò tra loro con una furia pari a quella di Spitz.

하지만 벅은 스피츠와 마찬가지로 격노하여 그들 사이에 뛰어들었다.

L'attacco fu così improvviso e astuto che Spitz cadde a terra.

그 공격은 너무 갑작스럽고 교묘해서 스피츠는 넘어졌다.

Pike, che tremava, trasse coraggio da questa sfida.

떨고 있던 파이크는 이 도전에서 용기를 얻었습니다.

Seguendo l'audace esempio di Buck, saltò sullo Spitz caduto.

그는 벅의 대담한 모범을 따라 쓰러진 스피츠 위로 뛰어올랐다.

Buck, non più vincolato dall'equità, si unì allo sciopero di Spitz.

더 이상 공정성에 얽매이지 않은 벅은 스피츠의 파업에 합류했습니다.

François, divertito ma fermo nella disciplina, agitò la sua pesante frusta.

프랑수아는 즐거워하면서도 단호하게 규율을 지키며 무거운 채찍을 휘둘렀다.

Colpì Buck con tutta la sua forza per interrompere la rissa.

그는 싸움을 중단시키기 위해 온 힘을 다해 벅을 때렸다.

Buck si rifiutò di muoversi e rimase in groppa al capo caduto.

벅은 움직이기를 거부하고 쓰러진 리더 위에 머물렀다.

François allora usò il manico della frusta e colpì Buck con violenza.

프랑수아는 채찍 자루를 이용해 벅을 세게 때렸다.

**Barcollando per il colpo, Buck cadde all'indietro sotto l'assalto.**

타격으로 비틀거리던 벅은 공격에 다시 쓰러졌다.

**François colpì più volte mentre Spitz puniva Pike.**

프랑수아는 계속해서 공격했고, 스피츠는 파이크를 처벌했습니다.

**Passarono i giorni e Dawson City si avvicinava sempre di più.**

시간이 흐르면서 도슨시티는 점점 더 가까워졌습니다.

**Buck continuava a intromettersi, infilandosi tra Spitz e gli altri cani.**

벅은 계속해서 스피츠와 다른 개들 사이를 끼어들며 간섭했습니다.

**Sceglieva bene i suoi momenti, aspettando sempre che François se ne andasse.**

그는 프랑수아가 떠날 때를 항상 기다리며 순간을 잘 선택했습니다.

**La ribellione silenziosa di Buck si diffuse e il disordine prese piede nella squadra.**

벅의 조용한 반항은 퍼져나갔고, 팀 내에 혼란이 뿌리를 내렸습니다.

**Dave e Solleks rimasero leali, ma altri diventarono indisciplinati.**

데이브와 솔렉스는 충성을 다했지만, 다른 사람들은 점점 더 어수선해졌습니다.

**La squadra peggiorò: divenne irrequieta, litigiosa e fuori luogo.**

팀은 점점 더 나빠졌습니다. 불안하고, 다투기 좋아하고, 선을 넘었습니다.

**Ormai niente filava liscio e le liti diventavano all'ordine del giorno.**

더 이상 모든 일이 순조롭게 진행되지 않았고, 싸움이 잦아졌습니다.

**Buck rimase sempre al centro dei guai, provocando disordini.**

벅은 항상 문제의 중심에 있었고, 항상 불안을
야기했습니다.

**François rimase vigile, temendo la lotta tra Buck e Spitz.**
프랑수아는 벅과 스피츠 사이의 싸움이 두려워서 경계를
늦추지 않았습니다.

**Ogni notte veniva svegliato da zuffe e temeva che
finalmente fosse arrivato l'inizio.**
매일 밤 싸움으로 인해 그는 깨어났고, 마침내 시작이 온
것을 두려워했습니다.

**Balzò fuori dalla veste, pronto a interrompere la rissa.**
그는 싸움을 중단시키려고 옷을 벗었다.

**Ma il momento non arrivò mai e alla fine raggiunsero
Dawson.**
하지만 그 순간은 결코 오지 않았고, 그들은 마침내
도슨에 도착했습니다.

**La squadra entrò in città in un pomeriggio cupo, teso e
silenzioso.**
어느 날 오후, 그 팀은 긴장되고 조용한 분위기 속에서
마을에 들어갔습니다.

**La grande battaglia per la leadership era ancora sospesa
nell'aria gelida.**
지도력을 위한 큰 싸움은 아직도 얼어붙은 공기 속에
머물러 있었습니다.

**Dawson era piena di uomini e cani da slitta, tutti impegnati
nel lavoro.**
도슨은 일로 분주한 남자와 썰매개들로 가득 차
있었습니다.

**Buck osservava i cani trainare i carichi dalla mattina alla
sera.**
벅은 아침부터 저녁까지 개들이 짐을 끄는 것을
지켜보았습니다.

**Trasportavano tronchi e legna da ardere e spedivano
rifornimenti alle miniere.**
그들은 통나무와 장작을 끌고 광산으로 물품을 실어
날랐습니다.

Nel Southland, dove un tempo lavoravano i cavalli, ora lavoravano i cani.

한때 남부 지방에서는 말이 일하던 곳이 이제는 개들이 일하고 있습니다.

Buck vide alcuni cani provenienti dal Sud, ma la maggior parte erano husky simili a lupi.

벅은 남쪽에서 온 개 몇 마리를 보았지만, 대부분은 늑대와 비슷한 허스키였습니다.

Di notte, puntuali come un orologio, i cani alzavano la voce e cantavano.

밤이 되면 정해진 시간마다 개들은 목소리를 높여 노래를 불렀습니다.

Alle nove, a mezzanotte e di nuovo alle tre, il canto cominciò.

오전 9시, 자정, 그리고 다시 오후 3시에 노래가 시작되었습니다.

Buck amava unirsi al loro canto inquietante, selvaggio e antico nel suono.

벅은 그들의 기괴하고 거친 노래에 동참하는 것을 좋아했는데, 그 소리는 거칠고 고대적이었다.

L'aurora fiammeggiava, le stelle danzavano e la neve ricopriva la terra.

오로라가 타오르고, 별들이 춤을 추고, 눈이 땅을 덮었습니다.

Il canto dei cani si elevava come un grido contro il silenzio e il freddo pungente.

개들의 노래는 침묵과 매서운 추위에 대한 외침으로 울려 퍼졌습니다.

Ma il loro urlo esprimeva tristezza, non sfida, in ogni lunga nota.

하지만 그들의 울부짖음은 긴 음표 하나하나에 반항이 아닌 슬픔을 담고 있었습니다.

Ogni lamento era pieno di supplica: il peso stesso della vita.

그들의 애원에는 모두 간청이 가득했고, 그것은 바로 삶의 무게였습니다.

**Quella canzone era vecchia, più vecchia delle città e più vecchia degli incendi**

그 노래는 오래되었습니다. 마을보다 오래되었고, 불보다 오래되었습니다.

**Quel canto era più antico perfino delle voci degli uomini.**

그 노래는 사람의 목소리보다도 더 오래된 것이었다.

**Era una canzone del mondo dei giovani, quando tutte le canzoni erano tristi.**

그것은 모든 노래가 슬픈 시절의 젊은 시절의 노래였습니다.

**La canzone porta con sé il dolore di innumerevoli generazioni di cani.**

그 노래는 수많은 세대의 개들의 슬픔을 담고 있었습니다.

**Buck percepì profondamente la melodia, gemendo per un dolore radicato nei secoli.**

벅은 그 멜로디를 깊이 느꼈고, 세월에 뿌리를 둔 고통으로 신음했습니다.

**Singhiozzava per un dolore antico quanto il sangue selvaggio nelle sue vene.**

그는 그의 혈관 속에 흐르는 거친 피만큼이나 오래된 슬픔 때문에 흐느꼈다.

**Il freddo, l'oscurità e il mistero toccarono l'anima di Buck.**

추위, 어둠, 신비로움이 벅의 영혼을 감동시켰습니다.

**Quella canzone dimostrava quanto Buck fosse tornato alle sue origini.**

그 노래는 벅이 얼마나 본래의 모습으로 돌아왔는지 보여주었습니다.

**Tra la neve e gli ululati aveva trovato l'inizio della sua vita.**

그는 눈과 울부짖음 속에서 자신의 삶의 시작을 찾았습니다.

**Sette giorni dopo l'arrivo a Dawson, ripartirono.**

도슨에 도착한 지 7일 만에 그들은 다시 출발했습니다.

**La squadra si è lanciata dalla caserma fino allo Yukon Trail.**

팀은 막사에서 유콘 트레일로 내려갔습니다.

**Iniziarono il viaggio di ritorno verso Dyea e Salt Water.**
그들은 다이아와 솔트워터를 향해 여행을 시작했습니다.

**Perrault trasmise dispacci ancora più urgenti di prima.**
페로는 이전보다 더 긴급한 전문을 전달했습니다.

**Era anche preso dall'orgoglio per la corsa e puntava a stabilire un record.**
그는 또한 트레일 프라이드에 사로잡혀 기록을 세우는 것을 목표로 삼았습니다.

**Questa volta Perrault aveva diversi vantaggi.**
이번에는 페로에게 여러 가지 이점이 있었습니다.

**I cani avevano riposato per un'intera settimana e avevano ripreso le forze.**
개들은 일주일 동안 휴식을 취하고 힘을 회복했습니다.

**La pista che avevano tracciato era ora battuta da altri.**
그들이 개척한 길은 이제 다른 사람들에 의해 단단히 다져져 있었습니다.

**In alcuni punti la polizia aveva immagazzinato cibo sia per i cani che per gli uomini.**
곳곳에는 경찰이 개와 사람을 위한 음식을 비축해 두었습니다.

**Perrault viaggiava leggero, si muoveva velocemente e aveva poco a cui aggrapparsi.**
페로는 가볍게 여행했고, 무거운 짐도 거의 없이 빠르게 움직였다.

**La prima sera raggiunsero la Sixty-Mile, una corsa lunga 50 miglia.**
그들은 첫날밤에 50마일 거리인 60마일을 달렸습니다.

**Il secondo giorno risalirono rapidamente lo Yukon in direzione di Pelly.**
둘째 날, 그들은 유콘 강을 따라 펠리를 향해 달려갔습니다.

**Ma questi grandi progressi comportarono anche molta fatica per François.**
하지만 그러한 훌륭한 진전은 프랑수아에게는 큰 부담으로 다가왔습니다.

La ribellione silenziosa di Buck aveva infranto la disciplina della squadra.

벅의 조용한 반항은 팀의 규율을 깨뜨렸다.

Non si univano più come un'unica bestia al comando.

그들은 더 이상 한 마리의 짐승처럼 고삐를 잡고 함께 움직이지 않았습니다.

Buck aveva spinto altri alla sfida con il suo coraggioso esempio.

벅은 그의 대담한 모범을 통해 다른 사람들을 저항으로 이끌었습니다.

L'ordine di Spitz non veniva più accolto con timore o rispetto.

슈피츠의 명령은 더 이상 두려움이나 존경으로 받아들여지지 않았습니다.

Gli altri persero ogni timore reverenziale nei suoi confronti e osarono opporsi al suo governo.

다른 사람들은 그에 대한 경외심을 잃고 그의 통치에 저항했습니다.

Una notte, Pike rubò mezzo pesce e lo mangiò sotto gli occhi di Buck.

어느 날 밤, 파이크는 물고기 반 마리를 훔쳐서 벅의 눈 밑에서 먹었습니다.

Un'altra notte, Dub e Joe combatterono contro Spitz e rimasero impuniti.

또 다른 날 밤, 더브와 조는 스피츠와 싸웠지만 아무런 처벌도 받지 않았습니다.

Anche Billee gemette meno dolcemente e mostrò una nuova acutezza.

빌리조차도 덜 달콤하게 징징거리고 새로운 날카로움을 보여주었다.

Buck ringhiava a Spitz ogni volta che si incrociavano.

벅은 스피츠와 마주칠 때마다 으르렁거렸다.

L'atteggiamento di Buck divenne audace e minaccioso, quasi come quello di un bullo.

벅의 태도는 점점 더 대담해지고 위협적이 되었으며, 거의 괴롭힘꾼과도 같았다.

**Camminava avanti e indietro davanti a Spitz con un'andatura spavalda e piena di minaccia beffarda.**

그는 조롱하는 듯한 위협감으로 가득 찬 거만한 태도로 스피츠 앞을 왔다 갔다 했습니다.

**Questo crollo dell'ordine si diffuse anche tra i cani da slitta.**

그러한 질서의 붕괴는 썰매개들 사이에도 퍼져나갔습니다.

**Litigarono e discussero più che mai, riempiendo l'accampamento di rumore.**

그들은 그 어느 때보다 더 많이 싸우고 논쟁했으며, 캠프 안은 소음으로 가득 찼습니다.

**Ogni notte la vita nel campeggio si trasformava in un caos selvaggio e ululante.**

캠프 생활은 매일 밤 거칠고 울부짖는 혼돈으로 변했습니다.

**Solo Dave e Solleks rimasero fermi e concentrati.**

오직 데이브와 솔렉스만이 흔들림 없이 집중했습니다.

**Ma anche loro diventarono irascibili a causa delle continue risse.**

하지만 그들도 끊임없는 싸움으로 인해 화를 내기 시작했습니다.

**François imprecò in lingue strane e batté i piedi per la frustrazione.**

프랑수아는 이상한 언어로 욕설을 내뱉으며 좌절감에 발을 구르며 걸었다.

**Si strappò i capelli e urlò mentre la neve gli volava sotto i piedi.**

그는 머리카락을 쥐어뜯으며 비명을 질렀고, 발밑에서는 눈이 날렸다.

**La sua frusta schioccò contro il gruppo, ma a malapena riuscì a tenerli in riga.**

그의 채찍은 무리를 가로질러 날아갔지만 간신히 그들을 일렬로 세웠다.

**Ogni volta che voltava le spalle, la lotta ricominciava.**

그가 등을 돌릴 때마다 싸움은 다시 일어났다.

François usò la frusta per Spitz, mentre Buck guidava i ribelli.

프랑수아는 스피츠를 위해 채찍을 사용했고, 벅은 반군을 이끌었습니다.

Ognuno conosceva il ruolo dell'altro, ma Buck evitava di addossare ogni colpa.

둘은 서로의 역할을 알고 있었지만, 벅은 비난을 피했다.

François non ha mai colto Buck mentre iniziava una rissa o si sottraeva al suo lavoro.

프랑수아는 벅이 싸움을 시작하거나 일을 게을리 하는 것을 본 적이 없습니다.

Buck lavorava duramente ai finimenti: la fatica ora gli dava entusiasmo.

벅은 열심히 일했습니다. 그 노동이 그의 정신을 설레게 했습니다.

Ma trovava ancora più gioia nel fomentare risse e caos nell'accampamento.

하지만 그는 캠프 내에서 싸움과 혼란을 일으키는 데서 더 큰 즐거움을 발견했습니다.


Una sera, alla foce del Tahkeena, Dub spaventò un coniglio.

어느 날 저녁, 타키나의 입에서 더브는 토끼 한 마리를 놀라게 했습니다.

Mancò la presa e il coniglio con la racchetta da neve balzò via.

그는 잡는 데 실패했고, 눈신발토끼는 뛰어 달아났다.

Nel giro di pochi secondi, l'intera squadra di slitte si lanciò all'inseguimento, gridando a squarciagola.

몇 초 만에 썰매 팀 전체가 격렬한 함성을 지르며 추격을 시작했습니다.

Nelle vicinanze, un accampamento della polizia del nord-ovest ospitava cinquanta cani husky.

근처의 노스웨스트 경찰 캠프에는 허스키 개 50마리가 있었습니다.

Si unirono alla caccia, scendendo insieme il fiume ghiacciato.

그들은 사냥에 합류하여 얼어붙은 강을 따라 함께
내려갔습니다.

**Il coniglio lasciò il fiume e fuggì lungo il letto ghiacciato di
un ruscello.**

토끼는 강에서 방향을 돌려 얼어붙은 개울바닥을 따라
도망쳤다.

**Il coniglio saltellava leggero sulla neve mentre i cani si
facevano strada a fatica.**

토끼는 눈 위를 가볍게 뛰어넘었고, 개들은 힘겹게 눈
속을 헤쳐 나갔습니다.

**Buck guidava l'enorme branco di sessanta cani attorno a
ogni curva tortuosa.**

벅은 60마리의 개로 이루어진 거대한 무리를 이끌고
구불구불한 길을 돌아다녔습니다.

**Si spinse in avanti, basso e impaziente, ma non riuscì a
guadagnare terreno.**

그는 몸을 낮게 하고 열의적으로 앞으로 나아갔지만, 더
이상 진전을 이룰 수 없었다.

**Il suo corpo brillava sotto la pallida luna a ogni potente
balzo.**

그의 몸은 힘차게 뛰어오를 때마다 희미한 달빛 아래에서
번쩍였다.

**Davanti a loro, il coniglio si muoveva come un fantasma,
silenzioso e troppo veloce per essere catturato.**

토끼는 앞에서 유령처럼 조용히 움직이며 따라잡을 수
없을 만큼 빠르게 움직였다.

**Tutti quei vecchi istinti, la fame, l'eccitazione, attraversarono
Buck.**

그 모든 오래된 본능, 즉 배고픔과 설렘이 벅의 몸속으로
밀려들었다.

**A volte gli esseri umani avvertono questo istinto e sono
spinti a cacciare con armi da fuoco e proiettili.**

인간은 때때로 총과 총알을 이용해 사냥하려는 본능을
느낀다.

**Ma Buck provava questa sensazione a un livello più
profondo e personale.**

하지만 벅은 이 느낌을 더 깊고 개인적인 차원에서
느꼈습니다.

**Non riuscivano a percepire la natura selvaggia nel loro
sangue come Buck.**

그들은 벅이 느낄 수 있었던 것처럼 자신의 피 속에
흐르는 야생성을 느낄 수 없었다.

**Inseguiva la carne viva, pronto a uccidere con i denti e ad
assaggiare il sangue.**

그는 살아 있는 고기를 쫓아다니며 이빨로 죽이고 피의
맛을 볼 준비를 했습니다.

**Il suo corpo si tendeva per la gioia, desiderando immergersi
nel caldo rosso della vita.**

그의 몸은 기쁨으로 뻐근했고, 따뜻한 붉은 생명에 몸을
담그고 싶어했습니다.

**Una strana gioia segna il punto più alto che la vita possa mai
raggiungere.**

이상한 기쁨은 인생이 도달할 수 있는 가장 높은 지점을
나타낸다.

**La sensazione di raggiungere un picco in cui i vivi
dimenticano di essere vivi.**

살아있는 사람들이 자신이 살아 있다는 사실조차
잊어버리는 절정의 느낌.

**Questa gioia profonda tocca l'artista immerso in
un'ispirazione ardente.**

이 깊은 기쁨은 타오르는 영감에 휩싸인 예술가를
감동시킵니다.

**Questa gioia afferra il soldato che combatte selvaggiamente
e non risparmia alcun nemico.**

이 기쁨은 맹렬하게 싸우고 적을 하나도 아끼지 않는
군인을 사로잡습니다.

**Questa gioia ora colpì Buck mentre guidava il branco in
preda alla fame primordiale.**

이 기쁨은 이제 벅을 사로잡았고 그는 원시적 배고픔
속에서 무리를 이끌었다.

**Ululò con l'antico grido del lupo, emozionato per
l'inseguimento.**

그는 살아있는 늑대의 추격에 신이 나서 고대 늑대의
울부짖음처럼 울부짖었다.

**Buck fece appello alla parte più antica di sé, persa nella natura selvaggia.**

벅은 자연 속에서 길을 잃은 자신의 가장 오래된 부분을
활용했습니다.

**Scavò in profondità dentro di sé, oltre la memoria, fino al tempo grezzo e antico.**

그는 깊은 내면, 과거의 기억, 원시적이고 고대의 시간에
접근했습니다.

**Un'ondata di vita pura pervase ogni muscolo e tendine.**

순수한 생명의 파도가 모든 근육과 힘줄을 통해
쇄도했습니다.

**Ogni salto gridava che viveva, che attraversava la morte.**

매번 뛰어오를 때마다 그는 살아있고, 죽음을 통과해
나간다는 것을 외쳤습니다.

**Il suo corpo si librava gioioso su una terra immobile e fredda che non si muoveva mai.**

그의 몸은 움직이지 않는 차갑고 고요한 땅 위로 기쁨에
넘쳐 날아올랐다.

**Spitz rimase freddo e astuto anche nei suoi momenti più selvaggi.**

스피츠는 가장 격렬한 순간에도 냉정함과 교활함을
유지했습니다.

**Lasciò il sentiero e attraversò un terreno dove il torrente formava una curva ampia.**

그는 산길을 벗어나 개울이 넓게 휘어지는 땅을
건넜습니다.

**Buck, ignaro di ciò, rimase sul sentiero tortuoso del coniglio.**

벅은 이 사실을 모르고 토끼가 지나간 구불구불한 길에
머물렀습니다.

**Poi, mentre Buck svoltava dietro una curva, il coniglio spettrale si trovò davanti a lui.**

그때, 벅이 굽은길을 돌자 유령 같은 토끼가 그의 앞에
나타났습니다.

Vide una seconda figura balzare dalla riva precedendo la preda.

그는 먹이보다 앞서 강둑에서 두 번째 인물이 뛰어오르는 것을 보았습니다.

La figura era Spitz, atterrato proprio sulla traiettoria del coniglio in fuga.

그 인물은 바로 스피츠였는데, 도망치는 토끼의 경로에 바로 착륙했습니다.

Il coniglio non riuscì a girarsi e incontrò le fauci di Spitz a mezz'aria.

토끼는 돌아설 수 없었고 공중에서 스피츠의 턱에 부딪혔다.

La spina dorsale del coniglio si spezzò con un grido acuto come il grido di un essere umano morente.

토끼의 척추가 죽어가는 사람의 울음소리처럼 날카로운 비명과 함께 부러졌습니다.

A quel suono, il passaggio dalla vita alla morte, il branco ululò forte.

그 소리, 즉 삶에서 죽음으로의 추락 소리에 무리는 크게 울부짖었다.

Un coro selvaggio si levò da dietro Buck, pieno di oscura gioia.

벅의 뒤에서 어둠의 기쁨으로 가득 찬 야만적인 합창이 울려 퍼졌습니다.

Buck non emise alcun grido, nessun suono e si lanciò dritto verso Spitz.

벅은 울음소리도 내지 않고 소리도 내지 않고 스피츠에게 곧장 달려들었다.

Mirò alla gola, ma colpì invece la spalla.

그는 목을 노렸지만 대신 어깨를 맞혔습니다.

Caddero nella neve soffice, i loro corpi erano intrappolati in un combattimento.

그들은 부드러운 눈 속을 굴러다녔고, 그들의 몸은 전투에 갇혔습니다.

Spitz balzò in piedi rapidamente, come se non fosse mai stato atterrato.

스피츠는 마치 쓰러진 적이 없는 것처럼 재빨리 일어섰다.

**Colpì Buck alla spalla e poi balzò fuori dalla mischia.**
그는 벅의 어깨를 베고 나서 싸움터에서 뛰어내렸습니다.

**Per due volte i suoi denti schioccarono come trappole d'acciaio, e le sue labbra si arricciarono e si fecero feroci.**
그의 이빨이 강철 함정처럼 두 번이나 부러졌고, 입술은 말려 올라 사나워졌다.

**Arretrò lentamente, cercando un terreno solido sotto i piedi.**
그는 천천히 뒤로 물러나면서 발 밑의 튼튼한 땅을 찾았습니다.

**Buck comprese il momento all'istante e pienamente.**
벅은 그 순간을 즉시 완벽하게 이해했습니다.

**Il momento era giunto: la lotta sarebbe stata una lotta all'ultimo sangue.**
그 순간이 왔습니다. 싸움은 죽음을 향한 싸움이 될 것입니다.

**I due cani giravano in cerchio, ringhiando, con le orecchie piatte e gli occhi socchiusi.**
두 마리의 개가 으르렁거리며 돌아다녔는데, 귀는 납작하고 눈은 가늘었다.

**Ogni cane aspettava che l'altro mostrasse debolezza o facesse un passo falso.**
각 개는 다른 개들이 약해지거나 실수를 보일 때까지 기다렸습니다.

**Buck percepiva quella scena come stranamente nota e profondamente ricordata.**
벅은 그 장면이 섬뜩할 정도로 친숙하고 깊이 기억되는 것을 느꼈다.

**I boschi bianchi, la terra fredda, la battaglia al chiaro di luna.**
하얀 숲, 차가운 땅, 달빛 아래의 전투.

**Un silenzio pesante, profondo e innaturale riempiva la terra.**
땅은 깊고 부자연스러운 무거운 침묵으로 가득 찼다.

**Nessun vento si alzava, nessuna foglia si muoveva, nessun suono rompeva il silenzio.**

바람도 움직이지 않았고, 나뭇잎도 움직이지 않았으며, 소리도 고요함을 깨지 않았습니다.

Il respiro dei cani si levava come fumo nell'aria gelida e silenziosa.

얼어붙은 조용한 공기 속에서 개들의 숨소리가 연기처럼 올라갔다.

Il coniglio era stato dimenticato da tempo dal branco di animali selvatici.

토끼는 야생 짐승 무리에게서 오랫동안 잊혀졌습니다.

Questi lupi semiaddomesticati ora stavano fermi in un ampio cerchio.

이제 반쯤 길들여진 늑대들은 넓은 원을 그리며 움직이지 않고 서 있었습니다.

Erano silenziosi, solo i loro occhi luminosi rivelavano la loro fame.

그들은 조용했고, 빛나는 눈만이 배고픔을 드러냈다.

Il loro respiro saliva, mentre osservavano l'inizio dello scontro finale.

그들은 마지막 싸움이 시작되는 것을 지켜보며 숨을 위로 들이쉬었다.

Per Buck questa battaglia era vecchia e attesa, per niente strana.

벅에게 이 전투는 오래되고 예상된 일이었으며, 전혀 이상하지 않았습니다.

Era come il ricordo di qualcosa che doveva accadere da sempre.

그것은 항상 일어나기로 되어 있던 일에 대한 기억처럼 느껴졌습니다.

Spitz era un cane da combattimento addestrato, affinato da innumerevoli risse selvagge.

스피츠는 수많은 격렬한 싸움을 통해 단련된 싸움개였습니다.

Dallo Spitzbergen al Canada, aveva sconfitto molti nemici.

슈피츠베르겐에서 캐나다까지 그는 많은 적을 물리쳤습니다.

Era pieno di rabbia, ma non cedette mai il controllo alla rabbia.

그는 분노에 차 있었지만 결코 분노에 굴복하지 않았습니다.

La sua passione era acuta, ma sempre temperata dal duro istinto.

그의 열정은 강렬했지만, 항상 냉정한 본능으로 누그러졌습니다.

Non ha mai attaccato finché non ha avuto la sua difesa pronta.

그는 자신의 방어가 확립될 때까지 결코 공격하지 않았습니다.

Buck provò più volte a raggiungere il collo vulnerabile di Spitz.

벅은 스피츠의 취약한 목에 닿기 위해 계속해서 노력했습니다.

Ma ogni colpo veniva accolto da un fendente dei denti affilati di Spitz.

하지만 모든 공격은 스피츠의 날카로운 이빨에 의해 저지되었습니다.

Le loro zanne si scontrarono ed entrambi i cani sanguinarono dalle labbra lacerate.

그들의 송곳니가 부딪혔고, 두 마리의 개 모두 입술이 찢어져 피를 흘렸습니다.

Nonostante i suoi sforzi, Buck non riusciva a rompere la difesa.

벅이 아무리 달려들더라도 방어선을 무너뜨릴 수는 없었다.

Divenne sempre più furioso e si lanciò verso di lui con violente esplosioni di potenza.

그는 점점 더 격노하며, 엄청난 힘을 폭발시키며 돌진했습니다.

Buck colpì ripetutamente la bianca gola di Spitz.

벅은 계속해서 스피츠의 흰 목을 노렸다.

Ogni volta Spitz schivava e contrattaccava con un morso tagliente.

그때마다 스피츠는 회피하며 날카로운 물기로 반격했다.

**Poi Buck cambiò tattica, avventandosi di nuovo come se volesse colpirlo alla gola.**

그러자 벅은 전략을 바꾸어 다시 목을 노리듯 달려들었다.

**Ma a metà attacco si è ritirato, girandosi per colpire di lato.**

하지만 그는 공격 도중 뒤로 물러나 측면에서 공격을 가했습니다.

**Colpì Spitz con una spallata, con l'intento di buttarlo a terra.**

그는 스피츠를 쓰러뜨리려고 어깨를 휘둘렀다.

**Ogni volta che ci provava, Spitz lo schivava e rispondeva con un fendente.**

그가 시도할 때마다 스피츠는 피하고 베기로 반격했다.

**La spalla di Buck si faceva scorticare mentre Spitz si liberava dopo ogni colpo.**

스피츠가 매번 공격을 가할 때마다 벅의 어깨는 찢어졌다.

**Spitz non era stato toccato, mentre Buck sanguinava dalle numerose ferite.**

스피츠는 손도 대지 않은 반면, 벅은 많은 상처에서 피를 흘리고 있었습니다.

**Il respiro di Buck era affannoso e pesante, il suo corpo era viscido di sangue.**

벅의 숨은 빠르고 거칠었고, 그의 몸은 피로 미끈거렸다.

**La lotta diventava più brutale a ogni morso e carica.**

물고 돌진할수록 싸움은 더욱 잔혹해졌습니다.

**Attorno a loro, sessanta cani silenziosi aspettavano che il primo cadesse.**

그들 주변에는 60마리의 개들이 조용히 첫 번째 개가 쓰러지기를 기다리고 있었습니다.

**Se un cane fosse caduto, il branco avrebbe posto fine alla lotta.**

개 한 마리라도 쓰러지면 무리 전체가 싸움을 끝낼 수 있었습니다.

**Spitz vide Buck indebolirsi e cominciò ad attaccare.**

스피츠는 벅이 약해지는 것을 보고 공격을 시작했습니다.

**Mantenne Buck sbilanciato, costringendolo a lottare per restare in piedi.**

그는 벅의 균형을 깨뜨려 균형을 잡기 위해 싸우게 했습니다.

**Una volta Buck inciampò e cadde, e tutti i cani si rialzarono.**

어느 날 벅이 비틀거리며 넘어지자, 모든 개들이 일어섰습니다.

**Ma Buck si raddrizzò a metà caduta e tutti ricaddero.**

하지만 벅은 넘어지는 도중에 다시 일어섰고, 모두 다시 쓰러졌습니다.

**Buck aveva qualcosa di raro: un'immaginazione nata da un profondo istinto.**

벅은 희귀한 것을 가지고 있었습니다. 깊은 본능에서 태어난 상상력이죠.

**Combatté per istinto naturale, ma combatté anche con astuzia.**

그는 타고난 추진력으로 싸웠지만, 또한 교활함으로도 싸웠습니다.

**Tornò ad attaccare come se volesse ripetere il trucco dell'attacco alla spalla.**

그는 마치 어깨 공격 기술을 반복하듯 다시 돌격했다.

**Ma all'ultimo secondo si abbassò e passò sotto Spitz.**

하지만 마지막 순간에 그는 몸을 낮춰 스피츠 밑으로 스쳐 지나갔습니다.

**I suoi denti si bloccarono sulla zampa anteriore sinistra di Spitz con uno schiocco.**

그의 이빨이 스피츠의 왼쪽 앞다리에 딱 맞았습니다.

**Spitz ora era instabile e il suo peso gravava solo su tre zampe.**

이제 스피츠는 세 개의 다리에 무게를 실은 채 불안정하게 서 있었습니다.

**Buck colpì di nuovo e tentò tre volte di atterrarlo.**

벅은 다시 공격하여 세 번이나 그를 쓰러뜨리려고 시도했습니다.

**Al quarto tentativo ha usato la stessa mossa con successo**

네 번째 시도에서 그는 같은 기술을 사용해 성공했습니다.

**Questa volta Buck riuscì a mordere la zampa destra di Spitz.**
이번에는 벅이 스피츠의 오른쪽 다리를 물었습니다.

**Spitz, benché storpio e in agonia, continuò a lottare per sopravvivere.**
슈피츠는 다리를 절고 고통받았지만 살아남기 위해 계속 노력했습니다.

**Vide il cerchio degli husky stringersi, con le lingue fuori e gli occhi luminosi.**
그는 허스키들이 모여서 혀를 내밀고 눈을 반짝이며 서로 뭉쳐 있는 것을 보았습니다.

**Aspettarono di divorarlo, proprio come avevano fatto con gli altri.**
그들은 다른 이들에게 했던 것처럼 그를 잡아먹으려고 기다렸다.

**Questa volta era lui al centro, sconfitto e condannato.**
이번에는 그는 중앙에 섰습니다. 패배하고 파멸한 것입니다.

**Ormai il cane bianco non aveva più alcuna possibilità di fuga.**
이제 흰 개에게는 탈출할 방법이 없었습니다.

**Buck non mostrò alcuna pietà, perché la pietà non era a posto nella natura selvaggia.**
벅은 자비를 보이지 않았습니다. 자비는 야생에서 있어서는 안 되는 것이었기 때문입니다.

**Buck si mosse con cautela, preparandosi per la carica finale.**
벅은 마지막 돌격을 준비하며 조심스럽게 움직였다.

**Il cerchio degli husky si stringeva; lui sentiva i loro respiri caldi.**
허스키 무리가 모여들었고, 그는 그들의 따뜻한 숨결을 느꼈다.

**Si accovacciarono, pronti a scattare quando fosse giunto il momento.**
그들은 몸을 낮게 굽히고, 때가 되면 뛰어내릴 준비를 했습니다.

Spitz tremava nella neve, ringhiando e cambiando posizione.

스피츠는 눈 속에서 몸을 떨며 으르렁거리고 자세를 바꿨다.

I suoi occhi brillavano, le labbra si arricciavano, i denti brillavano in un'espressione disperata e minacciosa.

그의 눈은 번쩍였고, 입술은 삐죽 튀어나왔고, 이빨은 절박한 위협으로 빛났다.

Barcollò, cercando ancora di resistere al freddo morso della morte.

그는 비틀거리며 죽음의 차가운 물림을 막으려고 계속 노력했습니다.

Aveva già visto situazioni simili, ma sempre dalla parte dei vincitori.

그는 이런 광경을 이전에도 보았지만, 항상 이기는 쪽에서 보았습니다.

Ora era dalla parte perdente; lo sconfitto; la preda; la morte.

이제 그는 패배자, 먹잇감, 죽음의 편에 섰습니다.

Buck si preparò al colpo finale, mentre il cerchio dei cani si faceva sempre più stretto.

벅은 마지막 일격을 가하기 위해 돌아섰고, 개들의 고리는 더욱 가까이 다가왔다.

Poteva sentire i loro respiri caldi; erano pronti a uccidere.

그는 그들의 뜨거운 숨결을 느낄 수 있었고, 죽일 준비가 되었습니다.

Calò il silenzio; tutto era al suo posto; il tempo si era fermato.

고요함이 찾아왔다. 모든 것이 제자리에 있었고, 시간이 멈췄다.

Persino l'aria fredda tra loro si congelò per un ultimo istante.

그들 사이의 차가운 공기마저 마지막 순간 얼어붙었다.

Soltanto Spitz si mosse, cercando di trattenere la sua fine amara.

오직 스피츠만이 움직이며 그의 쓰라린 최후를 막으려 애썼다.

Il cerchio dei cani si stava stringendo attorno a lui, come era suo destino.

개들의 무리가 그의 주위로 다가오고 있었고, 그의 운명도 마찬가지였다.

Ora era disperato, sapendo cosa stava per accadere.

그는 무슨 일이 일어날지 알고 있었기 때문에 절망적이었습니다.

Buck balzò dentro e la sua spalla incontrò la sua spalla per l'ultima volta.

벅이 달려들어 마지막으로 어깨를 맞댔다.

I cani si lanciarono in avanti, nascondendo Spitz nell'oscurità della neve.

개들은 앞으로 달려나가며 눈 덮인 어둠 속에서 스피츠를 덮쳤다.

Buck osservava, eretto e fiero; il vincitore in un mondo selvaggio.

벅은 당당하게 서서 지켜보았다. 야만적인 세상의 승자.

La bestia primordiale dominante aveva fatto la sua uccisione, e la aveva fatta bene.

지배적인 원시 짐승이 먹이를 죽였고, 그것은 좋은 일이었습니다.

## Colui che ha conquistato la maestria
## 마스터십을 획득한 자

"Eh? Cosa ho detto? Dico la verità quando dico che Buck è
un diavolo."
"어? 내가 뭐라고 했지? 벅이 악마라고 한 건 진심이야."

François raccontò questo la mattina dopo aver scoperto la
scomparsa di Spitz.
프랑수아는 스피츠가 실종된 것을 발견한 다음 날 아침
이렇게 말했습니다.

Buck rimase lì, coperto di ferite causate dal violento
combattimento.
벅은 잔혹한 싸움으로 인한 상처로 뒤덮인 채 거기 서
있었다.

François tirò Buck vicino al fuoco e indicò le ferite.
프랑수아는 벅을 불 가까이로 끌고 가서 부상 부위를
가리켰다.

«Quello Spitz ha combattuto come il Devik», disse Perrault,
osservando i profondi tagli.
페로는 깊은 상처를 눈여겨보며 "스피츠는 데빅처럼
싸웠다"고 말했다.

«E quel Buck si batteva come due diavoli», rispose subito
François.
"그리고 벅은 마치 두 악마처럼 싸웠죠." 프랑수아가
즉시 대답했다.

"Ora faremo buon passo; niente più Spitz, niente più guai."
"이제 우리는 좋은 시간을 보낼 수 있을 거야. 더 이상
스피츠도 없고, 더 이상 문제도 없을 거야."

Perrault stava preparando l'attrezzatura e caricò la slitta con
cura.
페로는 장비를 챙기고 조심스럽게 썰매에 짐을 싣습니다.

François bardò i cani per prepararli alla corsa della giornata.
프랑수아는 그날 달리기에 대비해 개들에게 마구를
채웠습니다.

Buck trotterellò dritto verso la posizione di testa,
precedentemente occupata da Spitz.

벅은 스피츠가 차지했던 선두 자리를 향해 곧장
달려갔다.

Ma François, senza accorgersene, condusse Solleks in prima
linea.

그러나 프랑수아는 이를 알아차리지 못하고 솔렉스를
앞으로 이끌었다.

Secondo François, Solleks era ora il miglior cane da corsa.

프랑수아의 판단에 따르면, 이제 솔렉스가 가장 훌륭한
리더였습니다.

Buck si scagliò furioso contro Solleks e lo respinse indietro
in segno di protesta.

벅은 분노하여 솔렉스에게 달려들어 항의하며 그를
몰아냈다.

Si fermò dove un tempo si era fermato Spitz, rivendicando la
posizione di comando.

그는 스피츠가 서 있던 자리에 서서 선두 자리를
차지했습니다.

"Eh? Eh?" esclamò François, dandosi una pacca sulle cosce
divertito.

"어? 어?" 프랑수아는 허벅지를 때리며 즐거워하며
소리쳤다.

"Guarda Buck: ha ucciso Spitz, ora vuole prendersi il posto!"

"벅을 봐. 그는 스피츠를 죽였어. 이제 그 자리를
차지하려고 하는 거야!"

"Vattene via, Chook!" urlò, cercando di scacciare Buck.

"가버려, 추크!" 그는 벅을 쫓아내려고 소리쳤다.

Ma Buck si rifiutò di muoversi e rimase immobile nella
neve.

하지만 벅은 움직이기를 거부하고 눈 속에 굳건히 서
있었습니다.

François afferrò Buck per la collottola e lo trascinò da parte.

프랑수아는 벅의 목덜미를 붙잡고 옆으로 끌고 갔다.

Buck ringhiò basso e minaccioso, ma non attaccò.

벅은 낮고 위협적으로 으르렁거렸지만 공격하지는
않았습니다.

**François rimette Solleks in testa, cercando di risolvere la disputa**
프랑수아 는 솔렉스를 다시 선두로 올려놓고 분쟁을 해결하려고 노력했습니다.

**Il vecchio cane mostrò paura di Buck e non voleva restare.**
늙은 개는 벅을 두려워해서 머물고 싶어하지 않았습니다.

**Quando François gli voltò le spalle, Buck scacciò di nuovo Solleks.**
프랑수아가 등을 돌리자 벅은 다시 솔렉스를 몰아냈다.

**Solleks non oppose resistenza e si fece di nuovo da parte in silenzio.**
솔렉스는 저항하지 않고 다시 한 번 조용히 물러섰다.

**François si arrabbiò e urlò: "Per Dio, ti sistemo!"**
프랑수아는 화가 나서 "신이시여, 내가 당신을 고쳐드리겠습니다!"라고 소리쳤습니다.

**Si avvicinò a Buck tenendo in mano una pesante mazza.**
그는 무거운 곤봉을 손에 들고 벅에게 다가갔다.

**Buck ricordava bene l'uomo con il maglione rosso.**
벅은 빨간 스웨터를 입은 남자를 잘 기억하고 있었다.

**Si ritirò lentamente, osservando François ma ringhiando profondamente.**
그는 천천히 물러서며 프랑수아를 바라보았지만, 깊게 으르렁거렸다.

**Non si affrettò a tornare indietro, nemmeno quando Solleks si mise al suo posto.**
그는 솔렉스가 자리에 섰을 때에도 서둘러 돌아가지 않았습니다.

**Buck si girò in cerchio, appena fuori dalla sua portata, ringhiando furioso e protestando.**
벅은 분노와 항의로 으르렁거리며 손이 닿지 않는 곳까지 돌아다녔다.

**Teneva gli occhi fissi sulla mazza, pronto a schivare il colpo se François l'avesse lanciata.**
그는 프랑수아가 던지면 피할 준비를 하며 곤봉에서 눈을 떼지 않았다.

Era diventato saggio e cauto nei confronti degli uomini che maneggiavano le armi.

그는 무기를 든 사람들의 행동에 대해 현명해지고 조심스러워졌습니다.

François si arrese e chiamò di nuovo Buck al suo vecchio posto.

프랑수아는 포기하고 벅을 다시 원래 있던 자리로 불렀다.

Ma Buck fece un passo indietro con cautela, rifiutandosi di obbedire all'ordine.

하지만 벅은 조심스럽게 물러서며 명령을 따르기를 거부했습니다.

François lo seguì, ma Buck indietreggiò solo di pochi passi.

프랑수아가 뒤따랐지만, 벅은 단지 몇 걸음 더 물러섰을 뿐이었다.

Dopo un po' François gettò a terra l'arma, frustrato.

얼마 후, 프랑수아는 좌절감에 빠져 무기를 내던졌습니다.

Pensava che Buck avesse paura di essere picchiato e che avrebbe fatto lo stesso senza far rumore.

그는 벅이 구타당할까봐 조용히 올 것이라고 생각했습니다.

Ma Buck non stava evitando la punizione: stava lottando per ottenere un rango.

하지만 벅은 처벌을 피한 것이 아니었습니다. 그는 계급을 위해 싸웠습니다.

Si era guadagnato il posto di capobranco combattendo fino alla morte

그는 죽음을 향한 싸움을 통해 선두견 자리를 차지했습니다.

non si sarebbe accontentato di niente di meno che di essere il leader.

그는 리더가 되는 것보다 더 낮은 지위에는 만족할 생각이 없었습니다.

Perrault si unì all'inseguimento per aiutare a catturare il
ribelle Buck.

페로는 반항적인 벅을 잡기 위해 추격전에 참여했습니다.

Insieme lo portarono in giro per l'accampamento per quasi
un'ora.

그들은 그를 캠프 주변으로 거의 한 시간 동안 데리고
다녔다.

Gli scagliarono contro dei bastoni, ma Buck li schivò
abilmente uno per uno.

그들은 그에게 곤봉을 던졌지만, 벅은 모두 능숙하게
피했다.

Maledissero lui, i suoi antenati, i suoi discendenti e ogni suo
capello.

그들은 그와 그의 조상, 그의 후손, 그리고 그의 털끝
하나까지 저주했습니다.

Ma Buck si limitò a ringhiare e a restare appena fuori dalla
loro portata.

하지만 벅은 으르렁거리며 그들의 손이 닿지 않는 곳에
머물렀다.

Non cercò mai di scappare, ma continuò a girare intorno
all'accampamento deliberatamente.

그는 도망치려고 하지 않고 의도적으로 캠프 주위를
돌았습니다.

Disse chiaramente che avrebbe obbedito una volta ottenuto
ciò che voleva.

그는 원하는 것을 주면 복종하겠다고 분명히 했습니다.

Alla fine François si sedette e si grattò la testa, frustrato.

프랑수아는 마침내 앉아서 좌절감에 머리를 긁었다.

Perrault controllò l'orologio, imprecò e borbottò qualcosa sul
tempo perso.

페로는 시계를 확인하고 욕설을 내뱉으며 잃어버린
시간에 대해 중얼거렸다.

Era già trascorsa un'ora, mentre avrebbero dovuto essere
sulle tracce.

그들이 출발해야 할 시간인 한 시간이 이미 지나
있었습니다.

François alzò le spalle timidamente, guardando il corriere, che sospirò sconfitto.

프랑수아는 패배감에 한숨을 쉬는 배달원을 향해 어색하게 어깨를 으쓱했다.

Poi François si avvicinò a Solleks e chiamò ancora una volta Buck.

그러자 프랑수아는 솔렉스에게 다가가서 다시 한번 벅을 불렀다.

Buck rise come ride un cane, ma mantenne una cauta distanza.

벅은 개처럼 웃었지만 조심스러운 거리를 유지했다.

François tolse l'imbracatura a Solleks e lo rimise al suo posto.

프랑수아는 솔렉스의 하네스를 벗겨내고 그를 원래 자리로 돌려보냈다.

La squadra di slittini era completamente imbracata, con un solo posto libero.

썰매 팀은 모든 장비를 갖추고 있었고, 빈 자리가 한 곳뿐이었습니다.

La posizione di comando rimase vuota, chiaramente riservata solo a Buck.

선두 자리는 비어 있었고, 그것은 분명 벅 혼자 차지하기 위한 자리였다.

François chiamò di nuovo e di nuovo Buck rise e mantenne la sua posizione.

프랑수아가 다시 소리쳤고, 벅은 다시 웃으며 자리를 지켰다.

«Gettate giù la mazza», ordinò Perrault senza esitazione.

"곤봉을 던져라." 페로는 주저 없이 명령했다.

François obbedì e Buck si lanciò subito avanti con orgoglio.

프랑수아는 그 말에 따랐고, 벅은 곧바로 자랑스럽게 앞으로 나아갔다.

Rise trionfante e assunse la posizione di comando.

그는 승리감에 넘쳐 웃으며 선두 자리에 올랐다.

François fissò le corde e la slitta si staccò.

프랑수아는 자신의 흔적을 지켰고, 썰매는 풀려났다.

Entrambi gli uomini corsero fianco a fianco mentre la squadra si lanciava lungo il sentiero del fiume.

두 남자는 팀이 강변 산책로로 달려가는 동안 옆에서 달렸다.

François aveva avuto una grande stima dei "due diavoli" di Buck,

프랑수아는 벅의 "두 악마"를 높이 평가했습니다.

ma ben presto si rese conto di aver in realtà sottovalutato il cane.

하지만 그는 곧 자신이 실제로 개를 과소평가했다는 것을 깨달았습니다.

Buck assunse rapidamente la leadership e si comportò in modo eccellente.

벅은 재빨리 리더십을 맡았고 뛰어난 성과를 냈다.

Buck superò Spitz per capacità di giudizio, rapidità di pensiero e rapidità di azione.

판단력, 빠른 생각, 빠른 행동 면에서 벅은 스피츠를 능가했습니다.

François non aveva mai visto un cane pari a quello che Buck mostrava ora.

프랑수아는 벅이 지금 보여준 것만큼 뛰어난 개를 본 적이 없었다.

Ma Buck eccelleva davvero nel far rispettare l'ordine e nel imporre rispetto.

하지만 벅은 질서를 강화하고 존경을 받는 데 있어서 정말 뛰어났습니다.

Dave e Solleks accettarono il cambiamento senza preoccupazioni o proteste.

데이브와 솔렉스는 아무런 우려나 항의 없이 변화를 받아들였다.

Si concentravano solo sul lavoro e tiravano forte le redini.

그들은 오로지 일에만 집중하고, 고삐를 꽉 쥐고 있었습니다.

A loro importava poco chi guidasse, purché la slitta continuasse a muoversi.

그들은 썰매가 계속 움직이는 한, 누가 이끄는지 별로
신경 쓰지 않았습니다.

**Billee, quella allegra, avrebbe potuto comandare per quel
che volevano.**

쾌활한 빌리는 그들이 원하는 만큼 리더 역할을 할 수
있었습니다.

**Ciò che contava per loro era la pace e l'ordine tra i ranghi.**

그들에게 중요한 것은 계급 내의 평화와 질서였습니다.

**Il resto della squadra era diventato indisciplinato durante il
declino di Spitz.**

스피츠가 쇠퇴하는 동안 나머지 팀원들도
어수선해졌습니다.

**Rimasero scioccati quando Buck li riportò immediatamente
all'ordine.**

벅이 즉시 그들에게 질서를 가져다주자 그들은 충격을
받았다.

**Pike era sempre stato pigro e aveva sempre tergiversato
dietro a Buck.**

파이크는 항상 게으르고 벅의 뒤를 따라다니며 발을 질질
끌었다.

**Ma ora è stato severamente disciplinato dalla nuova
leadership.**

하지만 이제 새로운 리더십에 의해 엄격하게 규율이
정해졌습니다.

**E imparò rapidamente a dare il suo contributo alla squadra.**

그리고 그는 팀에서 자신의 역할을 다하는 법을 빨리
배웠습니다.

**Alla fine della giornata, Pike lavorò più duramente che mai.**

그날이 끝나갈 무렵, 파이크는 그 어느 때보다 더 열심히
일했습니다.

**Quella notte all'accampamento, Joe, il cane scontroso, fu
finalmente domato.**

그날 밤 캠프에서, 짜증나는 녀석 조는 마침내
제압당했습니다.

Spitz non era riuscito a disciplinarlo, ma Buck non aveva fallito.

스피츠는 그를 징계하는 데 실패했지만, 벅은 징계하지 않았습니다.

Sfruttando il suo peso maggiore, Buck sopraffece Joe in pochi secondi.

벅은 더 무거운 몸무게를 이용해 단 몇 초 만에 조를 압도했습니다.

Morse e picchiò Joe finché questi non si mise a piagnucolare e smise di opporre resistenza.

그는 조가 징징거리고 저항을 멈출 때까지 그를 물고 때렸습니다.

Da quel momento in poi l'intera squadra migliorò.

그 순간부터 팀 전체가 발전하기 시작했습니다.

I cani ritrovarono la loro antica unità e disciplina.

개들은 옛날의 단결과 규율을 되찾았습니다.

A Rink Rapids si sono uniti al gruppo due nuovi husky autoctoni, Teek e Koona.

링크 래피즈에서는 티크와 쿠나라는 두 마리의 새로운 토종 허스키가 합류했습니다.

La rapidità con cui Buck li addestramento stupì perfino François.

벅의 빠른 훈련은 프랑수아조차도 놀라게 했다.

"Non è mai esistito un cane come quel Buck!" esclamò stupito.

"벅 같은 개는 세상에 존재하지 않았어!" 그는 놀라서 소리쳤다.

"No, mai! Vale mille dollari, per Dio!"

"아니, 절대! 맙소사, 그놈은 천 달러짜리야!"

"Eh? Che ne dici, Perrault?" chiese con orgoglio.

"어? 뭐라고 하실 건가요, 페로?" 그는 자랑스럽게 물었다.

Perrault annuì in segno di assenso e controllò i suoi appunti.

페로는 동의하며 고개를 끄덕이고 자신의 메모를 확인했다.

Siamo già in anticipo sui tempi e guadagniamo sempre di più ogni giorno.

우리는 이미 일정보다 앞서 나가고 있으며, 매일 더 많은 것을 얻고 있습니다.

Il sentiero era compatto e liscio, senza neve fresca.

산길은 단단하게 다져져 있고 매끄러웠으며, 신선한 눈은 없었습니다.

Il freddo era costante, con temperature che si aggiravano sempre sui cinquanta gradi sotto zero.

추위는 꾸준히 영하 50도에 머물렀습니다.

Per scaldarsi e guadagnare tempo, gli uomini si alternavano a cavallo e a correre.

남자들은 몸을 따뜻하게 유지하고 시간을 벌기 위해 교대로 말을 타고 달렸습니다.

I cani correvano veloci, fermandosi di rado, spingendosi sempre in avanti.

개들은 멈추는 법이 거의 없이 빠르게 달렸고, 항상 앞으로 나아갔습니다.

Il fiume Thirty Mile era per la maggior parte ghiacciato e facile da attraversare.

서티마일 강은 대부분 얼어 있어서 건너기가 수월했습니다.

In un giorno realizzarono ciò che per arrivare aveva impiegato dieci giorni.

그들은 열흘 걸려 온 일을 하루 만에 끝냈습니다.

Percorsero circa 96 chilometri dal lago Le Barge a White Horse.

그들은 르 바지 호수에서 화이트 호스까지 60마일을 달렸습니다.

Si muovevano a velocità incredibile attraverso i laghi Marsh, Tagish e Bennett.

그들은 마쉬, 타기시, 베넷 호수를 믿을 수 없을 정도로 빠른 속도로 이동했습니다.

L'uomo che correva veniva trainato dietro la slitta con una corda.

달리는 남자는 밧줄에 매달려 썰매를 끌고 갔다.

L'ultima notte della seconda settimana giunsero a destinazione.

2주차 마지막 밤에 그들은 목적지에 도착했습니다.

Insieme avevano raggiunto la cima del White Pass.

그들은 함께 화이트 패스의 정상에 도달했습니다.

Scesero fino al livello del mare, con le luci dello Skaguay sotto di loro.

그들은 스카과이의 불빛을 바라보며 해수면으로 내려갔습니다.

Era stata una corsa da record attraverso chilometri di fredda natura selvaggia.

그것은 추운 황야의 수 마일을 가로지르는 기록적인 달리기였습니다.

Per quattordici giorni di fila percorsero in media circa quaranta miglia.

그들은 14일 연속으로 평균 40마일을 달렸습니다.

A Skaguay, Perrault e François trasportavano merci attraverso la città.

스카과이에서는 페로와 프랑수아가 마을을 통과해 화물을 이동시켰습니다.

Furono applauditi e ricevettero numerose bevande dalla folla ammirata.

그들은 감탄하는 군중으로부터 환호를 받았고 많은 음료를 제공받았습니다.

I cacciatori di cani e gli operai si sono riuniti attorno alla famosa squadra cinofila.

유명한 개 팀 주변에는 개 퇴치 전문가와 노동자들이 모였습니다.

Poi i fuorilegge del West giunsero in città e subirono una violenta sconfitta.

그러자 서부의 도적들이 마을에 들어와서 엄청난 패배를 당했습니다.

La gente si dimenticò presto della squadra e si concentrò sul nuovo dramma.

사람들은 곧 팀을 잊고 새로운 드라마에 집중했다.

Poi arrivarono i nuovi ordini che cambiarono tutto in un colpo.

그러다가 모든 것을 한꺼번에 바꿔놓은 새로운 명령이 내려졌습니다.

François chiamò Buck e lo abbracciò con orgoglio e lacrime.

프랑수아는 벅을 불러 눈물 어린 자랑스러움으로 그를 껴안았다.

Quel momento fu l'ultima volta che Buck vide di nuovo François.

그 순간이 벅이 프랑수아를 다시 본 마지막 순간이었다.

Come molti altri uomini prima di lui, sia François che Perrault se n'erano andati.

그 전의 많은 사람들처럼, 프랑수아와 페로는 모두 세상을 떠났습니다.

Un meticcio scozzese si prese cura di Buck e dei suoi compagni di squadra con i cani da slitta.

스코틀랜드 혼혈견이 벅과 그의 썰매견 동료들을 지휘했습니다.

Con una dozzina di altre mute di cani, ritornarono lungo il sentiero fino a Dawson.

그들은 다른 12개의 개 떼와 함께 도슨으로 향하는 길을 따라 돌아갔습니다.

Non si trattava più di una corsa veloce, ma solo di un duro lavoro con un carico pesante ogni giorno.

이제는 빨리 달리는 게 아니라 매일 무거운 짐을 지고 힘들게 일하는 것뿐이었습니다.

Si trattava del treno postale che portava notizie ai cercatori d'oro vicino al Polo.

이것은 북극 근처의 금광 사냥꾼들에게 소식을 전하는 우편 열차였습니다.

Buck non amava il lavoro, ma lo sopportò bene, essendo orgoglioso del suo impegno.

벅은 그 일을 싫어했지만, 그 일을 잘 견뎌냈고 자신의 노고에 자부심을 느꼈습니다.

Come Dave e Solleks, Buck dimostrava dedizione in ogni compito quotidiano.

데이브와 솔렉스처럼 벅은 모든 일상 업무에 헌신하는
모습을 보였습니다.

**Si è assicurato che tutti i suoi compagni di squadra dessero il
massimo.**

그는 팀원들이 각자 자기 역할을 다하도록 했습니다.

**La vita sui sentieri divenne noiosa e si ripeteva con la
precisione di una macchina.**

트레일 생활은 지루해졌고 기계의 정밀함으로
반복되었습니다.

**Ogni giorno era uguale, una mattina si fondeva con quella
successiva.**

매일이 똑같은 느낌이었고, 어느 날 아침이 다음 날
아침과 섞여 있었습니다.

**Alla stessa ora, i cuochi si alzarono per accendere il fuoco e
preparare il cibo.**

같은 시간에 요리사들은 일어나 불을 피우고 음식을
준비했습니다.

**Dopo colazione alcuni lasciarono l'accampamento mentre
altri attaccarono i cani.**

아침 식사 후, 어떤 사람들은 캠프를 떠났고 다른
사람들은 개들에게 마구를 채웠습니다.

**Raggiunsero il sentiero prima che il pallido segnale dell'alba
sfiorasse il cielo.**

그들은 새벽이 밝아오기 전에 길을 나섰다.

**Di notte si fermavano per accamparsi, e a ogni uomo veniva
assegnato un compito.**

밤이 되면 그들은 캠프를 짓기 위해 멈추었고, 각자는
정해진 임무를 맡았습니다.

**Alcuni montarono le tende, altri tagliarono la legna da
ardere e raccolsero rami di pino.**

어떤 사람들은 텐트를 치고, 어떤 사람들은 장작을 패고
소나무 가지를 모았습니다.

**Acqua o ghiaccio venivano portati ai cuochi per la cena
serale.**

저녁 식사를 위해 물이나 얼음을 요리사에게
가져갔습니다.

I cani vennero nutriti e per loro quello fu il momento migliore della giornata.

개들에게 먹이를 주는 것은 하루 중 가장 즐거운 시간이었습니다.

Dopo aver mangiato il pesce, i cani si rilassarono e oziarono vicino al fuoco.

개들은 생선을 먹은 후, 휴식을 취하고 불 옆에 누워 있었습니다.

Nel convoglio c'erano un centinaio di altri cani con cui socializzare.

대열에는 어울릴 수 있는 다른 개들이 백 마리나 있었습니다.

Molti di quei cani erano feroci e pronti a combattere senza preavviso.

그 개들 중 다수는 사나웠고 아무런 경고도 없이 재빨리 싸웠습니다.

Ma dopo tre vittorie, Buck riuscì a domare anche i combattenti più feroci.

하지만 세 번의 승리 이후, 벅은 가장 강력한 선수보다도 더 강해졌습니다.

Ora, quando Buck ringhiò e mostrò i denti, loro si fecero da parte.

벅이 으르렁거리며 이빨을 드러내자 그들은 옆으로 비켜섰다.

Forse la cosa più bella di tutte era che a Buck piaceva sdraiarsi vicino al fuoco tremolante.

아마도 가장 좋았던 점은 벅이 깜빡이는 모닥불 옆에 누워 있는 것을 좋아했다는 것입니다.

Si accovacciò, con le zampe posteriori ripiegate e quelle anteriori distese in avanti.

그는 뒷다리를 굽히고 앞다리를 앞으로 뻗은 채 웅크리고 있었습니다.

Teneva la testa sollevata e sbatteva dolcemente le palpebre verso le fiamme ardenti.

그는 빛나는 불꽃을 향해 눈을 가볍게 깜빡이며 고개를 들었다.

A volte ricordava la grande casa del giudice Miller a Santa Clara.

그는 때때로 산타클라라에 있는 밀러 판사의 큰 집을 떠올렸다.

Pensò alla piscina di cemento, a Ysabel e al carlino di nome Toots.

그는 시멘트 수영장, 이사벨, 그리고 투츠라는 이름의 퍼그를 생각했습니다.

Ma più spesso si ricordava del bastone dell'uomo con il maglione rosso.

하지만 그는 빨간 스웨터를 입은 남자의 곤봉을 더 자주 기억했습니다.

Ricordava la morte di Curly e la sua feroce battaglia con Spitz.

그는 컬리의 죽음과 스피츠와의 격렬한 싸움을 기억했습니다.

Ricordava anche il buon cibo che aveva mangiato o che ancora sognava.

그는 또한 자신이 먹었던 맛있는 음식이나 아직도 먹고 싶어하는 맛있는 음식을 떠올렸다.

Buck non aveva nostalgia di casa: la valle calda era lontana e irreale.

벅은 고향을 그리워하지 않았다. 따뜻한 계곡은 멀고 비현실적이었기 때문이다.

I ricordi della California non avevano più alcun fascino su di lui.

캘리포니아에 대한 추억은 더 이상 그를 사로잡지 못했다.

Più forti della memoria erano gli istinti radicati nella sua stirpe.

기억보다 더 강한 본능은 그의 혈통 깊숙이 자리 잡고 있었습니다.

Le abitudini un tempo perdute erano tornate, ravvivate dal sentiero e dalla natura selvaggia.

한때 잃어버렸던 습관이 돌아왔고, 길과 야생을 통해 되살아났습니다.

Mentre Buck osservava la luce del fuoco, a volte questa diventava qualcos'altro.

벅이 불빛을 바라보는 동안, 그것은 때때로 다른 무언가로 변하기도 했습니다.

Vide alla luce del fuoco un altro fuoco, più vecchio e più profondo di quello attuale.

그는 불빛 속에서 지금의 불보다 오래되고 더 깊은 또 다른 불을 보았습니다.

Accanto all'altro fuoco era accovacciato un uomo che non somigliava per niente al cuoco meticcio.

그 다른 불 옆에는 혼혈 요리사와는 다른 남자가 웅크리고 있었습니다.

Questa figura aveva gambe corte, braccia lunghe e muscoli duri e contratti.

이 인물은 다리가 짧고, 팔이 길며, 근육이 단단하고 뭉쳐 있었습니다.

I suoi capelli erano lunghi e arruffati, e gli scendevano all'indietro a partire dagli occhi.

그의 머리카락은 길고 엉켜 있었으며, 눈에서부터 뒤로 기울어져 있었습니다.

Emetteva strani suoni e fissava l'oscurità con paura.

그는 이상한 소리를 내며 두려움에 떨며 어둠을 바라보았습니다.

Teneva bassa una mazza di pietra, stretta saldamente nella sua mano lunga e ruvida.

그는 돌로 만든 곤봉을 낮게 잡고 길고 거친 손으로 꽉 쥐었다.

L'uomo indossava ben poco: solo una pelle carbonizzata che gli pendeva lungo la schiena.

그 남자는 거의 아무것도 입지 않았다. 그저 탄 가죽 조각만이 등을 따라 늘어져 있을 뿐이었다.

Il suo corpo era ricoperto da una folta peluria sulle braccia, sul petto e sulle cosce.

그의 몸은 팔, 가슴, 허벅지에 두꺼운 털로 덮여 있었습니다.

Alcune parti del pelo erano aggrovigliate e formavano chiazze di pelo ruvido.

머리카락의 일부분이 거친 털 조각으로 엉켜 있었습니다.

Non stava dritto, ma era piegato in avanti dai fianchi alle ginocchia.

그는 똑바로 서지 않고 엉덩이부터 무릎까지 몸을 앞으로 숙였다.

I suoi passi erano elastici e felini, come se fosse sempre pronto a scattare.

그의 발걸음은 마치 언제나 뛰어오를 준비가 된 듯 탄력 있고 고양이 같았다.

C'era una forte allerta, come se vivesse nella paura costante.

그는 끊임없이 두려움 속에 살고 있는 것처럼 예리한 경계심을 가지고 있었습니다.

Quest'uomo anziano sembrava aspettarsi il pericolo, indipendentemente dal fatto che questo venisse visto o meno.

이 고대인은 위험이 눈에 보이든 보이지 않든 위험을 예상하는 듯했습니다.

A volte l'uomo peloso dormiva accanto al fuoco, con la testa tra le gambe.

때때로 털북숭이 남자는 불 옆에서 다리를 꼬고 잠을 자기도 했습니다.

Teneva i gomiti sulle ginocchia e le mani giunte sopra la testa.

그는 팔꿈치를 무릎에 얹고, 손은 머리 위로 모았습니다.

Come un cane, usava le sue braccia pelose per proteggersi dalla pioggia che cadeva.

그는 개처럼 털이 많은 팔을 이용해 떨어지는 비를 털어냈다.

Oltre la luce del fuoco, Buck vide due carboni ardenti che ardevano nell'oscurità.

벅은 불빛 너머로 어둠 속에서 빛나는 두 개의 석탄을 보았습니다.

Sempre a due a due, erano gli occhi delle bestie da preda.

그들은 항상 둘씩 짝을 지어 맹수들의 눈이 되었습니다.

Sentì corpi che si infrangevano tra i cespugli e rumori
provenienti dalla notte.

그는 덤불에 몸이 부딪히는 소리와 밤에 나는 소리를
들었습니다.

Sdraiato sulla riva dello Yukon, sbattendo le palpebre, Buck
sognò accanto al fuoco.

벅은 유콘 강둑에 누워 눈을 깜빡이며 불 옆에서 꿈을
꾸었습니다.

Le immagini e i suoni di quel mondo selvaggio gli fecero
rizzare i capelli.

그 거친 세상의 광경과 소리는 그의 머리카락을 곤두서게
만들었다.

La pelliccia gli si drizzò lungo la schiena, sulle spalle e sul
collo.

털이 등, 어깨, 목까지 올라갔습니다.

Gemeva piano o emetteva un ringhio basso dal profondo del
petto.

그는 가볍게 징징거리거나 가슴 깊은 곳에서 낮게
으르렁거렸다.

Allora il cuoco meticcio urlò: "Ehi, Buck, svegliati!"

그러자 혼혈 요리사가 소리쳤다. "이 자식아, 일어나!"

Il mondo dei sogni svanì e la vera vita tornò agli occhi di
Buck.

꿈의 세계는 사라지고, 벅의 눈에 현실 세계가 돌아왔다.

Si sarebbe alzato, si sarebbe stiracchiato e avrebbe
sbadigliato, come se si fosse svegliato da un pisolino.

그는 마치 낮잠에서 깨어난 것처럼 일어나서 몸을 쭉
뻗고 하품을 할 참이었다.

Il viaggio era duro, con la slitta postale che li trascinava
dietro.

우편 썰매가 뒤에서 끌려오면서 여행은 힘들었습니다.

Carichi pesanti e lavoro duro sfinivano i cani ogni lunga
giornata.

무거운 짐을 싣고 힘든 일을 하다 보니 개들은 매일매일
지쳐갔다.

Arrivarono a Dawson magro, stanco e con bisogno di più di una settimana di riposo.

그들은 야위고 지쳐 있었고, 일주일 이상의 휴식이 필요한 상태로 도슨에 도착했습니다.

Ma solo due giorni dopo ripartirono per lo Yukon.

하지만 불과 이틀 후, 그들은 다시 유콘 강을 따라 출발했습니다.

Erano carichi di altre lettere dirette al mondo esterno.

그들은 바깥 세상으로 보낼 더 많은 편지를 가득 실었습니다.

I cani erano esausti e gli uomini si lamentavano in continuazione.

개들은 지쳐 있었고 남자들은 끊임없이 불평했습니다.

Ogni giorno cadeva la neve, ammorbidendo il sentiero e rallentando le slitte.

매일 눈이 내려 길이 부드러워지고 썰매의 속도가 느려졌습니다.

Ciò rendeva la trazione più dura e aumentava la resistenza delle guide.

이로 인해 주자는 더 힘들게 당기고 저항도 더 커졌습니다.

Nonostante ciò, i piloti si sono dimostrati leali e hanno avuto cura delle loro squadre.

그럼에도 불구하고 운전자들은 공정했고 자신의 팀을 배려했습니다.

Ogni notte, i cani venivano nutriti prima che gli uomini mangiassero.

매일 밤, 남자들이 먹기 전에 개들에게 먹이가 주어졌습니다.

Nessun uomo dormiva prima di controllare le zampe del proprio cane.

자신의 개 발을 확인하기 전에는 아무도 잠을 자지 않았습니다.

Tuttavia, i cani diventavano sempre più deboli man mano che i chilometri consumavano i loro corpi.

하지만, 시간이 지날수록 개들은 점점 약해졌습니다.

Avevano viaggiato per milleottocento miglia durante
l'inverno.
그들은 겨울 동안 1,800마일을 여행했습니다.
Percorrevano ogni miglio di quella distanza brutale
trainando le slitte.
그들은 그 잔혹한 거리를 마일마다 썰매를 끌고
갔습니다.
Anche i cani da slitta più resistenti provano tensione dopo
tanti chilometri.
가장 튼튼한 썰매견조차도 수 마일을 썰매를 탄 후에는
긴장감을 느낀다.
Buck tenne duro, fece sì che la sua squadra lavorasse e
mantenne la disciplina.
벅은 끈기 있게 노력했고, 팀원들이 일하도록 했으며,
규율도 유지했습니다.
Ma Buck era stanco, proprio come gli altri durante il lungo
viaggio.
하지만 벅은 긴 여행을 떠난 다른 사람들처럼
피곤했습니다.
Billee piagnucolava e piangeva nel sonno ogni notte, senza
sosta.
빌리는 매일 밤 잠들면서 징징거리고 울었습니다.
Joe diventò ancora più amareggiato e Solleks rimase freddo
e distante.
조는 더욱더 비통해졌고, 솔렉스는 차갑고 거리를
두었습니다.
Ma è stato Dave a soffrire di più di tutta la squadra.
하지만 팀 전체에서 가장 큰 피해를 입은 사람은
데이브였습니다.
Qualcosa dentro di lui era andato storto, anche se nessuno
sapeva cosa.
아무도 무슨 일이 그의 내부에서 잘못되었는지는 몰랐다.
Divenne più lunatico e aggredì gli altri con rabbia crescente.
그는 기분이 더 나빠졌고 점점 더 화가 나서 다른
사람들에게 쏘아붙였다.

**Ogni notte andava dritto al suo nido, in attesa di essere nutrito.**

매일 밤 그는 곧장 둥지로 가서 먹이를 기다렸다.

**Una volta a terra, Dave non si alzò più fino al mattino.**

데이브는 한번 쓰러지자 아침까지 다시 일어나지 못했습니다.

**Sulle redini, gli improvvisi strattoni o sussulti lo facevano gridare di dolore.**

고삐를 잡고 갑자기 움직이거나 움직이기 시작하면 그는 고통스럽게 비명을 질렀습니다.

**L'autista ha cercato di capirne la causa, ma non ha trovato ferite.**

운전자는 사고 원인을 찾았지만, 그에게서 부상자가 발견되지 않았습니다.

**Tutti gli autisti cominciarono a osservare Dave e a discutere del suo caso.**

운전자들은 모두 데이브를 지켜보며 그의 사건에 대해 논의했습니다.

**Parlarono durante i pasti e durante l'ultima sigaretta della giornata.**

그들은 식사 중과 그날의 마지막 담배를 피우는 동안 이야기를 나누었습니다.

**Una notte tennero una riunione e portarono Dave al fuoco.**

어느 날 밤 그들은 회의를 열고 데이브를 불 앞으로 데려왔습니다.

**Gli premevano e palpavano il corpo e lui gridava spesso.**

그들은 그의 몸을 누르고 더듬었고, 그는 자주 비명을 질렀습니다.

**Era evidente che qualcosa non andava, anche se non sembrava esserci nessuna frattura.**

뼈는 부러지지 않은 듯했지만, 뭔가 잘못된 게 분명했습니다.

**Quando arrivarono al Cassiar Bar, Dave stava cadendo.**

그들이 캐시어 바에 도착했을 때, 데이브는 쓰러지고 있었습니다.

Il meticcio scozzese impose uno stop e rimosse Dave dalla squadra.

스카치 혼혈은 중단을 선언하고 데이브를 팀에서 제외시켰습니다.

Fissò Solleks al posto di Dave, il più vicino possibile alla parte anteriore della slitta.

그는 데이브의 자리, 썰매 앞쪽에 가장 가까운 곳에 솔렉스를 고정했습니다.

Voleva lasciare che Dave riposasse e corresse libero dietro la slitta in movimento.

그는 데이브가 쉬면서 움직이는 썰매 뒤에서 자유롭게 달릴 수 있도록 놔둘 생각이었습니다.

Ma nonostante la malattia, Dave odiava che gli venisse tolto il lavoro che aveva ricoperto.

하지만 아플 때에도 데이브는 자신이 맡았던 일을 그만두는 것을 싫어했습니다.

Ringhiò e piagnucolò quando gli strapparono le redini dal corpo.

고삐가 몸에서 풀리자 그는 으르렁거리고 징징거렸다.

Quando vide Solleks al suo posto, pianse disperato.

그는 솔렉스가 자기 자리에 있는 것을 보고, 가슴이 찢어지는 듯한 고통으로 울었습니다.

L'orgoglio per il lavoro sui sentieri era profondo in Dave, anche quando la morte si avvicinava.

죽음이 다가왔을 때에도 데이브는 트레일 작업에 대한 자부심을 깊이 간직하고 있었습니다.

Mentre la slitta si muoveva, Dave arrancava nella neve soffice vicino al sentiero.

썰매가 움직이자 데이브는 길 근처의 부드러운 눈 속을 힘겹게 헤쳐 나갔습니다.

Attaccò Solleks, mordendolo e spingendolo giù dal lato della slitta.

그는 솔렉스를 공격하여 썰매 옆에서 그를 물고 밀어냈습니다.

Dave cercò di saltare nell'imbracatura e di riprendersi il suo posto di lavoro.

데이브는 하네스에 뛰어들어 자신의 작업 자리를 되찾으려고 했습니다.

**Lui guaiva, si lamentava e piangeva, diviso tra il dolore e l'orgoglio del parto.**

그는 고통과 분만에 대한 자부심 사이에서 갈등하며 비명을 지르고, 징징거리고, 울부짖었습니다.

**Il meticcio usò la frusta per cercare di allontanare Dave dalla squadra.**

혼혈인은 채찍을 사용해 데이브를 팀에서 멀어지게 하려고 했습니다.

**Ma Dave ignorò la frustata e l'uomo non riuscì a colpirlo più forte.**

하지만 데이브는 채찍질을 무시했고, 그 남자는 그를 더 세게 때릴 수 없었다.

**Dave rifiutò il sentiero più facile dietro la slitta, dove la neve era compatta.**

데이브는 썰매 뒤에 있는 쉬운 길을 거부했는데, 거기에는 눈이 쌓여 있었기 때문이다.

**Invece, si ritrovò a lottare nella neve profonda, ai lati del sentiero, in preda alla miseria.**

그 대신 그는 길가의 깊은 눈 속에서 비참하게 몸부림쳤습니다.

**Alla fine Dave crollò, giacendo sulla neve e urlando di dolore.**

결국 데이브는 쓰러져 눈 속에 누워 고통스럽게 울부짖었습니다.

**Lanciò un grido mentre la lunga fila di slitte gli passava accanto una dopo l'altra.**

그는 썰매 행렬이 하나하나 지나가자 소리쳤다.

**Tuttavia, con le poche forze che gli rimanevano, si alzò e barcollò dietro di loro.**

그럼에도 불구하고 그는 남은 힘을 다해 일어나 그들을 뒤쫓았습니다.

**Quando il treno si fermò di nuovo, lo raggiunse e trovò la sua vecchia slitta.**

그는 기차가 다시 멈추자 따라잡아서 낡은 썰매를
발견했습니다.

Superò con difficoltà le altre squadre e tornò a posizionarsi
accanto a Solleks.

그는 다른 팀들을 제치고 다시 솔렉스 옆에 섰다.

Mentre l'autista si fermava per accendere la pipa, Dave colse
l'ultima occasione.

운전자가 파이프에 불을 붙이기 위해 잠시 멈췄을 때,
데이브는 마지막 기회를 잡았습니다.

Quando l'autista tornò e urlò, la squadra non avanzò.

운전사가 돌아와서 소리를 지르자 팀은 더 이상 움직이지
않았다.

I cani avevano girato la testa, confusi dall'improvviso
arresto.

개들은 갑작스러운 멈춤에 당황해서 고개를 돌렸다.

Anche il conducente era scioccato: la slitta non si era mossa
di un centimetro in avanti.

운전자 역시 충격을 받았습니다. 썰매가 조금도 앞으로
움직이지 않았거든요.

Chiamò gli altri perché venissero a vedere cosa era successo.

그는 다른 사람들에게 무슨 일이 일어났는지 보러 오라고
소리쳤다.

Dave aveva masticato le redini di Solleks, spezzandole
entrambe.

데이브는 솔렉스의 고삐를 갉아먹어 둘 다 부러뜨렸다.

Ora era di nuovo in piedi davanti alla slitta, nella sua giusta
posizione.

이제 그는 썰매 앞에 서서, 본래의 자리로 돌아왔습니다.

Dave alzò lo sguardo verso l'autista, implorandolo
silenziosamente di restare al passo.

데이브는 운전자를 올려다보며 조용히 추적에
남아달라고 간청했다.

L'autista era perplesso e non sapeva cosa fare per il cane in
difficoltà.

운전자는 힘들어하는 개를 위해 무엇을 해야 할지 몰라
당황했습니다.

Gli altri uomini parlavano di cani morti perché li avevano portati fuori.

다른 남자들은 밖으로 끌려나간 개들이 죽었다는 이야기를 했습니다.

Raccontavano di cani vecchi o feriti il cui cuore si era spezzato quando erano stati abbandonati.

그들은 늙거나 다친 개들이 뒤에 남겨지면 마음이 아프다는 이야기를 들려주었습니다.

Concordarono che era un atto di misericordia lasciare che Dave morisse mentre era ancora imbrigliato.

그들은 데이브가 하네스를 착용한 채로 죽는 것을 허용하는 것이 자비로운 일이라는 데 동의했습니다.

Fu rimesso in sicurezza sulla slitta e Dave tirò con orgoglio.

그는 다시 썰매에 몸을 고정했고, 데이브는 자랑스럽게 썰매를 끌었다.

Anche se a volte gridava, lavorava come se il dolore potesse essere ignorato.

그는 때때로 비명을 질렀지만, 마치 고통을 무시할 수 있는 것처럼 일했습니다.

Più di una volta cadde e fu trascinato prima di rialzarsi.

그는 여러 번 넘어져 끌려간 뒤에야 다시 일어났습니다.

A un certo punto la slitta gli rotolò addosso e da quel momento in poi zoppicò.

어느 날 썰매가 그의 위로 넘어졌는데, 그 순간부터 그는 절뚝거리게 되었습니다.

Nonostante ciò, lavorò finché non raggiunse l'accampamento e poi si sdraiò accanto al fuoco.

그럼에도 불구하고 그는 캠프에 도착할 때까지 일했고, 그 후에는 불 옆에 누워 있었습니다.

Al mattino Dave era troppo debole per muoversi o anche solo per stare in piedi.

아침이 되자 데이브는 너무 약해져서 여행도 못하고 똑바로 서 있을 수도 없었습니다.

Al momento di allacciare l'imbracatura, cercò di raggiungere il suo autista con sforzi tremanti.

마구를 착용할 시간이 되자 그는 떨리는 손으로
운전자에게 다가가려고 노력했습니다.

**Si sforzò di rialzarsi, barcollò e crollò sul terreno innevato.**

그는 몸을 힘겹게 일으켜 비틀거리며 눈 덮인 땅으로
쓰러졌습니다.

**Utilizzando le zampe anteriori, trascinò il suo corpo verso la
zona dell'imbracatura.**

그는 앞다리를 이용해 자신의 몸을 굴레를 씌우는 구역
쪽으로 끌고 갔다.

**Si fece avanti, centimetro dopo centimetro, verso i cani da
lavoro.**

그는 일하는 개들을 향해 조금씩 앞으로 나아갔다.

**Le forze gli cedettero, ma continuò a muoversi nel suo
ultimo disperato tentativo.**

그의 힘은 사라졌지만, 그는 마지막 필사적인
밀어붙임으로 계속 움직였다.

**I suoi compagni di squadra lo videro ansimare nella neve,
ancora desideroso di unirsi a loro.**

그의 팀 동료들은 그가 눈 속에서 헐떡이며 여전히
그들과 합류하기를 간절히 바라는 모습을 보았습니다.

**Lo sentirono urlare di dolore mentre si lasciavano alle spalle
l'accampamento.**

그들은 캠프를 뒤로 하고 떠나면서 그가 슬픔에 잠겨
울부짖는 소리를 들었습니다.

**Mentre la squadra svaniva tra gli alberi, il grido di Dave
risuonava dietro di loro.**

팀이 나무 사이로 사라지자 데이브의 외침이 그들 뒤에서
울려 퍼졌습니다.

**Il treno delle slitte si fermò brevemente dopo aver
attraversato un tratto di fiume ricco di boschi.**

썰매 열차는 강의 목재 구간을 건넌 후 잠시 멈췄다.

**Il meticcio scozzese tornò lentamente verso l'accampamento
alle sue spalle.**

스코틀랜드 혼혈인은 뒤쪽 캠프를 향해 천천히 걸어갔다.

**Gli uomini smisero di parlare quando lo videro scendere dal
treno delle slitte.**

그 남자들은 그가 썰매 열차에서 내리는 것을 보고 말을 멈췄다.

Poi un singolo colpo di pistola risuonò chiaro e netto attraverso il sentiero.

그러자 총소리 한 발이 산길을 가로질러 선명하고 뚜렷하게 울려 퍼졌습니다.

L'uomo tornò rapidamente e prese il suo posto senza dire una parola.

그 남자는 재빨리 돌아와 아무 말 없이 자신의 자리를 차지했다.

Le fruste schioccavano, i campanelli tintinnavano e le slitte avanzavano sulla neve.

채찍이 울리고, 종이 울리고, 썰매는 눈 속을 굴러갔습니다.

Ma Buck sapeva cosa era successo, come tutti gli altri cani.

하지만 벅은 무슨 일이 일어났는지 알고 있었습니다. 다른 모든 개들도 알고 있었습니다.

## La fatica delle redini e del sentiero
### 고삐와 길의 수고

Trenta giorni dopo aver lasciato Dawson, la Salt Water Mail raggiunse Skaguay.

도슨을 출발한 지 30일 만에 솔트워터 메일호가 스카과이에 도착했습니다.

Buck e i suoi compagni di squadra presero il comando e arrivarono in condizioni pietose.

벅과 그의 팀 동료들은 선두를 차지했지만, 비참한 상태로 도착했습니다.

Buck era sceso da 140 a 150 chili.

벅의 체중은 140파운드에서 115파운드로 줄었습니다.

Gli altri cani, sebbene più piccoli, avevano perso ancora più peso corporeo.

다른 개들은 몸집은 작았지만 체중이 더 많이 줄었습니다.

Pike, che una volta zoppicava fingendo, ora trascinava dietro di sé una gamba veramente ferita.

한때 가짜 절름발이였던 파이크는 이제 정말로 다친 다리를 끌고 다녔다.

Solleks zoppicava gravemente e Dub aveva una scapola slogata.

솔렉스는 심하게 절뚝거리고 있었고, 더브는 어깨뼈가 삐끗했습니다.

Tutti i cani del team avevano i piedi doloranti a causa delle settimane trascorse sul sentiero ghiacciato.

팀의 모든 개들은 얼어붙은 산길에서 몇 주를 보내느라 발이 아팠습니다.

Non avevano più slancio nei loro passi, solo un movimento lento e trascinato.

그들의 발걸음에는 탄력이 없었고, 단지 느리고 질질 끌리는 움직임만 있었습니다.

I loro piedi colpivano il sentiero con forza e ogni passo aggiungeva ulteriore sforzo al loro corpo.

그들의 발은 산길을 힘겹게 밟았고, 걸음을 옮길 때마다
몸에 더 많은 부담이 가해졌습니다.

**Non erano malati, erano solo stremati oltre ogni possibile
guarigione naturale.**

그들은 아프지 않았지만, 자연적으로 회복할 수 없을
정도로 기력이 쇠약해졌습니다.

**Non si trattava della stanchezza di una giornata faticosa,
curata con una notte di riposo.**

이것은 하루 종일 힘들었던 데를 하룻밤 쉬면 낫는
피로가 아니었습니다.

**Era una stanchezza accumulata lentamente attraverso mesi
di sforzi estenuanti.**

그것은 몇 달간의 힘겨운 노력으로 천천히 쌓인
피로였습니다.

**Non era rimasta alcuna riserva di forze: avevano esaurito
ogni energia a loro disposizione.**

예비 병력이 남아 있지 않았습니다. 그들은 가지고 있던
병력을 모두 소진해 버렸습니다.

**Ogni muscolo, fibra e cellula del loro corpo era consumato e
usurato.**

그들의 몸 속의 모든 근육, 섬유질, 세포는 모두 지치고
닳아 없어졌습니다.

**E c'era un motivo: avevano percorso duemilacinquecento
miglia.**

그럴 만한 이유가 있었습니다. 그들이 2,500마일을
이동했기 때문입니다.

**Si erano riposati solo cinque giorni durante le ultime
milleottocento miglia.**

그들은 지난 1,800마일 동안 단 5일만 휴식을
취했습니다.

**Quando giunsero a Skaguay, sembrava che riuscissero a
malapena a stare in piedi.**

그들이 스카과이에 도착했을 때, 그들은 겨우 서 있을 수
있을 정도였습니다.

**Facevano fatica a tenere le redini strette e a restare davanti
alla slitta.**

그들은 고삐를 단단히 잡고 썰매보다 앞서 나가기 위해 애썼습니다.

**Nei pendii in discesa riuscivano solo a evitare di essere investiti.**

내리막길에서는 겨우 차에 치이는 것을 피할 수 있었습니다.

**"Continuate a marciare, poveri piedi doloranti", disse l'autista mentre zoppicavano.**

운전사는 다리를 절뚝거리며 걸어가면서 "어서 가세요, 아픈 발이여."라고 말했습니다.

**"Questo è l'ultimo tratto, poi ci prenderemo tutti un lungo riposo, di sicuro."**

"이게 마지막 구간이에요. 그다음에 우리 모두 긴 휴식을 취하게 될 거예요."

**"Un riposo davvero lungo", promise, guardandoli barcollare in avanti.**

"정말 긴 휴식이군." 그는 그들이 비틀거리며 앞으로 나아가는 것을 보며 약속했다.

**Gli autisti si aspettavano una lunga e necessaria pausa.**

운전자들은 이제 길고도 필요한 휴식을 취할 수 있을 것으로 기대했습니다.

**Avevano percorso milleduecento miglia con solo due giorni di riposo.**

그들은 겨우 이틀 쉬고서 1,200마일을 여행했습니다.

**Per correttezza e ragione, ritenevano di essersi guadagnati un po' di tempo per rilassarsi.**

공평하고 이치에 맞게, 그들은 휴식할 시간을 얻었다고 느꼈습니다.

**Ma troppi erano giunti nel Klondike e troppo pochi erano rimasti a casa.**

하지만 클론다이크로 온 사람이 너무 많았고, 집에 남은 사람은 너무 적었습니다.

**Le lettere delle famiglie continuavano ad arrivare, creando pile di posta in ritardo.**

가족들의 편지가 쇄도하면서 배달이 지연되는 우편물이 쌓였습니다.

Arrivarono gli ordini ufficiali: i nuovi cani della Hudson Bay avrebbero preso il sopravvento.

공식적인 명령이 내려졌습니다. 새로운 허드슨 베이 개들이 그 자리를 차지하게 되었습니다.

I cani esausti, ormai considerati inutili, dovevano essere eliminati.

이제 쓸모없다고 불린 지친 개들은 처분되어야 했습니다.

Poiché i soldi erano più importanti dei cani, venivano venduti a basso prezzo.

돈이 개보다 더 중요했기 때문에 개는 싸게 팔릴 예정이었습니다.

Passarono altri tre giorni prima che i cani si accorgessero di quanto fossero deboli.

개들이 얼마나 약해졌는지 느끼기까지 3일이 더 걸렸습니다.

La quarta mattina, due uomini provenienti dagli Stati Uniti acquistarono l'intera squadra.

넷째 날 아침, 미국에서 온 두 남자가 팀 전체를 사들였습니다.

La vendita comprendeva tutti i cani e le loro imbracature usate.

판매에는 모든 개와 낡은 하네스 장비가 포함되었습니다.

Mentre concludevano l'affare, gli uomini si chiamavano tra loro "Hal" e "Charles".

두 남자는 거래를 마치면서 서로를 "할"과 "찰스"라고 불렀습니다.

Charles era un uomo di mezza età, pallido, con labbra molli e folti baffi.

찰스는 중년의 남자로 얼굴이 창백하고 입술은 힘없었으며 콧수염 끝이 험악했다.

Hal era un giovane, forse diciannove anni, che indossava una cintura imbottita di cartucce.

핼은 열아홉 살 정도의 청년이었고, 탄약이 채워진 벨트를 착용하고 있었습니다.

Nella cintura erano contenuti un grosso revolver e un coltello da caccia, entrambi inutilizzati.

벨트에는 큰 리볼버와 사냥용 칼이 들어 있었는데, 둘 다
사용하지 않았습니다.

**Dimostrava quanto fosse inesperto e inadatto alla vita nel Nord.**

그것은 그가 북부 생활에 얼마나 경험이 부족하고
적합하지 않은지를 보여주었습니다.

**Nessuno dei due uomini viveva in natura; la loro presenza sfidava ogni ragionevolezza.**

두 사람 모두 자연에 속하지 않았다. 그들의 존재는 모든
이성을 거스르는 것이었다.

**Buck osservava lo scambio di denaro tra l'acquirente e l'agente.**

벅은 구매자와 중개인 사이에서 돈이 오가는 것을
지켜보았습니다.

**Sapeva che i conducenti dei treni postali stavano abbandonando la sua vita come tutti gli altri.**

그는 우편 열차 운전사들이 다른 사람들과 마찬가지로
자신의 삶을 떠난다는 것을 알았습니다.

**Seguirono Perrault e François, ormai scomparsi.**

그들은 더 이상 소환될 수 없게 된 페로와 프랑수아를
따라갔다.

**Buck e la squadra vennero condotti al disordinato accampamento dei loro nuovi proprietari.**

벅과 그의 팀은 새로운 주인의 엉터리 캠프로
인도되었습니다.

**La tenda cedeva, i piatti erano sporchi e tutto era in disordine.**

텐트는 처져 있었고, 접시는 더러웠으며, 모든 것이
엉망이었습니다.

**Anche Buck notò una donna lì: Mercedes, moglie di Charles e sorella di Hal.**

벅은 거기에 한 여자도 있다는 것을 알아챘습니다.
메르세데스, 찰스의 아내이자 핼의 여동생이었습니다.

**Formavano una famiglia completa, anche se erano tutt'altro che adatti al sentiero.**

그들은 완전한 가족을 이루었지만, 그 길에는 전혀
적합하지 않았습니다.

Buck osservava nervosamente mentre il trio iniziava a
impacchettare le provviste.
벅은 세 사람이 물품을 챙기기 시작하는 모습을 불안한
표정으로 지켜보았다.

Lavoravano duro ma senza ordine, solo confusione e sforzi
sprecati.
그들은 열심히 일했지만 질서 없이 일했습니다. 그저
소란만 피우고 노력만 낭비했습니다.

La tenda era arrotolata fino a formare una sagoma
ingombrante, decisamente troppo grande per la slitta.
텐트는 썰매에 비해 너무 커서 부피가 큰 모양으로 말려
있었습니다.

I piatti sporchi venivano imballati senza essere stati né
lavati né asciugati.
더러운 접시는 세척이나 건조 과정을 거치지 않고
포장되었습니다.

Mercedes svolazzava in giro, parlando, correggendo e
intromettendosi in continuazione.
메르세데스는 끊임없이 말하고, 바로잡고, 간섭하며
돌아다녔다.

Quando le misero un sacco davanti, lei insistette perché lo
mettesse dietro.
자루를 앞에 두자, 그녀는 그것을 뒤에 두라고
고집했습니다.

Mise il sacco in fondo e un attimo dopo ne ebbe bisogno.
그녀는 자루를 바닥에 넣었고, 다음 순간에 그것이
필요해졌습니다.

Quindi la slitta venne disimballata di nuovo per raggiungere
quella specifica borsa.
그래서 썰매는 다시 풀려 특정한 가방 하나에
도달했습니다.

Lì vicino, tre uomini stavano fuori da una tenda e
osservavano la scena che si svolgeva.

근처에서 세 남자가 텐트 밖에 서서 그 광경이 펼쳐지는 것을 지켜보고 있었습니다.

Sorrisero, ammiccarono e sogghignarono di fronte all'evidente confusione dei nuovi arrivati.

그들은 새로 온 사람들의 명백한 혼란에 미소 짓고, 눈짓하고, 씩 웃었다.

"Hai già un carico parecchio pesante", disse uno degli uomini.

"당신은 이미 정말 무거운 짐을 지고 있군요." 남자 중 한 명이 말했다.

"Non credo che dovresti portare quella tenda, ma la scelta è tua."

"그 텐트를 들고 다니는 건 좋지 않다고 생각하지만, 그건 당신의 선택이에요."

"Impensabile!" esclamò Mercedes, alzando le mani in segno di disperazione.

"꿈에도 생각지 못했어!" 메르세데스가 절망에 빠져 두 손을 들어올리며 소리쳤다.

"Come potrei viaggiare senza una tenda sotto cui dormire?"

"숙박할 텐트도 없이 어떻게 여행을 할 수 있겠어요?"

«È primavera, non vedrai più il freddo», rispose l'uomo.

"이제 봄이 왔어요. 다시는 추운 날씨를 볼 수 없을 거예요." 그 남자가 대답했다.

Ma lei scosse la testa e loro continuarono ad accumulare oggetti sulla slitta.

하지만 그녀는 고개를 저었고, 그들은 계속해서 썰매 위에 물건들을 쌓았습니다.

Il carico era pericolosamente alto mentre aggiungevano gli ultimi oggetti.

그들이 마지막 물건을 더할 때 무게는 위험할 정도로 높아졌습니다.

"Pensi che la slitta andrà avanti?" chiese uno degli uomini con aria scettica.

"썰매가 달릴 수 있을까요?" 남자 중 한 명이 회의적인 표정으로 물었다.

"E perché non dovrebbe?" ribatté Charles con netto fastidio.

"왜 안 되겠어요?" 찰스가 날카롭게 짜증내며 반박했다.

"Oh, va bene", disse rapidamente l'uomo, evitando di offendersi.

"아, 괜찮아요." 그 남자는 재빨리 말하며 공격적인 태도를 피했다.

"Mi chiedevo solo: mi sembrava un po' troppo pesante nella parte superiore."

"그냥 궁금해서요. 제 눈에는 위쪽이 너무 무거운 것 같았거든요."

Charles si voltò e legò il carico meglio che poté.

찰스는 돌아서서 짐을 최대한 단단히 묶었습니다.

Ma le legature erano allentate e l'imballaggio nel complesso era fatto male.

하지만 끈이 느슨했고, 전반적으로 포장이 제대로 되어 있지 않았습니다.

"Certo, i cani tireranno così tutto il giorno", disse sarcasticamente un altro uomo.

"물론이지, 개들은 하루 종일 그걸 끌고 다닐 거야." 다른 남자가 비꼬는 투로 말했다.

«Certamente», rispose Hal freddamente, afferrando il lungo timone della slitta.

"물론이죠." 할은 차갑게 대답하며 썰매의 긴 막대를 잡았다.

Tenendo una mano sul palo, faceva roteare la frusta nell'altra.

그는 한 손을 막대에 얹고 다른 한 손으로 채찍을 휘둘렀다.

"Andiamo!" urlò. "Muovetevi!", incitando i cani a partire.

"가자!" 그가 소리쳤다. "움직여!" 개들에게 출발하라고 재촉했다.

I cani si appoggiarono all'imbracatura e si sforzarono per qualche istante.

개들은 하네스에 기대어 잠시 힘을 쏟았습니다.

Poi si fermarono, incapaci di spostare di un centimetro la slitta sovraccarica.

그러다가 그들은 과적된 썰매를 조금도 움직일 수 없어 멈췄다.

**"Quei fannulloni!" urlò Hal, alzando la frusta per colpirli.**
"게으른 놈들!" 할이 소리치며 채찍을 들어 그들을 때렸다.

**Ma Mercedes si precipitò dentro e strappò la frusta dalle mani di Hal.**
하지만 메르세데스가 달려들어 할의 손에서 채찍을 빼앗았습니다.

**«Oh, Hal, non osare far loro del male», gridò allarmata.**
"할, 그들을 다치게 하지 마!" 그녀는 놀라서 소리쳤다.

**"Promettimi che sarai gentile con loro, altrimenti non farò un altro passo."**
"그들에게 친절하게 대하겠다고 약속해. 그렇지 않으면 나는 한 걸음도 더 나아가지 않을 거야."

**"Non sai niente di cani", scattò Hal contro la sorella.**
"너는 개에 대해 아무것도 모르잖아." 할은 여동생에게 쏘아붙였다.

**"Sono pigri e l'unico modo per smuoverli è frustarli."**
"그들은 게으르기 때문에, 그들을 움직일 수 있는 유일한 방법은 채찍질하는 것뿐이에요."

**"Chiedi a chiunque, chiedi a uno di quegli uomini laggiù se dubiti di me."**
"누구에게나 물어보세요. 저를 의심한다면 저기 있는 남자 중 한 명에게 물어보세요."

**Mercedes guardò gli astanti con occhi imploranti e pieni di lacrime.**
메르세데스는 애원하는 듯한 눈물 어린 눈으로 구경꾼들을 바라보았다.

**Il suo viso rivelava quanto odiasse la vista di qualsiasi dolore.**
그녀의 얼굴은 그녀가 고통을 보는 것을 얼마나 싫어하는지를 보여주었습니다.

**"Sono deboli, tutto qui", ha detto un uomo. "Sono sfiniti."**
"그냥 약해졌을 뿐이에요." 한 남자가 말했다.
"지쳐버렸어요."

"Hanno bisogno di riposare: hanno lavorato troppo a lungo senza una pausa."

"그들에게는 휴식이 필요합니다. 그들은 휴식 없이 너무 오랫동안 일해왔습니다."

«Che il resto sia maledetto», borbottò Hal arricciando il labbro.

"나머지는 저주받을 거야." 할은 입술을 삐죽 내밀고 중얼거렸다.

Mercedes sussultò, visibilmente addolorata per le parole volgari pronunciate da lui.

메르세데스는 그의 거친 말에 분명히 괴로움을 느낀 듯 숨을 헐떡였다.

Ciononostante, lei rimase leale e difese immediatamente il fratello.

그럼에도 불구하고 그녀는 충성을 다했고 즉시 동생을 옹호했습니다.

"Non badare a quell'uomo", disse ad Hal. "Sono i nostri cani."

"저 남자는 신경 쓰지 마." 그녀가 할에게 말했다. "그들은 우리 개들이잖아."

"Li guidi come meglio credi: fai ciò che ritieni giusto."

"당신이 적절하다고 생각하는 대로 운전하세요. 당신이 옳다고 생각하는 대로 하세요."

Hal sollevò la frusta e colpì di nuovo i cani senza pietà.

할은 채찍을 들어 다시 한번 무자비하게 개들을 때렸다.

Si lanciarono in avanti, con i corpi bassi e i piedi che affondavano nella neve.

그들은 몸을 숙이고 눈 속에 발을 디딘 채 앞으로 달려들었다.

Tutta la loro forza era concentrata nel traino, ma la slitta non si muoveva.

그들은 모든 힘을 썰매를 끄는 데 쏟았지만 썰매는 움직이지 않았습니다.

La slitta rimase bloccata, come un'ancora congelata nella neve compatta.

썰매는 굳은 눈 속에 얼어붙은 닻처럼 움직이지
않았습니다.

**Dopo un secondo tentativo, i cani si fermarono di nuovo,
ansimando forte.**

두 번째 시도 후, 개들은 다시 헐떡이며 멈췄다.

**Hal sollevò di nuovo la frusta, proprio mentre Mercedes
interferiva di nuovo.**

메르세데스가 다시 개입하자마자 할은 다시 채찍을
들었다.

**Si lasciò cadere in ginocchio davanti a Buck e gli abbracciò il
collo.**

그녀는 벅 앞에 무릎을 꿇고 그의 목을 껴안았다.

**Le lacrime le riempivano gli occhi mentre implorava il cane
esausto.**

그녀는 지친 개에게 애원하며 눈물을 글썽였다.

**"Poveri cari", disse, "perché non tirate più forte?"**

"불쌍한 얘들아," 그녀가 말했다. "왜 더 세게 당기지
않니?"

**"Se tiri, non verrai frustato così."**

"당기면 이렇게 채찍질 당하지 못할 거야."

**A Buck non piaceva Mercedes, ma ormai era troppo stanco
per resisterle.**

벅은 메르세데스를 싫어했지만, 지금은 너무 피곤해서
그녀에게 저항할 수 없었다.

**Lui accettò le sue lacrime come se fossero solo un'altra parte
di quella giornata miserabile.**

그는 그녀의 눈물을 그저 비참한 하루의 일부로
받아들였다.

**Uno degli uomini che osservavano, dopo aver represso la
rabbia, finalmente parlò.**

분노를 참던 남자 중 한 명이 마침내 입을 열었다.

**"Non mi interessa cosa succede a voi, ma quei cani sono
importanti."**

"여러분에게 무슨 일이 일어나든 상관없지만, 그 개들은
중요해요."

**"Se vuoi aiutare, stacca quella slitta: è ghiacciata e innevata."**

"도움을 주고 싶다면 썰매를 풀어주세요. 썰매가 눈 속에 얼어붙어 있거든요."

"Spingi con forza il palo della luce, a destra e a sinistra, e rompi il sigillo di ghiaccio."

"지폴을 좌우로 세게 눌러서 얼음 봉인을 깨세요."

Fu fatto un terzo tentativo, questa volta seguendo il suggerimento dell'uomo.

이번에는 그 남자의 제안에 따라 세 번째 시도가 이루어졌습니다.

Hal fece oscillare la slitta da una parte all'altra, facendo staccare i pattini.

할은 썰매를 좌우로 흔들어 주자들을 풀어주었다.

La slitta, benché sovraccarica e scomoda, alla fine sobbalzò in avanti.

썰매는 짐이 너무 많고 움직임이 불편했지만, 마침내 앞으로 나아갔다.

Buck e gli altri tirarono selvaggiamente, spinti da una tempesta di frustate.

벅과 다른 사람들은 채찍질 폭풍에 쫓겨서 미친 듯이 끌려갔다.

Un centinaio di metri più avanti, il sentiero curvava e scendeva in pendenza verso la strada.

100야드 앞에서 길은 휘어져 거리로 이어졌습니다.

Ci sarebbe voluto un guidatore esperto per tenere la slitta in posizione verticale.

썰매를 똑바로 세우려면 숙련된 운전자가 필요했을 것입니다.

Hal non era abile e la slitta si ribaltò mentre svoltava.

할은 썰매를 잘 몰지 못했고, 썰매는 굽은길을 돌면서 기울어졌습니다.

Le cinghie allentate cedettero e metà del carico si rovesciò sulla neve.

느슨한 묶음이 풀리고, 짐의 절반이 눈 위로 쏟아졌습니다.

I cani non si fermarono; la slitta più leggera continuò a procedere su un fianco.

개들은 멈추지 않았고, 가벼운 썰매는 옆으로 날아갔다.

I cani, furiosi per i maltrattamenti e per il peso del carico, corsero più veloci.

학대와 무거운 짐에 화가 난 개들은 더 빨리 달렸다.

Buck, infuriato, si lanciò a correre, seguito dalla squadra.

벅은 격노하여 달려갔고, 그의 팀원들도 그를 따라갔다.

Hal urlò "Whoa! Whoa!" ma la squadra non gli prestò attenzione.

할은 "와! 와!"라고 소리쳤지만, 팀원들은 그에게 전혀 신경 쓰지 않았다.

Inciampò, cadde e fu trascinato a terra dall'imbracatura.

그는 걸려 넘어졌고, 하네스에 묶인 채 땅바닥으로 끌려갔습니다.

La slitta rovesciata lo travolse mentre i cani continuavano a correre avanti.

개들이 앞서 달려가는 동안 뒤집힌 썰매가 그 위로 덮쳤다.

Il resto delle provviste è sparso lungo la trafficata strada di Skaguay.

나머지 물품들은 스카과이의 번화가 곳곳에 흩어져 있었습니다.

Le persone di buon cuore si precipitarono a fermare i cani e a raccogliere l'attrezzatura.

친절한 사람들이 달려가 개들을 막고 장비를 모았습니다.

Diedero anche consigli schietti e pratici ai nuovi viaggiatori.

그들은 또한 새로운 여행자들에게 솔직하고 실용적인 조언을 해주었습니다.

"Se vuoi raggiungere Dawson, prendi metà del carico e raddoppia i cani."

"도슨에게 다가가고 싶다면 짐은 절반만 싣고 개는 두 배로 늘리세요."

Hal, Charles e Mercedes ascoltarono, anche se non con entusiasmo.

핼, 찰스, 메르세데스는 그다지 열정적이지는 않았지만 귀를 기울였다.

Montarono la tenda e cominciarono a sistemare le loro provviste.

그들은 텐트를 치고 필요한 물품을 분류하기 시작했습니다.

Ne uscirono dei cibi in scatola, che fecero ridere a crepapelle gli astanti.

통조림이 나와서 구경꾼들을 큰 소리로 웃게 만들었다.

"Roba in scatola sul sentiero? Morirai di fame prima che si sciolga", disse uno.

"산길에 통조림을 놔두고? 녹기도 전에 굶어 죽을 거야." 한 사람이 말했다.

"Coperte d'albergo? Meglio buttarle via tutte."

"호텔 담요요? 다 버리는 게 낫겠어요."

"Togli anche la tenda e qui nessuno laverà più i piatti."

"텐트도 치워버리면 여기서 설거지하는 사람도 없을 거야."

"Pensi di viaggiare su un treno Pullman con dei servitori a bordo?"

"당신은 하인들을 태운 풀먼 열차를 타고 있다고 생각하시나요?"

Il processo ebbe inizio: ogni oggetto inutile venne gettato da parte.

과정이 시작되었습니다. 쓸모없는 물건은 모두 옆으로 버려졌습니다.

Mercedes pianse quando le sue borse furono svuotate sul terreno innevato.

메르세데스는 자신의 가방이 눈 덮인 땅에 비워지자 울었다.

Singhiozzava per ogni oggetto buttato via, uno per uno, senza sosta.

그녀는 잠시도 멈추지 않고 물건 하나하나가 던져지는 것을 보며 흐느꼈다.

Giurò di non fare un altro passo, nemmeno per dieci Charles.

그녀는 더 이상 한 걸음도 나아가지 않겠다고 맹세했습니다. 찰스 10명에게도 말입니다.

Pregò ogni persona vicina di lasciarle conservare le sue cose preziose.

그녀는 주변에 있는 모든 사람에게 그녀의 소중한 물건을 보관해 달라고 간청했습니다.

Alla fine si asciugò gli occhi e cominciò a gettare via anche i vestiti più importanti.

마침내 그녀는 눈물을 닦고 중요한 옷까지 던지기 시작했습니다.

Una volta terminato il suo, cominciò a svuotare le scorte degli uomini.

그녀는 자신의 일을 마치고 나서 남자들의 물품을 비우기 시작했습니다.

Come un turbine, fece a pezzi gli effetti personali di Charles e Hal.

그녀는 회오리바람처럼 찰스와 핼의 소지품을 뒤졌다.

Sebbene il carico fosse dimezzato, era comunque molto più pesante del necessario.

짐은 절반으로 줄었지만 여전히 필요한 것보다 훨씬 무거웠습니다.

Quella notte, Charles e Hal uscirono e comprarono sei nuovi cani.

그날 밤, 찰스와 핼은 나가서 새 개 여섯 마리를 샀습니다.

Questi nuovi cani si unirono ai sei originali, più Teek e Koona.

이 새로운 개들은 티크와 쿠나를 포함해 원래 여섯 마리에 합류했습니다.

Insieme formarono una squadra di quattordici cani attaccati alla slitta.

그들은 함께 썰매에 묶인 14마리의 개로 이루어진 팀을 이루었습니다.

Ma i nuovi cani erano inadatti e poco addestrati per il lavoro con la slitta.

하지만 새로 데려온 개들은 썰매 작업에 적합하지 않았고 제대로 훈련되지도 않았습니다.

Tre dei cani erano cani da caccia a pelo corto, mentre uno era un Terranova.

개 중 세 마리는 짧은 털을 가진 포인터였고, 한 마리는 뉴펀들랜드였습니다.

Gli ultimi due cani erano meticci senza alcuna razza o scopo ben definito.

마지막 두 마리의 개는 품종도 목적도 명확하지 않은 잡종이었습니다.

Non capivano il percorso e non lo imparavano in fretta.

그들은 그 길을 이해하지 못했고, 빨리 배우지도 못했습니다.

Buck e i suoi compagni li osservavano con disprezzo e profonda irritazione.

벅과 그의 친구들은 그들을 경멸과 깊은 짜증으로 바라보았습니다.

Sebbene Buck insegnasse loro cosa non fare, non poteva insegnare loro il dovere.

벅은 그들에게 무엇을 하지 말아야 하는지는 가르쳤지만, 의무는 가르칠 수 없었다.

Non amavano la vita sui sentieri né la trazione delle redini e delle slitte.

그들은 산길을 걷는 생활이나 고삐와 썰매를 끌어당기는 생활에 적응하지 못했습니다.

Soltanto i bastardi cercarono di adattarsi, e anche a loro mancava lo spirito combattivo.

오직 잡종만이 적응하려고 했고, 그들조차도 투지가 부족했습니다.

Gli altri cani erano confusi, indeboliti e distrutti dalla loro nuova vita.

다른 개들은 새로운 삶에 혼란스러워하고, 약해졌으며, 무너졌습니다.

Con i nuovi cani all'oscuro e i vecchi esausti, la speranza era flebile.

새로 온 개들은 아무것도 모르고, 기존 개들은 지쳐 있었기 때문에 희망은 희박했습니다.

La squadra di Buck aveva percorso duemilacinquecento miglia di sentiero accidentato.

벅의 팀은 험난한 산길 2,500마일을 달렸습니다.

Ciononostante, i due uomini erano allegri e orgogliosi della loro grande squadra di cani.

그럼에도 불구하고 두 남자는 쾌활했고, 그들이 데리고 다니는 큰 개 팀을 자랑스러워했습니다.

Pensavano di viaggiare con stile, con quattordici cani al seguito.

그들은 14마리의 개를 데리고 스타일리시하게 여행을 하고 있다고 생각했습니다.

Avevano visto delle slitte partire per Dawson e altre arrivarne.

그들은 도슨으로 썰매가 떠나는 것을 보았고, 다른 썰매들이 도슨에서 도착하는 것을 보았습니다.

Ma non ne avevano mai vista una trainata da ben quattordici cani.

하지만 그들은 14마리나 되는 개가 한 마리를 끌고 가는 것을 본 적이 없었습니다.

C'era un motivo per cui squadre del genere erano rare nelle terre selvagge dell'Artico.

북극의 자연 속에서 이런 팀이 드문 데에는 이유가 있었습니다.

Nessuna slitta poteva trasportare cibo sufficiente a sfamare quattordici cani per l'intero viaggio.

어떤 썰매도 여행 내내 14마리의 개에게 먹일 만큼의 충분한 음식을 실을 수 없었습니다.

Ma Charles e Hal non lo sapevano: avevano fatto i calcoli.

하지만 찰스와 핼은 그 사실을 몰랐습니다. 그들은 이미 계산을 해 두었으니까요.

Hanno pianificato la razione di cibo: una certa quantità per cane, per un certo numero di giorni, fatta.

그들은 음식의 양을 계산했습니다. 개 한 마리당 얼마인지, 며칠 동안 먹었는지.

Mercedes guardò i numeri e annuì come se avessero senso.

메르세데스는 그들의 모습을 보고, 그것이 무슨 뜻인지 알겠다는 듯이 고개를 끄덕였다.

**Tutto le sembrava molto semplice, almeno sulla carta.**
그녀에게는 모든 것이 매우 간단해 보였습니다. 적어도 문서상으로는 말이죠.


**La mattina seguente, Buck guidò lentamente la squadra lungo la strada innevata.**
다음날 아침, 벅은 팀을 이끌고 눈 덮인 거리를 천천히 올라갔습니다.

**Non c'era né energia né spirito in lui e nei cani dietro di lui.**
그에게도, 그의 뒤에 있는 개들에게도 에너지나 정신이 없었습니다.

**Erano stanchi morti fin dall'inizio: non avevano più riserve.**
그들은 처음부터 지쳐 있었습니다. 여유가 전혀 없었습니다.

**Buck aveva già fatto quattro viaggi tra Salt Water e Dawson.**
벅은 이미 솔트워터와 도슨 사이를 네 번이나 여행했습니다.

**Ora, di fronte alla stessa pista, non provava altro che amarezza.**
이제 다시 같은 길을 마주하게 되었지만, 그는 씁쓸함 외에는 아무것도 느끼지 못했습니다.

**Il suo cuore non c'era, e nemmeno quello degli altri cani.**
그의 마음은 거기에 없었고, 다른 개들의 마음도 거기에 없었습니다.

**I nuovi cani erano timidi e gli husky non si fidavano per niente.**
새로 온 개들은 소심했고, 허스키들은 전혀 신뢰하지 않았습니다.

**Buck capì che non poteva fare affidamento su quei due uomini o sulla loro sorella.**
벅은 이 두 남자나 그들의 자매를 믿을 수 없다는 것을 직감했습니다.

**Non sapevano nulla e non mostravano alcun segno di apprendimento lungo il percorso.**

그들은 아무것도 몰랐고, 길을 가면서 배우는 모습도
보이지 않았습니다.

**Erano disorganizzati e privi di qualsiasi senso di disciplina.**
그들은 조직력이 부족했고 규율감이 전혀 없었습니다.

**Ogni volta impiegavano metà della notte per allestire un
accampamento malmesso.**
그들은 매번 엉성한 캠프를 세우는 데 반나절이
걸렸습니다.

**E metà della mattina successiva la trascorsero di nuovo
armeggiando con la slitta.**
그리고 다음날 아침의 절반은 다시 썰매를 만지작거리며
보냈습니다.

**Spesso a mezzogiorno si fermavano solo per sistemare il
carico irregolare.**
정오쯤 되면 그들은 종종 멈춰서 불균형한 하중을
해결하곤 했습니다.

**In alcuni giorni percorsero meno di dieci miglia in totale.**
어떤 날에는 그들이 총 10마일도 이동하지 못했습니다.

**Altri giorni non riuscivano proprio ad abbandonare
l'accampamento.**
다른 날에는 그들은 캠프를 전혀 떠나지 못했습니다.

**Non sono mai riusciti a coprire la distanza alimentare
prevista.**
그들은 계획된 식량 거리를 결코 넘지 못했습니다.

**Come previsto, il cibo per i cani finì molto presto.**
예상했던 대로, 개들의 먹이가 금세 부족해졌습니다.

**Nei primi tempi hanno peggiorato ulteriormente la
situazione con l'eccesso di cibo.**
그들은 초기에 과잉 공급으로 상황을 악화시켰습니다.

**Ciò rendeva la carestia sempre più vicina, con ogni razione
disattenta.**
이런 식으로 부주의한 식량 배급으로 인해 기아가 더
가까워졌습니다.

**I nuovi cani non avevano ancora imparato a sopravvivere
con molto poco.**

새로 온 개들은 아주 적은 양으로 생존하는 법을 배우지 못했습니다.

**Mangiarono avidamente, con un appetito troppo grande per il sentiero.**

그들은 길을 따라가는 것보다 식욕이 너무 왕성해서 배고프게 먹었습니다.

**Vedendo i cani indebolirsi, Hal pensò che il cibo non fosse sufficiente.**

개들이 약해지는 것을 보고, 핼은 음식이 충분하지 않다고 생각했습니다.

**Raddoppiò le razioni, peggiorando ulteriormente l'errore.**

그는 식량 배급량을 두 배로 늘려서 실수를 더욱 심화시켰습니다.

**Mercedes aggravò il problema con le sue lacrime e le sue suppliche sommesse.**

메르세데스는 눈물과 부드러운 애원으로 문제를 더욱 키웠다.

**Quando non riuscì a convincere Hal, diede da mangiare ai cani di nascosto.**

핼을 설득할 수 없자, 그녀는 비밀리에 개들에게 먹이를 주었습니다.

**Rubò il pesce dai sacchi e glielo diede alle spalle.**

그녀는 물고기 자루에서 물고기를 훔쳐서 그의 눈 밖에 나서 그들에게 주었습니다.

**Ma ciò di cui i cani avevano veramente bisogno non era altro cibo: era riposo.**

하지만 개들에게 정말 필요한 것은 더 많은 음식이 아니라 휴식이었습니다.

**Nonostante la loro scarsa velocità, la pesante slitta continuava a procedere.**

그들은 시간을 많이 낭비하지 않았지만, 무거운 썰매는 여전히 계속 끌렸습니다.

**Quel peso da solo esauriva ogni giorno le loro forze rimanenti.**

그 무게만으로도 그들의 남아 있던 힘이 매일 빠져나갔습니다.

Poi arrivò la fase della sottoalimentazione, quando le scorte scarseggiavano.

그러다가 공급이 부족해져서 충분한 영양을 공급하지 못하는 단계가 왔습니다.

Una mattina Hal si accorse che metà del cibo per cani era già finito.

어느 날 아침, 핼은 개 사료의 절반이 이미 없어졌다는 것을 깨달았습니다.

Avevano percorso solo un quarto della distanza totale del sentiero.

그들은 전체 산길 거리의 4분의 1만 이동했습니다.

Non si poteva più comprare cibo, a qualunque prezzo.

아무리 가격을 매겨도 더 이상 음식을 살 수 없었습니다.

Ridusse le porzioni dei cani al di sotto della razione giornaliera standard.

그는 개들에게 주는 먹이를 표준 일일 배급량보다 줄였습니다.

Allo stesso tempo, chiese di viaggiare più a lungo per compensare la perdita.

동시에 그는 손실을 메우기 위해 더 긴 여행을 요구했습니다.

Mercedes e Charles appoggiarono questo piano, ma fallirono nella sua realizzazione.

메르세데스와 샤를은 이 계획을 지지했지만 실행에는 실패했다.

La loro pesante slitta e la mancanza di abilità rendevano il progresso quasi impossibile.

무거운 썰매와 기술 부족으로 인해 전진이 거의 불가능했습니다.

Era facile dare meno cibo, ma impossibile forzare uno sforzo maggiore.

음식을 줄이는 건 쉽지만, 더 많은 노력을 강요하는 건 불가능했습니다.

Non potevano partire prima, né viaggiare per ore extra.

그들은 일찍 출발할 수도 없었고, 몇 시간 더 여행할 수도 없었습니다.

Non sapevano come gestire i cani, e nemmeno loro stessi, a dire il vero.

그들은 개를 다루는 법도, 자신들을 다루는 법도 몰랐습니다.

Il primo cane a morire fu Dub, lo sfortunato ma laborioso ladro.

처음으로 죽은 개는 불운하지만 열심히 일하는 도둑인 더브였습니다.

Sebbene spesso punito, Dub aveva fatto la sua parte senza lamentarsi.

종종 벌을 받았지만, 더브는 불평 없이 자신의 몫을 다했습니다.

La sua spalla ferita peggiorò se non ricevette cure adeguate e non ebbe bisogno di riposo.

그의 다친 어깨는 치료나 휴식이 필요 없이 점점 악화되었습니다.

Alla fine, Hal usò la pistola per porre fine alle sofferenze di Dub.

마침내, 할은 리볼버를 사용해 더브의 고통을 끝냈다.

Un detto comune afferma che i cani normali muoiono se vengono nutriti con razioni di husky.

일반적인 속담에 허스키 사료를 먹으면 일반 개도 죽는다는 말이 있습니다.

I sei nuovi compagni di Buck avevano ricevuto solo metà della quota di cibo riservata all'husky.

벅의 새로운 동료 여섯 마리는 허스키가 나눠 가진 음식의 절반만 가지고 있었습니다.

Il Terranova morì per primo, seguito dai tre cani da caccia a pelo corto.

뉴펀들랜드가 먼저 죽고, 그 다음에 짧은 털을 가진 포인터 세 마리가 죽었습니다.

I due bastardi resistettero più a lungo ma alla fine morirono come gli altri.

두 잡종은 더 오래 버텼지만 결국 다른 이들처럼 죽고 말았다.

Ormai tutti i comfort e la gentilezza del Southland erano scomparsi.

이 무렵, 사우스랜드의 모든 편의 시설과 온화함은 사라졌습니다.

Le tre persone avevano perso le ultime tracce della loro educazione civile.

세 사람은 문명화된 양육의 마지막 흔적을 버렸습니다.

Spogliato di glamour e romanticismo, il viaggio nell'Artico è diventato brutalmente reale.

화려함과 로맨스가 사라진 북극 여행은 잔인할 정도로 현실이 되었습니다.

Era una realtà troppo dura per il loro senso di virilità e femminilità.

그것은 그들의 남성성과 여성성에 대한 감각으로는 너무나 가혹한 현실이었습니다.

Mercedes non piangeva più per i cani, ma piangeva solo per se stessa.

메르세데스는 더 이상 개들을 위해 울지 않고, 오직 자신을 위해 울었습니다.

Trascorreva il tempo piangendo e litigando con Hal e Charles.

그녀는 핼과 찰스와 울고 다투며 시간을 보냈다.

Litigare era l'unica cosa per cui non si stancavano mai.

다투는 것은 그들이 지쳐서 할 수 없는 유일한 일이었습니다.

La loro irritabilità derivava dalla miseria, cresceva con essa e la superava.

그들의 짜증은 비참함에서 비롯되었고, 비참함과 함께 커졌으며, 비참함을 넘어섰습니다.

La pazienza del cammino, nota a coloro che faticano e soffrono con generosità, non è mai arrivata.

친절하게 수고하고 고통을 겪는 사람들이 아는, 길에서 겪는 인내심은 결코 찾아오지 않았습니다.

Quella pazienza che rende dolce la parola nonostante il dolore, era a loro sconosciuta.

고통 속에서도 말을 달콤하게 유지하는 그 인내심은
그들에게는 알려지지 않았다.

**Non avevano alcun briciolo di pazienza, nessuna forza
derivante dalla sofferenza con grazia.**

그들에게는 인내심이라는 흔적도 없었고, 은혜롭게
고통을 겪으면서 얻는 힘도 없었습니다.

**Erano irrigiditi dal dolore: dolori nei muscoli, nelle ossa e
nel cuore.**

그들은 고통으로 몸이 굳어졌습니다. 근육, 뼈, 심장이
아팠습니다.

**Per questo motivo, divennero taglienti nella lingua e pronti
a pronunciare parole dure.**

이 때문에 그들은 혀가 날카로워지고 거친 말을 하기
쉬워졌습니다.

**Ogni giorno iniziava e finiva con voci arrabbiate e lamentele
amare.**

매일은 화난 목소리와 쓰라린 불평으로 시작하고
끝났습니다.

**Charles e Hal litigavano ogni volta che Mercedes ne dava
loro l'occasione.**

메르세데스가 기회를 줄 때마다 찰스와 핼은 서로
다투었다.

**Ogni uomo credeva di aver fatto più del dovuto.**

각자는 자신에게 할당된 업무량 이상을 해냈다고
믿었습니다.

**Nessuno dei due ha mai perso l'occasione di dirlo, ancora e
ancora.**

두 사람 모두 그 말을 할 기회를 놓치지 않았고, 계속해서
그렇게 말했습니다.

**A volte Mercedes si schierava con Charles, a volte con Hal.**

때로는 메르세데스는 찰스 편을 들었고, 때로는 핼 편을
들었습니다.

**Ciò portò a una grande e infinita lite tra i tre.**

이로 인해 세 사람 사이에 끝없는 다툼이 벌어지게
되었다.

La disputa su chi dovesse tagliare la legna da ardere divenne incontrollabile.

장작을 누가 잘라야 할 것인가를 놓고 벌어진 논쟁이 걷잡을 수 없이 커졌습니다.

Ben presto vennero nominati padri, madri, cugini e parenti defunti.

곧 아버지, 어머니, 사촌, 죽은 친척들의 이름이 지어졌습니다.

Le opinioni di Hal sull'arte o sulle opere teatrali di suo zio divennero parte della lotta.

할의 예술에 대한 견해나 그의 삼촌의 연극에 대한 견해가 싸움의 일부가 되었습니다.

Anche le convinzioni politiche di Carlo entrarono nel dibattito.

찰스의 정치적 신념 또한 논쟁에 포함되었습니다.

Per Mercedes, perfino i pettegolezzi della sorella del marito sembravano rilevanti.

메르세데스에게는 남편의 누이의 소문조차도 중요한 것처럼 보였습니다.

Espresse la sua opinione su questo e su molti dei difetti della famiglia di Charles.

그녀는 그 문제와 찰스 가족의 많은 단점에 대한 의견을 밝혔습니다.

Mentre discutevano, il fuoco rimase spento e l'accampamento mezzo allestito.

그들이 논쟁하는 동안 불은 꺼져 있었고 캠프는 반쯤 세워져 있었습니다.

Nel frattempo i cani erano rimasti infreddoliti e senza cibo.

그 사이 개들은 추위에 떨며 아무것도 먹지 못했습니다.

Mercedes nutriva un risentimento che considerava profondamente personale.

메르세데스는 자신이 매우 개인적으로 생각하는 불만을 품고 있었습니다.

Si sentiva maltrattata in quanto donna e le venivano negati i suoi gentili privilegi.

그녀는 여성으로서 부당한 대우를 받았다고 느꼈고, 신사로서의 특권을 박탈당했다고 느꼈습니다.

**Era carina e gentile, e per tutta la vita era stata abituata alla cavalleria.**

그녀는 예쁘고 상냥했으며, 평생 기사도 정신에 익숙했습니다.

**Ma suo marito e suo fratello ora la trattavano con impazienza.**

하지만 그녀의 남편과 오빠는 이제 그녀를 참을성 없이 대했습니다.

**Aveva l'abitudine di comportarsi in modo impotente e loro cominciarono a lamentarsi.**

그녀는 무력하게 행동하는 게 습관이었고, 그들은 불평하기 시작했습니다.

**Offesa da ciò, rese loro la vita ancora più difficile.**

그녀는 이에 불쾌감을 느꼈고, 그들의 삶을 더욱 어렵게 만들었습니다.

**Ignorò i cani e insistette per guidare lei stessa la slitta.**

그녀는 개들을 무시하고 직접 썰매를 타겠다고 고집했습니다.

**Sebbene sembrasse esile, pesava centoventi libbre (circa quaranta chili).**

그녀는 겉모습은 가벼웠지만 몸무게는 120파운드나 나갔습니다.

**Quel peso aggiuntivo era troppo per i cani affamati e deboli.**

그 추가적인 부담은 굶주리고 허약한 개들에게는 너무 컸습니다.

**Nonostante ciò, continuò a cavalcare per giorni, finché i cani non crollarono nelle redini.**

그럼에도 불구하고 그녀는 개들이 고삐를 잡고 쓰러질 때까지 며칠 동안 말을 탔습니다.

**La slitta si fermò e Charles e Hal la implorarono di proseguire a piedi.**

썰매는 멈춰 섰고, 찰스와 핼은 썰매에게 걸어가라고 간청했습니다.

Loro la implorarono e la scongiurarono, ma lei pianse e li definì crudeli.

그들은 간청하고 간청했지만, 그녀는 울면서 그들을
잔인하다고 불렀습니다.

In un'occasione, la tirarono giù dalla slitta con pura forza e rabbia.

한번은 그들은 엄청난 힘과 분노로 그녀를 썰매에서
끌어냈습니다.

Dopo quello che accadde quella volta non ci riprovarono più.

그들은 그 일이 있은 후로 다시는 시도하지 않았습니다.

Si accasciò come una bambina viziata e si sedette nella neve.

그녀는 버릇없는 아이처럼 힘이 빠지고 눈 속에
앉았습니다.

Continuarono a muoversi, ma lei si rifiutò di alzarsi o di seguirli.

그들은 계속 움직였지만, 그녀는 일어나거나
뒤따라오기를 거부했습니다.

Dopo tre miglia si fermarono, tornarono indietro e la riportarono indietro.

3마일을 간 뒤, 그들은 멈춰 서서 돌아와 그녀를 다시
업고 돌아왔다.

La ricaricarono sulla slitta, usando ancora una volta la forza bruta.

그들은 다시 힘을 써서 그녀를 썰매에 다시 태웠다.

Nella loro profonda miseria, erano insensibili alla sofferenza dei cani.

그들은 깊은 비참함에 빠져서 개들의 고통에는
무감각했습니다.

Hal credeva che fosse necessario indurirsi e impose questa convinzione agli altri.

할은 사람이 강해져야 한다고 믿었고, 그 믿음을 다른
사람들에게 강요했습니다.

Inizialmente ha cercato di predicare la sua filosofia a sua sorella

그는 먼저 자신의 철학을 여동생에게 전파하려고
했습니다.

e poi, senza successo, predicò al cognato.

그리고 나서, 성공하지 못한 채 그는 처남에게
설교했습니다.

Ebbe più successo con i cani, ma solo perché li ferì.

그는 개들을 다루는 데 더 성공적이었지만, 그것은 그가
개들을 다치게 했기 때문일 뿐이다.

Da Five Fingers, il cibo per cani è rimasto completamente
vuoto.

파이브 핑거스에서는 개 사료가 완전히 떨어졌습니다.

Una vecchia squaw sdentata vendette qualche chilo di pelle
di cavallo congelata

이가 없는 늙은 여자가 얼어붙은 말가죽 몇 파운드를
팔았습니다.

Hal scambiò la sua pistola con la pelle di cavallo secca.

할은 리볼버를 말린 말가죽과 교환했다.

La carne proveniva dai cavalli affamati di allevatori di
bovini, morti mesi prima.

그 고기는 몇 달 전 목축업자들이 굶주린 말의
고기였습니다.

Congelata, la pelle era come ferro zincato: dura e
immangiabile.

얼어붙은 가죽은 마치 아연 도금된 철과 같아서 질기고
먹을 수 없었습니다.

Per riuscire a mangiarla, i cani dovevano masticare la pelle
senza sosta.

개들은 가죽을 먹기 위해 끝없이 씹어야 했습니다.

Ma le corde coriacee e i peli corti non erano certo un
nutrimento.

하지만 가죽 같은 털과 짧은 털은 영양분이 될 수 없었다.

La maggior parte della pelle era irritante e non era cibo in
senso stretto.

가죽의 대부분은 자극적이었고, 엄밀히 말하면 음식이
아니었습니다.

E nonostante tutto, Buck barcollava davanti a tutti, come in un incubo.

그리고 그 모든 일에도 불구하고 벅은 악몽 속에서처럼 비틀거리며 앞장섰다.

Quando poteva, tirava; quando non poteva, restava lì finché non veniva sollevato dalla frusta o dal bastone.

그는 할 수 있을 때는 잡아당겼고, 할 수 없을 때는 채찍이나 곤봉이 그를 들어올릴 때까지 누워 있었습니다.

Il suo pelo fine e lucido aveva perso tutta la rigidità e la lucentezza di un tempo.

그의 곱고 윤기 나는 털은 한때 가지고 있던 뻣뻣함과 윤기를 모두 잃어버렸습니다.

I suoi capelli erano flosci, spettinati e pieni di sangue rappreso a causa dei colpi.

그의 머리카락은 힘없이 늘어져 있었고, 질질 끌려 있었으며, 타격으로 인한 말라붙은 피로 굳어 있었다.

I suoi muscoli si ridussero a midolli e i cuscinetti di carne erano tutti consumati.

그의 근육은 끈처럼 줄어들었고, 살갗은 모두 닳아 없어졌습니다.

Ogni costola, ogni osso erano chiaramente visibili attraverso le pieghe della pelle rugosa.

주름진 피부 사이로 각 갈비뼈, 각 뼈가 선명하게 드러났습니다.

Fu straziante, ma il cuore di Buck non riuscì a spezzarsi.

가슴 아픈 일이었지만, 벅의 마음은 무너지지 않았습니다.

L'uomo con il maglione rosso lo aveva testato e dimostrato molto tempo prima.

빨간 스웨터를 입은 남자는 그것을 오래전에 시험해 보고 증명했습니다.

Così come accadde a Buck, accadde anche a tutti i suoi compagni di squadra rimasti.

벅의 경우와 마찬가지로, 그의 나머지 팀원들도 마찬가지였다.

Ce n'erano sette in totale, ognuno uno scheletro ambulante di miseria.

모두 일곱 명이었고, 각자는 비참함의 걸어다니는 해골이었습니다.

Erano diventati insensibili alle fruste e sentivano solo un dolore distante.

그들은 채찍질에 무감각해졌고, 멀리서 느껴지는 고통만을 느꼈습니다.

Anche la vista e i suoni li raggiungevano debolmente, come attraverso una fitta nebbia.

짙은 안개 속에서처럼, 시력과 청각조차 희미하게 그들에게 전달되었습니다.

Non erano mezzi vivi: erano ossa con deboli scintille al loro interno.

그들은 반쯤 살아 있는 것이 아니었습니다. 그들은 안에 희미한 불꽃이 있는 뼈일 뿐이었습니다.

Una volta fermati, crollarono come cadaveri, con le scintille quasi del tutto spente.

멈추자 그들은 시체처럼 쓰러졌고, 불꽃은 거의 사라졌습니다.

E quando la frusta o il bastone colpivano di nuovo, le scintille sfarfallavano debolmente.

그리고 채찍이나 곤봉이 다시 닿았을 때, 불꽃은 약하게 펄럭였다.

Poi si alzarono, barcollarono in avanti e trascinarono le loro membra in avanti.

그러고 나서 그들은 일어나 비틀거리며 앞으로 나아가며 팔다리를 앞으로 끌었다.

Un giorno il gentile Billee cadde e non riuscì più a rialzarsi.

어느 날 친절한 빌리는 쓰러져서 더 이상 일어날 수 없게 되었습니다.

Hal aveva scambiato la sua pistola con quella di Billee, così decise di ucciderla con un'ascia.

할은 리볼버를 교환했기 때문에 대신 도끼를 사용해 빌리를 죽였습니다.

Lo colpì alla testa, poi gli tagliò il corpo e lo trascinò via.

그는 그의 머리를 내리친 다음 그의 몸을 베어내고 끌고
갔다.

Buck se ne accorse, e così fecero anche gli altri: sapevano che
la morte era vicina.

벅은 이 사실을 알았고, 다른 사람들도 이를 보았습니다.
그들은 죽음이 다가오고 있다는 것을 알았습니다.

Il giorno dopo Koona se ne andò, lasciando solo cinque cani
nel gruppo affamato.

다음날 쿠나는 떠났고, 굶주린 팀에는 개 다섯 마리만
남았습니다.

Joe, non più cattivo, era ormai troppo fuori di sé per rendersi
conto di nulla.

조는 더 이상 심술궂지 않았지만, 너무 정신이 나가서
아무것도 알아차리지 못했습니다.

Pike, ormai non fingeva più di essere ferito, era appena
cosciente.

파이크는 더 이상 부상을 가장하지 않았고, 거의 의식이
없었습니다.

Solleks, ancora fedele, si rammaricava di non avere più la
forza di dare.

여전히 충실한 솔렉스는 더 이상 줄 힘이 없다는 것을
슬퍼했습니다.

Teek fu battuto più di tutti perché era più fresco, ma stava
calando rapidamente.

티크는 더 신선했기 때문에 가장 많이 패배했지만,
빠르게 쇠퇴했습니다.

E Buck, ancora in testa, non mantenne più l'ordine né lo fece
rispettare.

그리고 여전히 선두에 있던 벅은 더 이상 질서를
유지하거나 이를 집행하지 않았습니다.

Mezzo accecato dalla debolezza, Buck seguì la pista solo a
tentoni.

약함으로 인해 반쯤 눈이 먼 벅은 감각만으로 흔적을
따라갔다.

Era una bellissima primavera, ma nessuno di loro se ne
accorse.

아름다운 봄날씨였지만, 그들 중 누구도 그것을 눈치채지 못했습니다.

**Ogni giorno il sole sorgeva prima e tramontava più tardi.**
매일 해가 예전보다 일찍 뜨고, 예전보다 늦게 졌습니다.

**Alle tre del mattino era già spuntata l'alba; il crepuscolo durò fino alle nove.**
새벽 3시가 되자 새벽이 밝았고, 황혼은 9시까지 지속되었습니다.

**Le lunghe giornate erano illuminate dal sole primaverile.**
긴 낮 동안에는 봄의 햇살이 활짝 비치었습니다.

**Il silenzio spettrale dell'inverno si era trasformato in un caldo mormorio.**
겨울의 유령같은 고요함은 따뜻한 속삭임으로 바뀌었습니다.

**Tutta la terra si stava svegliando, animata dalla gioia degli esseri viventi.**
온 땅이 깨어나, 살아있는 존재들의 기쁨으로 살아 숨 쉬고 있었습니다.

**Il suono proveniva da ciò che era rimasto morto e immobile per tutto l'inverno.**
그 소리는 겨울 내내 죽어서 움직이지 않던 것에서 나왔습니다.

**Ora quelle cose si mossero di nuovo, scrollandosi di dosso il lungo sonno del gelo.**
이제 그 것들이 다시 움직이며 긴 서리잠을 털어냈습니다.

**La linfa saliva attraverso i tronchi scuri dei pini in attesa.**
기다리고 있던 소나무의 어두운 줄기 사이로 수액이 흘러내렸습니다.

**Salici e pioppi tremuli fanno sbocciare giovani gemme luminose su ogni ramoscello.**
버드나무와 아스펜은 각 나뭇가지에서 밝고 어린 새싹을 터뜨렸습니다.

**Arbusti e viti si tingono di un verde fresco mentre il bosco si anima.**
숲이 생기를 띠면서 관목과 덩굴이 새 푸르름을 띱니다.

Di notte i grilli cantavano e di giorno gli insetti strisciavano nella luce del sole.

밤에는 귀뚜라미가 울었고, 낮에는 벌레가
기어다녔습니다.

Le pernici gridavano e i picchi picchiavano in profondità tra gli alberi.

참새가 울부짖고, 딱따구리가 나무 깊숙이 울었다.

Gli scoiattoli chiacchieravano, gli uccelli cantavano e le oche starnazzavano per richiamare l'attenzione dei cani.

다람쥐가 지저귀고, 새들이 노래하고, 거위들이 개들
위로 울었습니다.

Gli uccelli selvatici arrivavano a cunei affilati, volando in alto da sud.

들새들이 남쪽에서 날아오면서 날카로운 쐐기 모양 떼를
지어 날아왔습니다.

Da ogni pendio giungeva la musica di ruscelli nascosti e impetuosi.

모든 언덕에서 숨겨진 시냇물이 흐르는 음악이 들려왔다.

Tutto si scongelava e si spezzava, si piegava e ricominciava a muoversi.

모든 것이 녹아내리고 부러지고, 구부러지고 다시
움직이기 시작했습니다.

Lo Yukon si sforzò di spezzare le fredde catene del ghiaccio ghiacciato.

유콘 강은 얼어붙은 얼음의 차가운 사슬을 끊으려고
애썼다.

Il ghiaccio si scioglieva sotto, mentre il sole lo scioglieva dall'alto.

얼음은 아래쪽에서 녹았고, 태양은 위쪽에서 녹였습니다.

Si aprirono dei buchi, si allargarono delle crepe e dei pezzi caddero nel fiume.

공기구멍이 열리고, 균열이 벌어지고, 덩어리가 강으로
떨어졌습니다.

In mezzo a tutta questa vita sfrenata e sfrenata, i viaggiatori barcollavano.

이 모든 폭발적이고 불타는 삶 속에서 여행자들은
비틀거렸습니다.

**Due uomini, una donna e un branco di husky camminavano come morti.**

두 남자, 한 여자, 그리고 허스키 무리가 죽은 사람처럼
걸어갔다.

**I cani cadevano, Mercedes piangeva, ma continuava a guidare la slitta.**

개들이 넘어지고, 메르세데스는 울었지만, 여전히 썰매를
탔다.

**Hal imprecò debolmente e Charles sbatté le palpebre con gli occhi lacrimanti.**

할은 힘없이 욕설을 내뱉었고, 찰스는 눈물을 흘리며
눈을 깜빡였다.

**Si imbatterono nell'accampamento di John Thornton, nei pressi della foce del White River.**

그들은 화이트 리버 하구에서 존 손튼의 캠프에 우연히
들어갔습니다.

**Quando si fermarono, i cani caddero a terra, come se fossero stati tutti colpiti a morte.**

그들이 멈추자, 개들은 모두 죽은 것처럼 쓰러졌습니다.

**Mercedes si asciugò le lacrime e guardò John Thornton.**

메르세데스는 눈물을 닦고 존 손튼을 바라보았다.

**Charles si sedette su un tronco, lentamente e rigidamente, dolorante per il sentiero.**

찰스는 몸을 뻣뻣하게 하고 천천히 통나무에 앉았다.
그는 발걸음 때문에 몸이 아팠다.

**Hal parlava mentre Thornton intagliava l'estremità del manico di un'ascia.**

쏜튼이 도끼 자루의 끝을 조각하는 동안 할이 이야기를
나누었습니다.

**Tagliò il legno di betulla e rispose con frasi brevi e decise.**

그는 자작나무를 깎아 짧고 단호한 대답을 내렸다.

**Quando gli veniva chiesto, dava un consiglio, certo che non sarebbe stato seguito.**

그가 묻자 그는 그 조언이 따르지 않을 것이라고
확신하며 조언을 했습니다.

Hal spiegò: "Ci avevano detto che il ghiaccio lungo la pista si
stava staccando".

할은 "산길의 얼음이 빠져나가고 있다고 들었어요."라고
설명했습니다.

"Ci avevano detto che dovevamo restare fermi, ma siamo
arrivati a White River."

"그들은 우리가 그 자리에 머물러야 한다고 했지만,
우리는 화이트 리버에 도착했습니다."

Concluse con un tono beffardo, come per cantare vittoria
nelle difficoltà.

그는 마치 고난 속에서 승리를 주장하듯이 비웃는 어조로
말을 마쳤다.

"E ti hanno detto la verità", rispose John Thornton a bassa
voce ad Hal.

"그들이 당신에게 진실을 말했어요." 존 손튼이 조용히
할에게 대답했다.

"Il ghiaccio potrebbe cedere da un momento all'altro: è
pronto a staccarsi."

"얼음은 언제든지 무너질 수 있어요. 떨어져 나갈 준비가
되어 있죠."

"Solo la fortuna cieca e gli sciocchi avrebbero potuto arrivare
vivi fin qui."

"오직 행운과 바보들만이 이렇게 멀리까지 살아올 수
있었을 거야."

"Te lo dico senza mezzi termini: non rischierei la vita per
tutto l'oro dell'Alaska."

"솔직히 말해서, 알래스카의 모든 금을 위해서라면 내
목숨을 걸고 싶지 않아요."

"Immagino che tu non sia uno stupido", rispose Hal.

"그건 당신이 바보가 아니기 때문일 거예요." 할이
대답했다.

"Comunque, andiamo avanti con Dawson." Srotolò la frusta.

"그래도 우리는 도슨에게로 갈 거야." 그는 채찍을
풀었다.

"Sali, Buck! Ehi! Alzati! Forza!" urlò con voce roca.
"일어나, 벅! 안녕! 일어나! 어서!" 그는 거칠게 소리쳤다.

Thornton continuò a intagliare, sapendo che gli sciocchi non volevano sentire ragioni.
쏜튼은 바보들은 이성의 말을 듣지 않을 거라는 걸 알고 계속해서 깎아내렸습니다.

Fermare uno stupido era inutile, e due o tre stupidi non cambiavano nulla.
어리석은 사람을 막는 것은 소용이 없습니다. 그리고 두세 명이 속아도 아무것도 변하지 않습니다.

Ma la squadra non si mosse al suono del comando di Hal.
하지만 핼의 명령에도 불구하고 팀은 움직이지 않았다.

Ormai solo i colpi potevano farli sollevare e avanzare.
이제 그들을 일으켜 세우고 앞으로 나아가게 할 수 있는 것은 타격뿐이었습니다.

La frusta schioccava ripetutamente sui cani indeboliti.
채찍은 약해진 개들에게 계속해서 휘둘렸다.

John Thornton strinse forte le labbra e osservò in silenzio.
존 쏜튼은 입술을 꽉 다물고 말없이 지켜보았다.

Solleks fu il primo a rialzarsi sotto la frusta.
채찍질을 당하자 솔렉스가 가장 먼저 일어섰다.

Poi Teek lo seguì, tremando. Joe urlò mentre barcollava.
그러자 틱이 몸을 떨며 따라왔다. 조는 비틀거리며 일어서며 비명을 질렀다.

Pike cercò di alzarsi, fallì due volte, poi alla fine si rialzò barcollando.
파이크는 일어서려고 했지만 두 번이나 실패하고 마침내 비틀거리며 일어섰다.

Ma Buck rimase lì dov'era caduto, senza muoversi affatto.
하지만 벅은 쓰러진 자리에 그대로 누워서 전혀 움직이지 않았습니다.

La frusta lo colpì più volte, ma lui non emise alcun suono.
채찍이 그를 계속해서 베었지만 그는 소리를 내지 않았다.

Lui non sussultò né oppose resistenza, rimase semplicemente immobile e in silenzio.

그는 움찔하거나 저항하지 않고 그저 가만히 있었습니다.

Thornton si mosse più di una volta, come per dire qualcosa, ma non lo fece.

쏜튼은 말을 하려는 듯 여러 번 몸을 움직였지만 말을 하지 않았다.

I suoi occhi si inumidirono, ma la frusta continuava a schioccare contro Buck.

그의 눈은 젖었고, 채찍은 여전히 벅을 때렸다.

Alla fine Thornton cominciò a camminare lentamente, incerto sul da farsi.

마침내, 쏜튼은 무엇을 해야 할지 몰라 천천히 왔다 갔다 하기 시작했습니다.

Era la prima volta che Buck falliva e Hal si infuriò.

벅이 실패한 것은 이번이 처음이었고, 핼은 분노했다.

Gettò via la frusta e prese al suo posto il pesante manganello.

그는 채찍을 내려놓고 대신 무거운 곤봉을 집어들었다.

La mazza di legno colpì con violenza, ma Buck non si alzò per muoversi.

나무 곤봉이 세게 내려왔지만, 벅은 여전히 일어나 움직이지 않았다.

Come i suoi compagni di squadra, era troppo debole, ma non solo.

그의 팀 동료들처럼 그도 너무 약했습니다. 하지만 그 이상이었습니다.

Buck aveva deciso di non muoversi, qualunque cosa accadesse.

벅은 무슨 일이 일어나더라도 움직이지 않기로 결심했습니다.

Sentì qualcosa di oscuro e sicuro incombere proprio davanti a sé.

그는 바로 앞에 뭔가 어둡고 확실한 것이 떠 있는 것을 느꼈다.

Quel terrore lo aveva colto non appena aveva raggiunto la riva del fiume.

그 공포는 그가 강둑에 도착하자마자 그를
사로잡았습니다.

**Quella sensazione non lo aveva abbandonato da quando
aveva sentito il ghiaccio assottigliarsi sotto le zampe.**

그는 발 밑의 얼음이 얇아지는 것을 느낀 이후로 그
느낌을 떨쳐낼 수 없었다.

**Qualcosa di terribile lo stava aspettando: lo sentiva proprio
lungo il sentiero.**

뭔가 끔찍한 일이 기다리고 있다는 것을 그는 산길 바로
아래에서 느꼈다.

**Non avrebbe camminato verso quella cosa terribile davanti a
lui**

그는 앞에 있는 그 끔찍한 것을 향해 걸어갈 생각이
없었다.

**Non avrebbe obbedito a nessun ordine che lo avrebbe
condotto a quella cosa.**

그는 그를 그 곳으로 인도하는 어떠한 명령에도 복종하지
않을 것입니다.

**Ormai il dolore dei colpi non lo sfiorava più: era troppo
stanco.**

타격의 고통은 이제 그에게 거의 느껴지지 않았다. 그는
너무 지쳐 있었다.

**La scintilla della vita tremolava lentamente, affievolita da
ogni colpo crudele.**

생명의 불꽃이 낮게 깜빡이며 잔혹한 일격마다
희미해졌습니다.

**Gli arti gli sembravano distanti; tutto il corpo sembrava
appartenere a un altro.**

그의 팔다리는 멀리 떨어져 있는 것 같았고, 그의 몸
전체는 다른 사람의 소유인 것 같았다.

**Sentì uno strano torpore mentre il dolore scompariva
completamente.**

그는 고통이 완전히 사라지자 이상한 무감각함을 느꼈다.

**Da lontano, sentiva che lo stavano picchiando, ma non se ne
rendeva conto.**

멀리서 그는 자신이 구타당하고 있다는 것을 느꼈지만 거의 알지 못했습니다.

Poteva udire debolmente i tonfi, ma ormai non gli facevano più male.

그는 쿵쿵거리는 소리를 희미하게 들었지만, 더 이상 진짜로 아프지는 않았다.

I colpi andarono a segno, ma il suo corpo non sembrava più il suo.

타격이 가해졌지만, 그의 몸은 더 이상 자신의 몸 같지 않았습니다.

Poi, all'improvviso, senza alcun preavviso, John Thornton lanciò un grido selvaggio.

그러자 갑자기, 아무런 경고도 없이, 존 손튼이 갑자기 큰 소리로 울부짖었다.

Era inarticolato, più il grido di una bestia che di un uomo.

그것은 분명하지 않았고, 사람의 울음소리라기보다는 짐승의 울음소리에 가까웠다.

Si lanciò sull'uomo con la mazza e fece cadere Hal all'indietro.

그는 곤봉을 든 남자에게 달려들어 할을 뒤로 밀어냈다.

Hal volò come se fosse stato colpito da un albero, atterrando pesantemente al suolo.

할은 나무에 맞은 듯 날아가다가 땅에 세게 착지했다.

Mercedes urlò a gran voce in preda al panico e si portò le mani al viso.

메르세데스는 당황해서 큰 소리로 비명을 지르며 얼굴을 움켜쥐었다.

Charles si limitò a guardare, si asciugò gli occhi e rimase seduto.

찰스는 그저 바라보며 눈물을 닦고 앉아만 있었다.

Il suo corpo era troppo irrigidito dal dolore per alzarsi o contribuire alla lotta.

그의 몸은 너무 뻣뻣해서 일어날 수도, 싸움에 참여할 수도 없었다.

Thornton era in piedi davanti a Buck, tremante di rabbia, incapace di parlare.

쏜튼은 벅 위에 서서 분노에 떨며 말을 할 수 없었다.
**Tremava di rabbia e lottò per trovare la voce.**
그는 분노에 몸을 떨었고, 그 속에서 자신의 목소리를
찾으려고 애썼다.

**"Se colpisci ancora quel cane, ti uccido", disse infine.**
"그 개를 다시 때리면 죽여버릴 거야." 그는 마침내
말했다.

**Hal si asciugò il sangue dalla bocca e tornò avanti.**
할은 입가의 피를 닦고 다시 앞으로 나왔다.

**"È il mio cane", borbottò. "Togliti di mezzo o ti sistemo io."**
"내 개잖아." 그가 중얼거렸다. "비켜, 안 그러면 내가
고쳐줄게."

**"Vado da Dawson e tu non mi fermerai", ha aggiunto.**
그는 "나는 도슨으로 갈 거야. 너희가 나를 막을 수는
없어."라고 덧붙였다.

**Thornton si fermò tra Buck e il giovane arrabbiato.**
쏜튼은 벅과 화난 청년 사이에 굳건히 섰다.

**Non aveva alcuna intenzione di farsi da parte o di lasciar
passare Hal.**
그는 물러나거나 핼을 지나가게 할 생각이 전혀 없었다.

**Hal tirò fuori il suo coltello da caccia, lungo e pericoloso
nella sua mano.**
할은 사냥용 칼을 꺼냈다. 그 칼은 길고 위험했다.

**Mercedes urlò, poi pianse, poi rise in preda a un'isteria
selvaggia.**
메르세데스는 비명을 지르고, 울고, 그리고 격렬한
히스테리에 빠져 웃었다.

**Thornton colpì la mano di Hal con il manico dell'ascia, con
forza e rapidità.**
쏜튼은 도끼 자루로 핼의 손을 빠르고 세게 쳤다.

**Il coltello si liberò dalla presa di Hal e volò a terra.**
칼은 할의 손에서 빠져나와 땅으로 떨어졌다.

**Hal cercò di raccogliere il coltello, ma Thornton gli batté di
nuovo le nocche.**
할은 칼을 집으려고 했고, 쏜튼은 다시 한번 그의 손가락
관절을 두드렸다.

Poi Thornton si chinò, afferrò il coltello e lo tenne fermo.

그러자 쏜튼은 몸을 굽혀 칼을 움켜쥐고 있었다.

Con due rapidi colpi del manico dell'ascia, tagliò le redini di Buck.

그는 도끼 자루를 두 번 빠르게 휘둘러 벅의 고삐를 잘랐다.

Hal non aveva più voglia di combattere e si allontanò dal cane.

할은 더 이상 싸울 힘이 없었고 개에게서 물러섰다.

Inoltre, ora Mercedes aveva bisogno di entrambe le braccia per restare in piedi.

게다가 메르세데스는 이제 몸을 똑바로 세우려면 두 팔이 모두 필요했다.

Buck era troppo vicino alla morte per poter nuovamente tirare la slitta.

벅은 다시 썰매를 끌기에는 너무 죽음이 가까웠다.

Pochi minuti dopo, ripartirono, dirigendosi verso il fiume.

몇 분 후, 그들은 강을 따라 내려갔습니다.

Buck sollevò debolmente la testa e li guardò lasciare la banca.

벅은 힘없이 고개를 들고 그들이 은행에서 나가는 것을 지켜보았다.

Pike guidava la squadra, con Solleks dietro al volante.

파이크가 팀을 이끌었고, 솔렉스가 뒤에서 휠을 맡았습니다.

Joe e Teek camminavano in mezzo, zoppicando entrambi per la stanchezza.

조와 틱은 둘 다 지쳐서 다리를 절뚝거리며 그 사이를 걸어갔다.

Mercedes si sedette sulla slitta e Hal afferrò la lunga pertica.

메르세데스는 썰매에 앉았고, 할은 긴 썰매 막대를 잡았다.

Charles barcollava dietro di lui, con passi goffi e incerti.

찰스는 뒤처지며 비틀거렸고, 그의 발걸음은 어색하고 불안했다.

Thornton si inginocchiò accanto a Buck e tastò delicatamente per vedere se aveva ossa rotte.

쏜튼은 벅 옆에 무릎을 꿇고 조심스럽게 부러진 뼈를 만져보았다.

Le sue mani erano ruvide, ma si muovevano con gentilezza e cura.

그의 손은 거칠었지만 친절하고 세심하게 움직였다.

Il corpo di Buck era pieno di lividi, ma non presentava lesioni permanenti.

벅의 몸은 멍이 들었지만 영구적인 부상은 보이지 않았습니다.

Ciò che restava era una fame terribile e una debolezza quasi totale.

남은 것은 극심한 배고픔과 거의 완전한 쇠약뿐이었습니다.

Quando la situazione fu più chiara, la slitta era già andata molto a valle.

이것이 명확해졌을 때쯤, 썰매는 이미 강 하류로 멀리 이동해 버렸습니다.

L'uomo e il cane osservavano la slitta avanzare lentamente sul ghiaccio che si rompeva.

남자와 개는 썰매가 갈라지는 얼음 위로 천천히 기어가는 것을 지켜보았습니다.

Poi videro la slitta sprofondare in una cavità.

그러자 그들은 썰매가 움푹 들어간 곳으로 가라앉는 것을 보았습니다.

La pertica volò in alto, ma Hal vi si aggrappò ancora invano.

기둥이 날아올랐지만, 할은 여전히 기둥에 매달려 있었지만 소용이 없었다.

L'urlo di Mercedes li raggiunse attraverso la fredda distanza.

메르세데스의 비명 소리가 차가운 거리를 가로질러 그들에게 전해졌습니다.

Charles si voltò e fece un passo indietro, ma era troppo tardi.

찰스는 돌아서서 한 걸음 물러섰다. 하지만 그는 너무 늦었다.

Un'intera calotta di ghiaccio cedette e tutti precipitarono.

빙하 전체가 무너졌고, 그들은 모두 그 아래로
떨어졌습니다.

**Cani, slitte e persone scomparvero nelle acque nere
sottostanti.**

개, 썰매, 사람들이 아래의 검은 물 속으로 사라졌습니다.

**Nel punto in cui erano passati era rimasto solo un largo buco
nel ghiaccio.**

그들이 지나간 자리에는 얼음에 넓은 구멍만 남았다.

**Il fondo del sentiero era crollato, proprio come aveva
previsto Thornton.**

쏜튼이 경고한 대로, 산길의 바닥이 빠져나갔습니다.

**Thornton e Buck si guardarono l'un l'altro, in silenzio per un
momento.**

쏜튼과 벅은 잠시 아무 말 없이 서로를 바라보았다.

**"Povero diavolo", disse Thornton dolcemente; e Buck gli
leccò la mano.**

"불쌍한 놈이군." 손튼이 부드럽게 말했고, 벅은 그의
손을 핥았다.

## Per amore di un uomo
## 남자를 사랑해서

**John Thornton si congelò i piedi per il freddo del dicembre precedente.**
존 손튼은 지난 12월의 추위로 발이 얼어붙었습니다.

**I suoi compagni lo fecero sentire a suo agio e lo lasciarono guarire da solo.**
그의 파트너들은 그를 편안하게 해 주었고 그가 혼자 회복할 수 있도록 내버려 두었습니다.

**Risalirono il fiume per raccogliere una zattera di tronchi da sega per Dawson.**
그들은 도슨을 위해 톱질용 통나무를 모으기 위해 강을 거슬러 올라갔습니다.

**Zoppicava ancora leggermente quando salvò Buck dalla morte.**
그는 벅을 죽음에서 구해냈을 때에도 여전히 약간 절뚝거리고 있었습니다.

**Ma con il persistere del caldo, anche quella zoppia è scomparsa.**
하지만 따뜻한 날씨가 계속되자 그 절름발이도 사라졌습니다.

**Sdraiato sulla riva del fiume durante le lunghe giornate primaverili, Buck si riposò.**
벅은 긴 봄날 강둑에 누워서 휴식을 취했습니다.

**Osservava l'acqua che scorreva e ascoltava gli uccelli e gli insetti.**
그는 흐르는 물을 바라보며 새와 곤충의 소리에 귀를 기울였다.

**Lentamente Buck riacquistò le forze sotto il sole e il cielo.**
벅은 천천히 태양과 하늘 아래서 힘을 되찾았습니다.

**Dopo aver viaggiato tremila miglia, riposarsi è stato meraviglioso.**
3천 마일을 여행한 후에 휴식을 취하니 기분이 정말 좋았습니다.

Buck diventò pigro man mano che le sue ferite guarivano e il suo corpo si riempiva.

벅의 상처가 낫고 몸이 부풀어 오르자, 그는 게으르게 되었다.

I suoi muscoli si rassodarono e la carne tornò a ricoprire le sue ossa.

그의 근육이 단단해졌고, 살이 다시 뼈를 덮었습니다.

Stavano tutti riposando: Buck, Thornton, Skeet e Nig.

그들은 모두 쉬고 있었습니다. 벅, 손튼, 스키트, 니그.

Aspettarono la zattera che li avrebbe portati a Dawson.

그들은 도슨으로 그들을 데려다줄 뗏목을 기다렸다.

Skeet era un piccolo setter irlandese che fece amicizia con Buck.

스키트는 벅과 친구가 된 작은 아일랜드 세터였습니다.

Buck era troppo debole e malato per resisterle al loro primo incontro.

벅은 첫 만남에서 그녀를 저항할 수 없을 만큼 약하고 아팠다.

Skeet aveva la caratteristica di guaritore che alcuni cani possiedono per natura.

스키트는 일부 개들이 본래 가지고 있는 치료사 특성을 가지고 있었습니다.

Come una gatta, leccò e pulì le ferite aperte di Buck.

그녀는 어미 고양이처럼 벅의 상처를 핥고 닦아주었다.

Ogni mattina, dopo colazione, ripeteva il suo attento lavoro.

매일 아침 식사 후, 그녀는 신중하게 작업하는 것을 반복했습니다.

Buck finì per aspettarsi il suo aiuto tanto quanto quello di Thornton.

벅은 쏜튼의 도움을 기대했던 것만큼 그녀의 도움도 기대하게 되었다.

Anche Nig era amichevole, ma meno aperto e meno affettuoso.

니그도 친절했지만 덜 개방적이고 덜 애정 어린 사람이었습니다.

**Nig era un grosso cane nero, in parte segugio e in parte levriero.**

니그는 몸집이 큰 검은 개로, 블러드하운드와 디어하운드의 혼합종이었습니다.

**Aveva occhi sorridenti e un'infinita bontà d'animo.**

그는 웃는 눈을 가지고 있었고, 그의 정신 속에는 끝없는 선량함이 있었습니다.

**Con sorpresa di Buck, nessuno dei due cani mostrò gelosia nei suoi confronti.**

벅이 놀란 것은, 두 마리의 개 모두 그에게 질투심을 보이지 않았다는 것이다.

**Sia Skeet che Nig condividevano la gentilezza di John Thornton.**

스키트와 니그는 둘 다 존 손튼의 친절을 공유했습니다.

**Man mano che Buck diventava più forte, lo attiravano in stupidi giochi da cani.**

벅이 강해지자, 그들은 그를 어리석은 개 놀이에 유인했습니다.

**Anche Thornton giocava spesso con loro, incapace di resistere alla loro gioia.**

손튼 역시 종종 그들과 놀았고, 그들의 기쁨을 이기지 못했습니다.

**In questo modo giocoso, Buck passò dalla malattia a una nuova vita.**

이런 장난기 넘치는 방식으로 벅은 병에서 벗어나 새로운 삶으로 나아갔습니다.

**L'amore, quello vero, ardente e passionale, era finalmente suo.**

사랑, 진실하고 뜨겁고 열정적인 사랑이 마침내 그에게 찾아왔습니다.

**Non aveva mai conosciuto questo tipo di amore nella tenuta di Miller.**

그는 밀러의 영지에서 이런 종류의 사랑을 경험한 적이 없었다.

**Con i figli del giudice aveva condiviso lavoro e avventure.**

그는 판사의 아들들과 함께 일과 모험을 공유했습니다.

**Nei nipoti notò un orgoglio rigido e vanitoso.**
그는 손자들에게서 뻣뻣하고 거만한 자존심을 보았다.

**Con lo stesso giudice Miller aveva un rapporto di rispettosa amicizia.**
그는 밀러 판사와도 존중하는 우정을 나누었습니다.

**Ma l'amore che era fuoco, follia e adorazione era ciò che accadeva con Thornton.**
하지만 쏜튼에게는 불과 광기, 숭배가 담긴 사랑이 찾아왔습니다.

**Quest'uomo aveva salvato la vita di Buck, e questo di per sé significava molto.**
이 남자는 벅의 생명을 구했고, 그것만으로도 큰 의미가 있었습니다.

**Ma più di questo, John Thornton era il tipo ideale di maestro.**
하지만 그보다 더 중요한 것은, 존 손튼이 이상적인 스승이었다는 점입니다.

**Altri uomini si prendevano cura dei cani per dovere o per necessità lavorative.**
어떤 사람들은 의무나 사업상의 필요 때문에 개를 돌보았습니다.

**John Thornton si prendeva cura dei suoi cani come se fossero figli.**
존 손튼은 마치 자기 자식처럼 자기 개들을 돌보았습니다.

**Si prendeva cura di loro perché li amava e semplicemente non poteva farne a meno.**
그는 그들을 사랑했기 때문에 그들을 돌보았고, 도저히 그럴 수 없었습니다.

**John Thornton vide molto più lontano di quanto la maggior parte degli uomini riuscisse mai a vedere.**
존 손튼은 대부분의 남자들이 볼 수 있는 것보다 더 멀리 보았습니다.

**Non dimenticava mai di salutarli gentilmente o di pronunciare una parola di incoraggiamento.**

그는 그들에게 친절하게 인사하거나 격려의 말을 건네는 것을 결코 잊지 않았습니다.

Amava sedersi con i cani per fare lunghe chiacchierate, o "gassy", come diceva lui.

그는 개들과 함께 앉아서 오랜 시간 이야기를 나누는 것을 좋아했습니다. 그의 표현을 빌리자면 "가스 같은" 시간이었습니다.

Gli piaceva afferrare bruscamente la testa di Buck tra le sue mani forti.

그는 강한 손으로 벅의 머리를 거칠게 움켜쥐는 것을 좋아했다.

Poi appoggiò la testa contro quella di Buck e lo scosse delicatamente.

그러고 나서 그는 자신의 머리를 벅의 머리에 기대고 부드럽게 흔들었다.

Nel frattempo, chiamava Buck con nomi volgari che per lui significavano affetto.

그는 벅을 향해 무례한 이름을 불렀는데, 이는 벅에 대한 사랑을 의미했다.

Per Buck, quell'abbraccio rude e quelle parole portarono una gioia profonda.

벅에게는 그 거친 포옹과 그 말이 깊은 기쁨을 가져다주었습니다.

A ogni movimento il suo cuore sembrava sussultare di felicità.

그의 가슴은 매 움직임마다 행복으로 떨리는 듯했다.

Quando poi balzò in piedi, la sua bocca sembrava ridere.

그가 나중에 벌떡 일어섰을 때, 그의 입은 웃는 것처럼 보였다.

I suoi occhi brillavano intensamente e la sua gola tremava per una gioia inespressa.

그의 눈은 밝게 빛났고, 그의 목은 말로 표현할 수 없는 기쁨으로 떨렸다.

Il suo sorriso rimase immobile in quello stato di emozione e affetto ardente.

그의 미소는 그 감정과 빛나는 애정의 상태에서 그대로 멈췄다.

Allora Thornton esclamò pensieroso: "Dio! Riesce quasi a parlare!"

그러자 손튼은 생각에 잠긴 듯 소리쳤다. "맙소사! 거의 말을 할 수 있을 것 같아!"

Buck aveva uno strano modo di esprimere l'amore che quasi gli causava dolore.

벅은 사랑을 표현하는 이상한 방법을 가지고 있었는데, 그 방법은 거의 고통을 불러일으켰습니다.

Spesso stringeva forte la mano di Thornton tra i denti.

그는 종종 손튼의 손을 이빨로 매우 세게 움켜쥐곤 했다.

Il morso avrebbe lasciato segni profondi che sarebbero rimasti per qualche tempo.

물린 자국은 깊은 상처를 남겼고 그 상처는 한동안 남았습니다.

Buck credeva che quei giuramenti fossero amore, e Thornton la pensava allo stesso modo.

벅은 그 맹세가 사랑이라고 믿었고, 손튼도 똑같은 것을 알았습니다.

Il più delle volte, l'amore di Buck si manifestava in un'adorazione silenziosa, quasi silenziosa.

벅의 사랑은 대개 조용하고 거의 말없는 숭배의 형태로 나타났습니다.

Sebbene fosse emozionato quando veniva toccato o gli si parlava, non cercava attenzione.

그는 누군가 만지거나 말을 걸면 기뻐했지만, 주의를 끌려고 하지는 않았습니다.

Skeet spinse il naso sotto la mano di Thornton finché lui non la accarezzò.

스키트는 손튼의 손 아래로 그녀의 코를 쿡 찌르며 쓰다듬었다.

Nig si avvicinò silenziosamente e appoggiò la sua grande testa sulle ginocchia di Thornton.

니그는 조용히 다가가서 큰 머리를 손튼의 무릎에 기댔다.

**Buck, al contrario, si accontentava di amare da una rispettosa distanza.**

반면 벅은 존중심을 가지고 거리를 두고 사랑하는 것에 만족했습니다.

**Rimase sdraiato per ore ai piedi di Thornton, vigile e attento.**

그는 몇 시간 동안 쏜튼의 발치에 누워서 경계하며 주의 깊게 지켜보았습니다.

**Buck studiò ogni dettaglio del volto del suo padrone, perfino il più piccolo movimento.**

벅은 주인의 얼굴과 사소한 움직임 하나하나를 주의 깊게 살폈다.

**Oppure sdraiati più lontano, studiando in silenzio la sagoma dell'uomo.**

아니면 더 멀리 누워서 침묵 속에서 남자의 모습을 살펴보기도 했습니다.

**Buck osservava ogni piccolo movimento, ogni cambiamento di postura o di gesto.**

벅은 모든 작은 움직임, 자세나 몸짓의 변화를 살폈다.

**Questo legame era così potente che spesso catturava lo sguardo di Thornton.**

이런 강력한 연결은 종종 쏜튼의 시선을 끌었다.

**Incontrò lo sguardo di Buck senza dire parole, e il suo amore traspariva chiaramente.**

그는 아무 말 없이 벅의 눈을 마주쳤고, 그의 눈에는 사랑이 선명하게 빛났다.

**Per molto tempo dopo essere stato salvato, Buck non perse mai di vista Thornton.**

구출된 후 오랫동안 벅은 쏜튼을 눈에서 떼지 않았습니다.

**Ogni volta che Thornton usciva dalla tenda, Buck lo seguiva da vicino all'esterno.**

쏜튼이 텐트를 나갈 때마다 벅은 그를 바짝 뒤따라 밖으로 나갔다.

**Tutti i severi padroni delle Terre del Nord avevano fatto sì che Buck non riuscisse più a fidarsi.**

북쪽 땅의 가혹한 주인들은 모두 벅이 신뢰하기 어렵게 만들었습니다.

**Temeva che nessun uomo potesse restare suo padrone se non per un breve periodo.**

그는 누구도 짧은 시간 이상 자신의 주인으로 남을 수 없을 것이라고 두려워했습니다.

**Temeva che John Thornton sarebbe scomparso come Perrault e François.**

그는 존 손튼이 페로와 프랑수아처럼 사라질 것을 두려워했습니다.

**Anche di notte, la paura di perderlo tormentava il sonno agitato di Buck.**

밤에도 그를 잃을지도 모른다는 두려움이 벅의 불안한 잠을 괴롭혔다.

**Quando Buck si svegliò, si trascinò fuori al freddo e andò nella tenda.**

벅이 깨어나자 그는 추위 속으로 기어나와 텐트로 갔다.

**Ascoltò attentamente il leggero suono del suo respiro interiore.**

그는 안에서 들리는 부드러운 호흡음을 주의 깊게 들었다.

**Nonostante il profondo amore di Buck per John Thornton, la natura selvaggia sopravvisse.**

벅이 존 손튼을 깊이 사랑했음에도 불구하고, 야생은 살아남았습니다.

**Quell'istinto primitivo, risvegliatosi nel Nord, non scomparve.**

북쪽에서 깨어난 그 원시적 본능은 사라지지 않았습니다.

**L'amore portava devozione, lealtà e il caldo legame attorno al fuoco.**

사랑은 헌신과 충성, 그리고 벽난로 주변의 따뜻한 유대감을 가져다주었습니다.

**Ma Buck mantenne anche i suoi istinti selvaggi, acuti e sempre all'erta.**

하지만 벅은 또한 자신의 거친 본능을 날카롭게 유지하고 항상 경계했습니다.

Non era solo un animale domestico addomesticato proveniente dalle dolci terre della civiltà.

그는 문명의 부드러운 땅에서 길들여진 애완동물일 뿐이 아니었습니다.

Buck era un essere selvaggio che si era seduto accanto al fuoco di Thornton.

벅은 쏜튼의 불 옆에 앉아 있던 야생적인 존재였습니다.

Sembrava un cane del Southland, ma in lui albergava la natura selvaggia.

그는 사우스랜드의 개처럼 보였지만, 그의 내면에는 야성이 깃들어 있었습니다.

Il suo amore per Thornton era troppo grande per permettersi un furto da parte di quell'uomo.

그는 쏜튼을 너무나 사랑했기 때문에 그에게서 물건을 훔치는 것을 허용할 수 없었습니다.

Ma in qualsiasi altro campo ruberebbe con audacia e senza esitazione.

하지만 다른 진영이었다면 그는 주저하지 않고 과감하게 도둑질을 했을 것입니다.

Era così abile nel rubare che nessuno riusciva a catturarlo o accusarlo.

그는 도둑질에 너무나 능숙해서 아무도 그를 잡거나 고발할 수 없었습니다.

Il suo viso e il suo corpo erano coperti di cicatrici dovute a molti combattimenti passati.

그의 얼굴과 몸은 과거의 수많은 싸움으로 인한 상처로 뒤덮여 있었습니다.

Buck continuava a combattere con ferocia, ma ora lo faceva con maggiore astuzia.

벅은 여전히 사납게 싸웠지만, 이제는 더욱 교활하게 싸웠다.

Skeet e Nig erano troppo docili per combattere, ed erano di Thornton.

스키트와 니그는 싸우기에는 너무 온순했고, 그들은 쏜튼의 것이었다.

**Ma qualsiasi cane estraneo, non importa quanto forte o coraggioso, cedeva.**

하지만 낯선 개는 아무리 강하고 용감하더라도 항복했습니다.

**Altrimenti, il cane si ritrovò a combattere contro Buck, lottando per la propria vita.**

그렇지 않으면, 그 개는 벅과 싸우게 되고, 자신의 생명을 위해 싸우게 됩니다.

**Buck non ebbe pietà quando decise di combattere contro un altro cane.**

벅은 다른 개와 싸우기로 결정하자 더 이상 자비를 베풀지 않았습니다.

**Aveva imparato bene la legge del bastone e della zanna nel Nord.**

그는 북쪽 땅에서 곤봉과 송곳니의 법칙을 잘 배웠습니다.

**Non ha mai rinunciato a un vantaggio e non si è mai tirato indietro dalla battaglia.**

그는 결코 이점을 포기하지 않았고, 결코 전투에서 물러나지 않았습니다.

**Aveva studiato Spitz e i cani più feroci della polizia e della posta.**

그는 스피츠와 우편 및 경찰에 투입된 가장 사나운 개들에 대해 연구했습니다.

**Sapeva chiaramente che non esisteva via di mezzo in un combattimento selvaggio.**

그는 격렬한 전투에서는 중간지대가 없다는 것을 분명히 알고 있었습니다.

**Doveva governare o essere governato; mostrare misericordia significava mostrare debolezza.**

그는 통치해야 하고 그렇지 않으면 통치를 받아야 한다. 자비를 베푸는 것은 약함을 베푸는 것을 의미한다.

**La pietà era sconosciuta nel mondo crudo e brutale della sopravvivenza.**

생존의 잔혹하고 거친 세상에서 자비는 알려지지 않았습니다.

Mostrare pietà era visto come un atto di paura, e la paura conduceva rapidamente alla morte.

자비를 베푸는 것은 두려움으로 여겨졌고, 두려움은 곧 죽음으로 이어졌습니다.

La vecchia legge era semplice: uccidere o essere uccisi, mangiare o essere mangiati.

옛날의 법은 간단했습니다. 죽이거나 죽임을 당하고, 먹거나 먹혀라.

Quella legge proveniva dalle profondità del tempo e Buck la seguì alla lettera.

그 법칙은 시간의 깊은 곳에서 나왔고, 벅은 그것을 온전히 따랐습니다.

Buck era più vecchio dei suoi anni e del numero dei suoi respiri.

벅은 그의 나이보다, 그리고 그가 숨쉬는 횟수보다 더 많았습니다.

Collegava in modo chiaro il passato remoto con il momento presente.

그는 고대의 과거와 현재를 명확하게 연결했습니다.

I ritmi profondi dei secoli si muovevano attraverso di lui come le maree.

시대의 깊은 리듬이 조수처럼 그의 몸을 스쳐 지나갔다.

Il tempo pulsava nel suo sangue con la stessa sicurezza con cui le stagioni muovevano la terra.

그의 피 속에서 시간은 마치 계절이 지구를 움직이는 것처럼 확실하게 뛰었습니다.

Sedeva accanto al fuoco di Thornton, con il petto forte e le zanne bianche.

그는 쏜튼의 불 옆에 앉아 있었는데, 튼튼한 가슴과 하얀 송곳니를 가지고 있었습니다.

La sua lunga pelliccia ondeggiava, ma dietro di lui lo osservavano gli spiriti dei cani selvatici.

그의 긴 털이 흔들렸지만, 그의 뒤에서 야생 개들의 영혼이 지켜보고 있었습니다.

Lupi mezzi e lupi veri si agitavano nel suo cuore e nei suoi sensi.

그의 마음과 감각 속에서 반늑대와 온전한 늑대가
꿈틀거렸다.

**Assaggiarono la sua carne e bevvero la stessa acqua che
bevve lui.**

그들은 그의 고기를 맛보았고, 그가 마셨던 것과 같은
물을 마셨습니다.

**Annusarono il vento insieme a lui e ascoltarono la foresta.**

그들은 그 옆에서 바람을 맡고 숲의 소리에 귀를
기울였다.

**Sussurravano il significato dei suoni selvaggi nell'oscurità.**

그들은 어둠 속에서 거친 소리의 의미를 속삭였다.

**Modellavano il suo umore e guidavano ciascuna delle sue
reazioni silenziose.**

그들은 그의 기분을 형성하고 그의 조용한 반응을
이끌었습니다.

**Giacevano accanto a lui mentre dormiva e diventavano parte
dei suoi sogni profondi.**

그들은 그가 잠들었을 때 그와 함께 누워 그의 깊은 꿈의
일부가 되었습니다.

**Sognavano con lui, oltre lui, e costituivano il suo stesso
spirito.**

그들은 그와 함께, 그를 넘어 꿈을 꾸었고, 그의 정신을
만들어냈습니다.

**Gli spiriti della natura selvaggia chiamavano con tanta forza
che Buck si sentì attratto.**

야생의 정령들이 너무나 강하게 불러서 벅은 끌리는 것을
느꼈다.

**Ogni giorno che passava, l'umanità e le sue rivendicazioni si
indebolivano nel cuore di Buck.**

벅의 마음속에서 인류와 그들의 주장은 날이 갈수록
약해졌습니다.

**Nel profondo della foresta si stava per udire un richiamo
strano ed emozionante.**

숲 속 깊은 곳에서 이상하고도 신나는 부름이 울려
퍼졌습니다.

Ogni volta che sentiva la chiamata, Buck provava un impulso a cui non riusciva a resistere.

그 부름을 들을 때마다 벅은 저항할 수 없는 충동을 느꼈다.

Avrebbe voltato le spalle al fuoco e ai sentieri battuti dagli uomini.

그는 불과 인간의 낡은 길에서 돌아서려고 했습니다.

Stava per addentrarsi nella foresta, avanzando senza sapere il perché.

그는 왜인지도 모른 채 숲 속으로 뛰어들려고 했습니다.

Non mise in discussione questa attrazione, perché la chiamata era profonda e potente.

그는 이러한 끌림을 의심하지 않았습니다. 왜냐하면 그 부름은 깊고 강력했기 때문입니다.

Spesso raggiungeva l'ombra verde e la terra morbida e intatta

그는 종종 푸른 그늘과 부드럽고 손길이 닿지 않은 땅에 도달했습니다.

Ma poi il forte amore per John Thornton lo riportò al fuoco.

하지만 존 손튼에 대한 강한 사랑이 그를 다시 불 속으로 끌어들였습니다.

Soltanto John Thornton riuscì davvero a tenere stretto il cuore selvaggio di Buck.

오직 존 손튼만이 벅의 거친 마음을 진정으로 붙잡고 있었습니다.

Per Buck il resto dell'umanità non aveva alcun valore o significato duraturo.

나머지 인류는 벅에게 지속적인 가치나 의미가 없었습니다.

Gli sconosciuti potrebbero lodarlo o accarezzargli la pelliccia con mani amichevoli.

낯선 사람들이 그를 칭찬하거나 친절한 손으로 그의 털을 쓰다듬을 수도 있습니다.

Buck rimase impassibile e se ne andò per eccesso di affetto.

벅은 아무런 감정도 느끼지 못하고 너무 많은 애정에 휩쓸려 떠났다.

**Hans e Pete arrivarono con la zattera che era stata attesa a lungo**
한스와 피트는 오랫동안 기다려온 뗏목을 가지고
도착했습니다.

**Buck li ignorò finché non venne a sapere che erano vicini a Thornton.**
벅은 쏜튼과 가까워졌다는 것을 알 때까지 그들을
무시했습니다.

**Da allora in poi li tollerò, ma non dimostrò mai loro tutto il suo calore.**
그 후로 그는 그들을 참아주긴 했지만 결코 온전한
따뜻함을 보여주지는 않았습니다.

**Accettava da loro cibo o gentilezza come se volesse fare loro un favore.**
그는 마치 그들에게 은혜를 베푸는 것처럼 그들에게서
음식이나 친절을 받았습니다.

**Erano come Thornton: semplici, onesti e lucidi nei pensieri.**
그들은 쏜튼과 같았습니다. 단순하고, 정직하고, 생각이
명확했습니다.

**Tutti insieme viaggiarono verso la segheria di Dawson e il grande vortice**
그들은 모두 함께 Dawson의 제재소와 큰 소용돌이로
여행했습니다.

**Nel corso del loro viaggio impararono a comprendere profondamente la natura di Buck.**
그들은 여행을 하면서 벅의 본성을 깊이 이해하는 법을
배웠습니다.

**Non cercarono di avvicinarsi come avevano fatto Skeet e Nig.**
그들은 스키트와 니그처럼 친해지려고 노력하지
않았습니다.

**Ma l'amore di Buck per John Thornton non fece che aumentare con il tempo.**
하지만 벅의 존 손튼에 대한 사랑은 시간이 지날수록
더욱 깊어졌습니다.

Solo Thornton poteva mettere uno zaino sulla schiena di Buck durante l'estate.

여름에 벅의 등에 짐을 실어줄 수 있는 사람은 손튼뿐이었다.

Buck era disposto a eseguire senza riserve qualsiasi ordine impartito da Thornton.

벅은 손튼이 명령한 것은 무엇이든 온전히 수행할 의지가 있었습니다.

Un giorno, dopo aver lasciato Dawson per le sorgenti del Tanana,

어느 날, 그들이 도슨을 떠나 타나나 강 상류로 향했을 때,

il gruppo era seduto su una rupe che scendeva per un metro fino a raggiungere la nuda roccia.

그 무리는 3피트나 되는 절벽 위에 앉아 있었는데, 그 절벽은 맨 바위로 되어 있었습니다.

John Thornton si sedette vicino al bordo e Buck si riposò accanto a lui.

존 손튼은 가장자리에 앉았고, 벅은 그의 옆에서 쉬었다.

Thornton ebbe un'idea improvvisa e richiamò l'attenzione degli uomini.

쏜튼은 갑자기 생각이 떠올라 남자들의 주의를 끌었다.

Indicò l'altro lato del baratro e diede a Buck un unico comando.

그는 틈새 너머를 가리키며 벅에게 단 하나의 명령을 내렸다.

"Salta, Buck!" disse, allungando il braccio oltre il precipizio.

"뛰어, 벅!" 그는 팔을 휘두르며 말했다.

Un attimo dopo dovette afferrare Buck, che stava saltando per obbedire.

그는 그 순간, 복종하려고 뛰어오는 벅을 붙잡아야 했습니다.

Hans e Pete si precipitarono in avanti e tirarono entrambi indietro per metterli in salvo.

한스와 피트는 앞으로 달려가 두 사람을 안전한 곳으로 끌어당겼다.

**Dopo che tutto fu finito e che ebbero ripreso fiato, Pete prese la parola.**

모든 것이 끝나고, 그들이 숨을 돌린 후, 피트가 입을 열었습니다.

**«È un amore straordinario», disse, scosso dalla feroce devozione del cane.**

그는 개의 강렬한 헌신에 흔들리며 "사랑이 묘하네요."라고 말했다.

**Thornton scosse la testa e rispose con calma e serietà.**

쏜튼은 고개를 저으며 차분하고 진지하게 대답했다.

**«No, l'amore è splendido», disse, «ma anche terribile».**

"아니요, 사랑은 훌륭해요." 그가 말했다. "하지만 끔찍하기도 해요."

**"A volte, devo ammetterlo, questo tipo di amore mi fa paura."**

"가끔은, 이런 종류의 사랑이 나를 두렵게 만든다는 걸 인정해야겠어요."

**Pete annuì e disse: "Mi dispiacerebbe tanto essere l'uomo che ti tocca".**

피트는 고개를 끄덕이며 말했다. "당신을 만지는 남자가 되고 싶지는 않아요."

**Mentre parlava, guardava Buck con aria seria e piena di rispetto.**

그는 벅을 바라보며 진지하고 존경심 가득한 어조로 말했다.

**"Py Jingo!" esclamò Hans in fretta. "Neanch'io, no signore."**

"파이 징고!" 한스가 재빨리 말했다. "저도요, 안 돼요."


**Prima che finisse l'anno, i timori di Pete si avverarono a Circle City.**

그 해가 끝나기 전, 피트의 두려움은 서클 시티에서 현실이 되었습니다.

**Un uomo crudele di nome Black Burton attaccò una rissa nel bar.**

블랙 버튼이라는 잔인한 남자가 술집에서 싸움을 걸었습니다.

Era arrabbiato e cattivo, e si scagliava contro un novellino.

그는 화가 나서 악의를 품고 새로 온 신입생을 향해 덤벼들었다.

John Thornton intervenne, calmo e bonario come sempre.

존 손튼은 언제나처럼 차분하고 상냥한 태도로 나섰습니다.

Buck giaceva in un angolo, con la testa bassa, e osservava Thornton attentamente.

벅은 구석에 누워서 머리를 숙인 채 손튼을 유심히 지켜보고 있었다.

Burton colpì all'improvviso e il suo pugno fece girare Thornton.

버튼이 갑자기 주먹을 날렸고, 그의 주먹에 손튼이 회전했다.

Solo la ringhiera della sbarra gli impedì di cadere violentemente a terra.

그가 바닥에 세게 떨어지는 것을 막아준 것은 바의 난간뿐이었다.

Gli osservatori hanno sentito un suono che non era un abbaio o un guaito

감시자들은 짖는 소리나 울부짖는 소리가 아닌 소리를 들었습니다.

Buck emise un profondo ruggito mentre si lanciava verso l'uomo.

벅은 그 남자를 향해 달려들면서 깊은 포효를 터뜨렸다.

Burton alzò il braccio e per poco non si salvò la vita.

버튼은 팔을 들어올려 간신히 자신의 목숨을 구했습니다.

Buck si schiantò contro di lui, facendolo cadere a terra.

벅이 그에게 부딪히면서 그는 바닥에 쓰러졌습니다.

Buck gli diede un morso profondo al braccio, poi si lanciò alla gola.

벅은 남자의 팔을 깊이 물고, 목을 노렸다.

Burton riuscì a parare solo in parte e il suo collo fu squarciato.

버튼은 반쯤만 막을 수 있었고 그의 목은 찢어졌습니다.

**Gli uomini si precipitarono dentro, brandendo i manganelli e allontanarono Buck dall'uomo sanguinante.**

남자들이 달려들어 곤봉을 들고 벅을 피 흘리는 남자에게서 쫓아냈다.

**Un chirurgo ha lavorato rapidamente per impedire che il sangue fuoriuscisse.**

외과의사는 재빨리 수술을 해서 피가 흐르는 것을 막았습니다.

**Buck camminava avanti e indietro ringhiando, tentando di attaccare ancora e ancora.**

벅은 왔다 갔다 하며 으르렁거리며 계속해서 공격하려고 했습니다.

**Soltanto i bastoni oscillanti gli impedirono di raggiungere Burton.**

버튼에게 다가가려는 그를 막은 것은 오직 휘두르는 곤봉뿐이었다.

**Proprio lì, sul posto, venne convocata una riunione dei minatori.**

그 자리에서 광부 회의가 소집되어 개최되었습니다.

**Concordarono sul fatto che Buck era stato provocato e votarono per liberarlo.**

그들은 벅이 도발을 받았다는 데 동의하고 그를 석방하기로 투표했습니다.

**Ma il nome feroce di Buck risuonava ormai in ogni accampamento dell'Alaska.**

하지만 벅의 사나운 이름은 이제 알래스카의 모든 캠프에 울려 퍼졌습니다.

**Più tardi, quello stesso autunno, Buck salvò Thornton di nuovo in un modo nuovo.**

그해 가을에 벅은 새로운 방법으로 다시 한번 손튼을 구했습니다.

**I tre uomini stavano guidando una lunga barca lungo delle rapide impetuose.**

세 남자는 거친 급류 속으로 긴 배를 몰고 가고 있었습니다.

Thornton manovrava la barca, gridando indicazioni per raggiungere la riva.

쏜튼은 배를 조종하며 해안선으로 가는 길을 외쳤다.

Hans e Pete correvano sulla terraferma, tenendo una corda da un albero all'altro.

한스와 피트는 나무에서 나무로 밧줄을 잡고 땅으로 달려갔다.

Buck procedeva a passo d'uomo sulla riva, tenendo sempre d'occhio il suo padrone.

벅은 강둑에서 늘 주인을 지켜보며 속도를 유지했습니다.

In un punto pericoloso, delle rocce sporgevano dall'acqua veloce.

한 군데에서는 물살이 빠른데 바위가 튀어나와 있었습니다.

Hans lasciò andare la cima e Thornton tirò la barca verso la larghezza.

한스는 밧줄을 놓았고, 손튼은 배를 크게 틀었다.

Hans corse a percorrerla di nuovo, superando le pericolose rocce.

한스는 위험한 바위를 지나 다시 배를 잡기 위해 달려갔다.

La barca superò la sporgenza ma trovò una corrente più forte.

배는 난간을 넘었지만 더 강한 흐름에 부딪혔습니다.

Hans afferrò la cima troppo velocemente e fece perdere l'equilibrio alla barca.

한스는 밧줄을 너무 빨리 잡아 배의 균형을 잃었습니다.

La barca si capovolse e sbatté contro la riva, con la parte inferiore rivolta verso l'alto.

배가 뒤집혀 바닥이 위로 향한 채 강둑에 부딪혔습니다.

Thornton venne scaraventato fuori e trascinato nella parte più selvaggia dell'acqua.

쏜튼은 밖으로 튕겨져 나가 물속의 가장 거친 곳으로 휩쓸려갔다.

Nessun nuotatore sarebbe sopravvissuto in quelle acque pericolose e pericolose.

그 위험하고 격렬한 물살 속에서는 어떤 수영자도
살아남을 수 없었을 것입니다.

**Buck si lanciò all'istante e inseguì il suo padrone lungo il fiume.**

벅은 즉시 뛰어들어 강 아래로 주인을 쫓아갔다.

**Dopo trecento metri finalmente raggiunse Thornton.**

300야드를 달린 후, 그는 마침내 손튼에 도착했습니다.

**Thornton afferrò la coda di Buck, e Buck si diresse verso la riva.**

쏜튼은 벅의 꼬리를 잡았고, 벅은 해안으로
돌아섰습니다.

**Nuotò con tutte le sue forze, lottando contro la forte resistenza dell'acqua.**

그는 물의 격렬한 저항에 맞서며 온 힘을 다해
수영했습니다.

**Si spostarono verso valle più velocemente di quanto riuscissero a raggiungere la riva.**

그들은 해안에 도달하는 것보다 더 빠른 속도로 하류로
이동했습니다.

**Più avanti, il fiume ruggiva più forte, precipitando in rapide mortali.**

앞에서 강물은 치명적인 급류로 떨어지면서 더욱 큰
소리를 냈습니다.

**Le rocce fendevano l'acqua come i denti di un enorme pettine.**

바위들이 거대한 빗살처럼 물을 가르며 나 있었다.

**La forza di attrazione dell'acqua nei pressi del dislivello era selvaggia e ineluttabile.**

물방울이 떨어지는 곳 근처의 물의 힘은 사납고 벗어날
수 없었습니다.

**Thornton sapeva che non sarebbero mai riusciti a raggiungere la riva in tempo.**

쏜튼은 그들이 결코 제시간에 해안에 도착할 수 없다는
것을 알고 있었습니다.

**Raschiò una roccia, ne sbatté una seconda,**

그는 한 바위를 긁어 넘고, 두 번째 바위를 부수었습니다.

**Poi si schiantò contro una terza roccia, afferrandola con entrambe le mani.**

그리고 그는 세 번째 바위에 부딪혀 두 손으로 그것을 붙잡았습니다.

**Lasciò andare Buck e urlò sopra il ruggito: "Vai, Buck! Vai!"**

그는 벅을 놓아주고 포효하는 소리 위로 소리쳤다. "가, 벅! 가!"

**Buck non riuscì a restare a galla e fu trascinato dalla corrente.**

벅은 떠 있을 수 없었고 해류에 휩쓸려 떠내려갔습니다.

**Lottò con tutte le sue forze, cercando di girarsi, ma non fece alcun progresso.**

그는 힘겹게 몸을 돌려 방향을 바꾸려고 했지만 전혀 진전이 없었습니다.

**Poi sentì Thornton ripetere il comando sopra il fragore del fiume.**

그러자 그는 강물의 울림 속에서 쏜튼이 명령을 반복하는 것을 들었습니다.

**Buck si impennò fuori dall'acqua e sollevò la testa come per dare un'ultima occhiata.**

벅은 물에서 몸을 내밀고, 마지막으로 한 번 더 바라보려는 듯 고개를 들었다.

**poi si voltò e obbedì, nuotando verso la riva con risolutezza.**

그러고 나서 돌아서서 순종하며 단호하게 강둑을 향해 헤엄쳐갔다.

**Pete e Hans lo tirarono a riva all'ultimo momento possibile.**

피트와 한스는 마지막 순간에 그를 해안으로 끌어올렸습니다.

**Sapevano che Thornton avrebbe potuto aggrapparsi alla roccia solo per pochi minuti.**

그들은 쏜튼이 바위에 매달려 있을 수 있는 시간이 몇 분밖에 되지 않는다는 걸 알고 있었습니다.

**Corsero su per la riva fino a un punto molto più in alto rispetto al punto in cui lui era appeso.**

그들은 그가 매달려 있는 곳보다 훨씬 위쪽의 지점까지 강둑을 따라 올라갔습니다.

Legarono con cura la cima della barca al collo e alle spalle di Buck.

그들은 보트의 줄을 벅의 목과 어깨에 조심스럽게 묶었습니다.

La corda era stretta ma abbastanza larga da permettere di respirare e muoversi.

밧줄은 꼭 맞지만 숨쉬고 움직이기에는 충분히 느슨했습니다.

Poi lo gettarono di nuovo nel fiume impetuoso e mortale.

그들은 그를 다시 급류에 휩쓸려 죽음의 강물에 던졌습니다.

Buck nuotò coraggiosamente ma non riuscì a prendere l'angolazione giusta per affrontare la forza della corrente.

벅은 대담하게 헤엄쳤지만 물살의 힘에 밀려 각도를 놓쳤다.

Si accorse troppo tardi che stava per superare Thornton.

그는 쏜튼을 지나쳐 흘러갈 것이라는 것을 너무 늦게 깨달았습니다.

Hans tirò forte la corda, come se Buck fosse una barca che si capovolge.

한스는 마치 벅이 전복하는 배인 것처럼 밧줄을 팽팽하게 당겼다.

La corrente lo trascinò sott'acqua e lui scomparve sotto la superficie.

물살이 그를 끌어당겼고, 그는 수면 아래로 사라졌습니다.

Il suo corpo colpì la riva prima che Hans e Pete lo tirassero fuori.

한스와 피트가 그를 끌어내기 전에 그의 몸은 강둑에 부딪혔습니다.

Era mezzo annegato e gli tolsero l'acqua dal corpo.

그는 반쯤 물에 빠져 죽었고, 그들은 그에게서 물을 뿜어냈습니다.

Buck si alzò, barcollò e crollò di nuovo a terra.

벅은 일어서서 비틀거리다가 다시 땅바닥에 쓰러졌습니다.

Poi udirono la voce di Thornton portata debolmente dal vento.

그때 그들은 바람에 실려오는 쏜튼의 목소리를 들었다.

Sebbene le parole non fossero chiare, sapevano che era vicino alla morte.

말은 분명하지 않았지만, 그들은 그가 죽음이 다가왔다는 것을 알고 있었습니다.

Il suono della voce di Thornton colpì Buck come una scossa elettrica.

손튼의 목소리가 전기 충격처럼 벅을 강타했다.

Saltò in piedi e corse su per la riva, tornando al punto di partenza.

그는 뛰어올라 강둑을 따라 달려 출발 지점으로 돌아왔습니다.

Legarono di nuovo la corda a Buck, e di nuovo lui entrò nel fiume.

그들은 다시 밧줄을 벅에게 묶었고, 그는 다시 개울로 들어갔다.

Questa volta nuotò direttamente e con decisione nell'acqua impetuosa.

이번에는 그는 똑바로 그리고 힘차게 흐르는 물속으로 헤엄쳐 들어갔다.

Hans lasciò scorrere la corda con regolarità, mentre Pete impediva che si aggrovigliasse.

한스는 밧줄이 엉키지 않도록 잡고 있는 동안 꾸준히 밧줄을 풀었다.

Buck nuotò con forza finché non si trovò allineato appena sopra Thornton.

벅은 쏜튼 바로 위에 위치할 때까지 열심히 헤엄쳤다.

Poi si voltò e si lanciò verso di lui come un treno a tutta velocità.

그러고 나서 그는 돌아서서 마치 전속력으로 달리는 기차처럼 달려내려갔다.

Thornton lo vide arrivare, si preparò e gli abbracciò il collo.

쏜튼은 그가 오는 것을 보고 몸을 굳히고 그의 목에 팔을 둘렀다.

Hans legò saldamente la corda attorno a un albero mentre entrambi venivano tirati sott'acqua.

한스는 둘 다 나무 밑으로 끌려가자 밧줄을 나무에 단단히 묶었다.

Caddero sott'acqua, schiantandosi contro rocce e detriti del fiume.

그들은 물속으로 떨어지면서 바위와 강 잔해물에 부딪혔습니다.

Un attimo prima Buck era in cima e un attimo dopo Thornton si alzava ansimando.

어느 순간 벅이 위에 있었는데, 다음 순간 쏜튼이 헐떡이며 일어섰습니다.

Malconci e soffocati, si diressero verso la riva e si misero in salvo.

그들은 폭행을 당하고 질식해서 강둑과 안전한 곳으로 향했습니다.

Thornton riprese conoscenza mentre era sdraiato su un tronco alla deriva.

쏜튼은 표류물 위에 누워서 의식을 되찾았습니다.

Hans e Pete lavorarono duramente per riportarlo a respirare e a vivere.

한스와 피트는 그가 다시 숨쉬고 살아갈 수 있도록 열심히 노력했습니다.

Il suo primo pensiero fu per Buck, che giaceva immobile e inerte.

그의 첫 번째 생각은 움직이지 않고 힘없이 누워 있는 벅에 대한 것이었습니다.

Nig ululò sul corpo di Buck e Skeet gli leccò delicatamente il viso.

니그는 벅의 몸 위로 울부짖었고, 스키트는 그의 얼굴을 부드럽게 핥았습니다.

Thornton, dolorante e contuso, esaminò Buck con mano attenta.

손튼은 상처와 멍이 난 채로 벅을 조심스럽게 살펴보았다.

**Ha trovato tre costole rotte, ma il cane non presentava ferite mortali.**

그는 개에게서 갈비뼈 세 개가 부러진 것을 발견했지만 치명적인 상처는 발견하지 못했습니다.

**"Questo è tutto", disse Thornton. "Ci accamperemo qui". E così fecero.**

"그럼 됐지." 손튼이 말했다. "우린 여기서 캠핑을 하죠." 그리고 그들은 그렇게 했다.

**Rimasero lì finché le costole di Buck non guarirono e lui poté di nuovo camminare.**

그들은 벅의 갈비뼈가 아물고 그가 다시 걸을 수 있을 때까지 머물렀습니다.


**Quell'inverno Buck compì un'impresa che accrebbe ulteriormente la sua fama.**

그 겨울, 벅은 자신의 명성을 더욱 높이는 업적을 이루었습니다.

**Fu un gesto meno eroico del salvataggio di Thornton, ma altrettanto impressionante.**

쏜튼을 구한 것만큼 영웅적이지는 않았지만, 마찬가지로 인상적이었습니다.

**A Dawson, i soci avevano bisogno di provviste per un viaggio lontano.**

도슨의 파트너들은 먼 여행을 위한 물품이 필요했습니다.

**Volevano viaggiare verso est, in terre selvagge e incontaminate.**

그들은 동쪽, 손길이 닿지 않은 자연 그대로의 땅으로 여행하고 싶어했습니다.

**Quel viaggio fu possibile grazie all'impresa compiuta da Buck nell'Eldorado Saloon.**

엘도라도 살롱에 있는 벅의 증서 덕분에 그 여행이 가능해졌습니다.

**Tutto cominciò con degli uomini che si vantavano dei loro cani bevendo qualcosa.**

그것은 남자들이 술을 마시며 자기 개에 대해 자랑하는 것에서 시작되었습니다.

La fama di Buck lo rese bersaglio di sfide e dubbi.

벅의 명성은 그를 도전과 의심의 표적으로 만들었다.

Thornton, fiero e calmo, rimase fermo nel difendere il nome di Buck.

쏜튼은 당당하고 침착하게 벅의 이름을 수호하는 데 굳건히 섰습니다.

Un uomo ha affermato che il suo cane riusciva a trainare facilmente duecentocinquanta chili.

한 남자는 자신의 개가 500파운드를 쉽게 끌 수 있다고 말했습니다.

Un altro disse seicento, e un terzo si vantò di settecento.

또 다른 사람은 600이라고 말했고, 세 번째 사람은 700이라고 자랑했습니다.

"Pfft!" disse John Thornton, "Buck può trainare una slitta da mille libbre."

"푸우!" 존 손튼이 말했다. "벅은 1,000파운드짜리 썰매를 끌 수 있어."

Matthewson, un Bonanza King, si sporse in avanti e lo sfidò.

보난자 킹인 매튜슨이 앞으로 몸을 기울여 그에게 도전했습니다.

"Pensi che possa spostare tutto quel peso?"

"그가 그렇게 많은 힘을 행사할 수 있다고 생각하세요?"

"E pensi che riesca a sollevare il peso per cento metri?"

"그가 그 무게를 100야드나 끌 수 있다고 생각하세요?"

Thornton rispose freddamente: "Sì. Buck è abbastanza cane da farlo."

쏜튼이 차갑게 대답했다. "그래. 벅은 그럴 만큼 강인해."

"Metterà in moto mille libbre e la tirerà per cento metri."

"그는 1,000파운드의 힘을 움직여 100야드까지 끌어올릴 수 있어요."

Matthewson sorrise lentamente e si assicurò che tutti gli uomini udissero le sue parole.

매튜슨은 천천히 미소를 지으며 모든 남자들이 자신의 말을 듣도록 했다.

"Ho mille dollari che dicono che non può. Eccoli."

"그가 못 간다고 적힌 천 달러가 있어요. 여기 있어요."

**Sbatté sul bancone un sacco di polvere d'oro grande quanto una salsiccia.**
그는 소시지 크기의 금가루 자루를 바 위에 내던졌다.

**Nessuno disse una parola. Il silenzio si fece pesante e teso intorno a loro.**
아무도 아무 말도 하지 않았다. 그들 주변의 침묵은 점점 무겁고 긴장되었다.

**Il bluff di Thornton, se mai lo fu, era stato preso sul serio.**
쏜튼의 허세는—만약 그것이 허세였다면—심각하게 받아들여졌습니다.

**Sentì il calore salirgli al viso mentre il sangue gli affluiva alle guance.**
그는 얼굴이 뜨거워지는 것을 느꼈고, 피가 뺨으로 몰려왔다.

**In quel momento la sua lingua aveva preceduto la ragione.**
그 순간 그의 혀가 이성보다 앞서 나갔다.

**Non sapeva davvero se Buck sarebbe riuscito a spostare mille libbre.**
그는 벅이 1,000파운드를 옮길 수 있을지 정말로 몰랐다.

**Mezza tonnellata! Solo la sua mole gli faceva sentire il cuore pesante.**
반 톤이나 되는 무게! 그 크기만으로도 가슴이 무거워졌다.

**Aveva fiducia nella forza di Buck e lo riteneva capace.**
그는 벅의 힘을 믿었고 그가 유능하다고 생각했습니다.

**Ma non aveva mai affrontato una sfida di questo tipo, non in questo modo.**
하지만 그는 이런 종류의 도전에 직면한 적이 없었습니다.

**Una dozzina di uomini lo osservavano in silenzio, in attesa di vedere cosa avrebbe fatto.**
12명의 남자가 그를 조용히 지켜보며 그가 무엇을 할지 지켜보고 있었습니다.

**Lui non aveva i soldi, e nemmeno Hans e Pete.**
그는 돈이 없었습니다. 한스나 피트도 마찬가지였습니다.

"Ho una slitta fuori", disse Matthewson in modo freddo e diretto.

매튜슨은 차갑고 직설적으로 "밖에 썰매가 있어요"라고 말했다.

"È carico di venti sacchi, da cinquanta libbre ciascuno, tutti di farina.

"그 안에는 밀가루로 만든 자루가 20개 들어 있어요. 자루당 무게가 50파운드예요.

Quindi non lasciare che la scomparsa della slitta diventi la tua scusa", ha aggiunto.

그는 "그러니 지금 썰매가 없어졌다는 것을 변명으로 삼지 마세요"라고 덧붙였다.

Thornton rimase in silenzio. Non sapeva che parole dire.

손튼은 아무 말도 하지 않았다. 무슨 말을 해야 할지 알 수 없었다.

Guardò i volti intorno a sé senza vederli chiaramente.

그는 주위를 둘러보았지만 얼굴들이 뚜렷이 보이지 않았다.

Sembrava un uomo immerso nei suoi pensieri, che cercava di ripartire.

그는 생각에 잠겨 다시 시작하려고 하는 사람처럼 보였다.

Poi incontrò Jim O'Brien, un amico dei tempi dei Mastodon.

그러다가 그는 마스토돈 시절 친구인 짐 오브라이언을 만났습니다.

Quel volto familiare gli diede un coraggio che non sapeva di avere.

그 친숙한 얼굴은 그에게 자신이 가지고 있다는 것을 몰랐던 용기를 주었습니다.

Si voltò e chiese a bassa voce: "Puoi prestarmi mille dollari?"

그는 돌아서서 작은 목소리로 "천 달러만 빌려줄 수 있나요?"라고 물었습니다.

"Certo", disse O'Brien, lasciando cadere un pesante sacco vicino all'oro.

"물론이죠." 오브라이언이 말하며 금화가 든 무거운 자루를 떨어뜨렸다.

"Ma sinceramente, John, non credo che la bestia possa fare questo."

"하지만 솔직히 말해서, 존, 나는 그 짐승이 이런 일을 할 수 있다고 믿지 않아."

Tutti quelli presenti all'Eldorado Saloon si precipitarono fuori per assistere all'evento.

엘도라도 살롱에 있던 모든 사람들이 그 행사를 보기 위해 달려 나갔습니다.

Lasciarono tavoli e bevande e perfino le partite furono sospese.

그들은 테이블과 음료를 남겨두고 떠났고, 심지어 게임도 중단되었습니다.

Croupier e giocatori accorsero per assistere alla conclusione di questa audace scommessa.

딜러와 도박꾼들은 대담한 내기의 끝을 지켜보러 왔습니다.

Centinaia di persone si radunarono attorno alla slitta sulla strada ghiacciata.

수백 명의 사람들이 얼음으로 뒤덮인 거리의 썰매 주위에 모였습니다.

La slitta di Matthewson era carica di un carico completo di sacchi di farina.

매튜슨의 썰매에는 밀가루 자루가 가득 실려 있었습니다.

La slitta era rimasta ferma per ore a temperature sotto lo zero.

썰매는 영하의 기온 속에 몇 시간 동안 놓여 있었습니다.

I pattini della slitta erano congelati e incollati alla neve compatta.

썰매의 바퀴는 굳어버린 눈에 꼭 붙어 있었습니다.

Gli uomini scommettevano due a uno che Buck non sarebbe riuscito a spostare la slitta.

남자들은 벅이 썰매를 움직일 수 없을 것이라는 배당률을 두 대 1로 제시했습니다.

Scoppiò una disputa su cosa significasse realmente "break out".

"브레이크 아웃"이 실제로 무엇을 의미하는지에 대한
논쟁이 벌어졌습니다.

**O'Brien ha affermato che Thornton dovrebbe allentare la
base ghiacciata della slitta.**

오브라이언은 쏜튼이 썰매의 얼어붙은 바닥을 풀어야
한다고 말했다.

**Buck potrebbe quindi "rompere" una partenza solida e
immobile.**

그러면 벅은 흔들리지 않고 안정적으로 출발하여
"탈출"할 수 있었습니다.

**Matthewson sosteneva che anche il cane doveva liberare i
corridori.**

매튜슨은 개가 주자들을 자유롭게 풀어줘야 한다고
주장했다.

**Gli uomini che avevano sentito la scommessa concordavano
con Matthewson.**

내기를 들은 사람들은 매튜슨의 의견에 동의했습니다.

**Con questa sentenza, le probabilità contro Buck salirono a
tre a uno.**

그 판결로 벅에게 유리한 배당률은 3 대 1로
높아졌습니다.

**Nessuno si fece avanti per accettare le crescenti quote di tre a
uno.**

점점 커지는 3대 1의 확률에 맞서기 위해 나서는 사람은
아무도 없었다.

**Nessuno credeva che Buck potesse compiere la grande
impresa.**

버크가 그 위대한 업적을 이룰 수 있다고 믿는 사람은 단
한 명도 없었다.

**Thornton era stato spinto a scommettere, pieno di dubbi.**

쏜튼은 의심에 사로잡혀 서둘러 내기를 걸었다.

**Ora guardava la slitta e la muta di dieci cani accanto ad essa.**

이제 그는 썰매와 그 옆에 있는 열 마리의 개로 이루어진
팀을 바라보았습니다.

**Vedere la realtà del compito lo faceva sembrare ancora più
impossibile.**

그 과제의 현실을 깨닫자 그것은 더욱 불가능해 보였다.

**In quel momento Matthewson era pieno di orgoglio e sicurezza.**

그 순간 매튜슨은 자부심과 자신감으로 가득 찼습니다.

**"Tre a uno!" urlò. "Ne scommetto altri mille, Thornton!**

"3 대 1!" 그가 소리쳤다. "손튼, 1,000달러 더 걸겠어!"

**"Cosa dici?" aggiunse, abbastanza forte da farsi sentire da tutti.**

"무슨 말씀이시죠?" 그는 모든 사람이 들을 수 있을 만큼 큰 소리로 덧붙였다.

**Il volto di Thornton esprimeva i suoi dubbi, ma il suo spirito era sollevato.**

쏜튼의 얼굴에는 의심이 드러났지만, 그의 기운은 올라갔습니다.

**Quello spirito combattivo ignorava le avversità e non temeva nulla.**

그 투지는 역경을 무시했고 아무것도 두려워하지 않았습니다.

**Chiamò Hans e Pete perché portassero tutti i loro soldi al tavolo.**

그는 한스와 피트에게 전화해서 그들이 가지고 있는 현금을 모두 가져오라고 했습니다.

**Non gli era rimasto molto altro: solo duecento dollari in tutto.**

그들에게 남은 것은 거의 없었습니다. 모두 합쳐 200달러뿐이었습니다.

**Questa piccola somma costituiva la loro intera fortuna nei momenti difficili.**

이 소액은 힘든 시기에 그들이 가진 모든 재산이었습니다.

**Ciononostante puntarono tutta la loro fortuna contro la scommessa di Matthewson.**

그럼에도 불구하고 그들은 매튜슨의 베팅에 모든 재산을 걸었습니다.

**La muta composta da dieci cani venne sganciata e allontanata dalla slitta.**

10마리의 개로 이루어진 팀은 썰매에서 떨어져 나와 멀어졌습니다.

**Buck venne messo alle redini, indossando la sua consueta imbracatura.**

벅은 익숙한 하네스를 착용하고 고삐를 잡았다.

**Aveva colto l'energia della folla e ne aveva percepito la tensione.**

그는 군중의 에너지를 느꼈고 긴장감을 느꼈습니다.

**In qualche modo sapeva che doveva fare qualcosa per John Thornton.**

그는 어떻게든 존 손튼을 위해 뭔가를 해야 한다는 걸 알았습니다.

**La gente mormorava ammirata di fronte alla figura fiera del cane.**

사람들은 개의 당당한 모습에 감탄하며 중얼거렸다.

**Era magro e forte, senza un solo grammo di carne in più.**

그는 살이 한 톨도 찌지 않은, 마른 몸과 강한 몸매를 가지고 있었습니다.

**Il suo peso di centocinquanta chili era sinonimo di potenza e resistenza.**

그의 전체 체중 150파운드는 모두 힘과 지구력이었습니다.

**Il mantello di Buck brillava come la seta, denso di salute e forza.**

벅의 코트는 실크처럼 빛났고, 건강과 힘이 두껍게 깃들어 있었다.

**La pelliccia sul collo e sulle spalle sembrava sollevarsi e drizzarsi.**

그의 목과 어깨의 털이 들어올려지고 뻣뻣해지는 것 같았다.

**La sua criniera si muoveva leggermente, ogni capello era animato dalla sua grande energia.**

그의 갈기가 살짝 움직였고, 머리카락 하나하나가 그의 강렬한 에너지로 살아 있었습니다.

**Il suo petto ampio e le sue gambe forti si sposavano bene con la sua corporatura pesante e robusta.**

그의 넓은 가슴과 튼튼한 다리는 그의 무겁고 강인한
몸매와 잘 어울렸습니다.

**I muscoli si tesero sotto il cappotto, tesi e sodi come ferro legato.**

그의 코트 아래에서는 근육이 꿈틀거리며, 쇠로 묶인
것처럼 팽팽하고 단단했다.

**Gli uomini lo toccavano e giuravano che era fatto come una macchina d'acciaio.**

남자들은 그를 만지며 그가 강철 기계처럼 생겼다고
맹세했습니다.

**Le probabilità contro il grande cane sono scese leggermente a due a uno.**

그 위대한 개에 대한 승산 확률은 약간 떨어져 2 대 1이
되었습니다.

**Un uomo dei banchi di Skookum si fece avanti balbettando.**

스쿠컴 벤치에 앉아 있던 한 남자가 더듬거리며 앞으로
나아갔다.

**"Bene, signore! Offro ottocento per lui... prima della prova, signore!"**

"좋습니다, 선생님! 시험 전에 800달러를 제안합니다,
선생님!"

**"Ottocento, così com'è adesso!" insistette l'uomo.**

"지금 기준으로 800명이에요!" 그 남자가 주장했다.

**Thornton fece un passo avanti, sorrise e scosse la testa con calma.**

쏜튼은 앞으로 나서서 미소를 지으며 차분하게 고개를
저었다.

**Matthewson intervenne rapidamente con tono ammonitore e aggrottando la fronte.**

매튜슨은 재빨리 경고하는 목소리와 눈살을 찌푸리며
나섰다.

**"Devi allontanarti da lui", disse. "Dagli spazio."**

"그에게서 물러나야 합니다." 그가 말했다. "그에게
공간을 주세요."

**La folla tacque; solo i giocatori continuavano a offrire due a uno.**

군중은 조용해졌다. 오직 도박꾼들만이 여전히 2대 1을 걸고 있었다.

**Tutti ammiravano la corporatura di Buck, ma il carico sembrava troppo pesante.**

모두가 벅의 몸매에 감탄했지만, 무게가 너무 무거워 보였다.

**Venti sacchi di farina, ciascuno del peso di cinquanta libbre, sembravano decisamente troppi.**

밀가루 자루 20개(각 자루의 무게가 50파운드)는 너무 많은 것 같았습니다.

**Nessuno era disposto ad aprire la borsa e a rischiare i propri soldi.**

누구도 주머니를 열어 돈을 걸고 싶어하지 않았습니다.

**Thornton si inginocchiò accanto a Buck e gli prese la testa tra entrambe le mani.**

쏜튼은 벅 옆에 무릎을 꿇고 두 손으로 그의 머리를 잡았다.

**Premette la guancia contro quella di Buck e gli parlò all'orecchio.**

그는 자신의 뺨을 벅의 뺨에 대고 그의 귀에 대고 말했다.

**Non c'erano più né scossoni giocosi né insulti affettuosi sussurrati.**

이제는 장난스럽게 흔드는 일도, 속삭이는 애정 어린 모욕도 없었습니다.

**Mormorò solo dolcemente: "Quanto mi ami, Buck."**

그는 단지 부드럽게 중얼거렸다. "당신이 나를 아무리 사랑하더라도, 벅."

**Buck emise un gemito sommesso, trattenendo a stento la sua impazienza.**

벅은 조용히 신음하며 간신히 열망을 억눌렀다.

**Gli astanti osservavano con curiosità la tensione che aleggiava nell'aria.**

구경꾼들은 긴장감이 공기 중에 가득 차는 것을 호기심 어린 눈으로 지켜보았습니다.

**Quel momento sembrava quasi irreale, qualcosa che trascendeva la ragione.**

그 순간은 거의 비현실적으로 느껴졌고, 이성을 초월한 것 같은 느낌이었습니다.

**Quando Thornton si alzò, Buck gli prese delicatamente la mano tra le fauci.**

쏜튼이 일어서자, 벅은 조심스럽게 그의 손을 턱에 쥐었다.

**Premette con i denti, poi lasciò andare lentamente e delicatamente.**

그는 이를 눌러 누른 다음 천천히 부드럽게 놓았다.

**Fu una risposta silenziosa d'amore, non detta, ma compresa.**

말로 표현한 것이 아니라 이해한 조용한 사랑의 대답이었습니다.

**Thornton si allontanò di molto dal cane e diede il segnale.**

쏜튼은 개에게서 멀리 떨어져서 신호를 보냈다.

**"Ora, Buck", disse, e Buck rispose con calma concentrata.**

"자, 벅," 그가 말했고, 벅은 집중된 침착함으로 대답했습니다.

**Buck tese le corde, poi le allentò di qualche centimetro.**

벅은 흔적을 조였다가 다시 몇 인치 정도 느슨하게 했습니다.

**Questo era il metodo che aveva imparato; il suo modo per rompere la slitta.**

이것이 그가 배운 방법이었습니다. 썰매를 부수는 방법이었습니다.

**"Caspita!" urlò Thornton, con voce acuta nel silenzio pesante.**

"이런!" 쏜튼이 무거운 침묵 속에서 날카로운 목소리로 소리쳤다.

**Buck si girò verso destra e si lanciò con tutto il suo peso.**

벅은 오른쪽으로 돌아서서 온몸의 무게를 실어 달려들었다.

**Il gioco svanì e tutta la massa di Buck colpì le timonerie strette.**

느슨한 부분이 사라지고, 벅의 몸 전체가 단단한 줄에 부딪혔다.

La slitta tremò e i pattini produssero un suono secco e scoppiettante.

썰매가 떨렸고, 주자들은 딱딱거리는 소리를 냈다.

"Haw!" ordinò Thornton, cambiando di nuovo direzione a Buck.

"하!" 쏜튼이 명령하며 벅의 방향을 다시 바꿨다.

Buck ripeté la mossa, questa volta tirando bruscamente verso sinistra.

벅은 다시 한번 움직임을 시도했고, 이번에는 왼쪽으로 급격히 방향을 틀었다.

La slitta scricchiolava più forte, i pattini schioccavano e si spostavano.

썰매는 더 큰 소리를 내며, 썰매의 주자들이 딱딱거리고 움직였다.

Il pesante carico scivolò leggermente di lato sulla neve ghiacciata.

무거운 짐이 얼어붙은 눈 위로 살짝 옆으로 미끄러졌습니다.

La slitta si era liberata dalla presa del sentiero ghiacciato!

썰매는 얼음길에서 벗어났습니다!

Gli uomini trattennero il respiro, inconsapevoli di non stare nemmeno respirando.

남자들은 자신이 숨을 쉬지 않는다는 사실조차 모른 채 숨을 참았습니다.

"Ora, TIRA!" gridò Thornton nel silenzio glaciale.

"당겨!" 쏜튼이 얼어붙은 침묵 속에서 소리쳤다.

Il comando di Thornton risuonò netto, come lo schiocco di una frusta.

쏜튼의 명령은 채찍을 휘두르는 소리처럼 날카롭게 울려 퍼졌다.

Buck si lanciò in avanti con un affondo violento e violento.

벅은 사납고 충격적인 돌진으로 몸을 앞으로 던졌습니다.

Tutto il suo corpo si irrigidì e si contrasse sotto l'enorme sforzo.

그의 몸 전체가 엄청난 부담으로 긴장되고 뭉쳐졌습니다.

**I muscoli si muovevano sotto la pelliccia come serpenti che prendevano vita.**

그의 털 아래에서 근육이 꿈틀거리는 모습이 마치 살아 움직이는 뱀 같았다.

**Il suo grande petto era basso e la testa era protesa in avanti verso la slitta.**

그의 큰 가슴은 낮게 위치하고, 머리는 썰매를 향해 뻗어 있었습니다.

**Le sue zampe si muovevano come fulmini e gli artigli fendevano il terreno ghiacciato.**

그의 발은 번개처럼 움직였고, 발톱으로 얼어붙은 땅을 갈랐다.

**I solchi erano profondi mentre lottava per ogni centimetro di trazione.**

그는 견인력을 한 인치라도 더 얻으려고 애쓰면서 홈을 깊게 파냈습니다.

**La slitta ondeggiò, tremò e cominciò a muoversi lentamente e in modo inquieto.**

썰매는 흔들리고 떨리더니 느리고 불안하게 움직이기 시작했습니다.

**Un piede scivolò e un uomo tra la folla gemette ad alta voce.**

한 발이 미끄러지자 군중 속의 한 남자가 큰 소리로 신음했습니다.

**Poi la slitta si lanciò in avanti con un movimento brusco e a scatti.**

그러자 썰매가 갑자기 거칠게 앞으로 움직였다.

**Non si fermò più: mezzo pollice...un pollice...cinque pollici in più.**

더 이상 멈추지 않았습니다. 반 인치... 한 인치... 두 인치 더.

**Gli scossoni si fecero più lievi man mano che la slitta cominciava ad acquistare velocità.**

썰매가 속도를 내면서 갑작스러운 움직임은 점점 줄어들었습니다.

**Presto Buck cominciò a tirare con una potenza fluida e uniforme.**

곧 벅은 부드럽고 고르게 굴러가는 힘으로 끌어당기기
시작했습니다.

Gli uomini sussultarono e finalmente si ricordarono di
respirare di nuovo.
남자들은 숨을 헐떡이며 마침내 다시 숨을 쉬는 법을
기억해냈습니다.

Non si erano accorti che il loro respiro si era fermato per lo
stupore.
그들은 경외심에 숨이 멎는 줄도 몰랐다.

Thornton gli corse dietro, gridando comandi brevi e allegri.
쏜튼은 짧고 쾌활한 명령을 외치며 뒤따라 달렸다.

Davanti a noi c'era una catasta di legna da ardere che
segnava la distanza.
앞에는 거리를 알려주는 장작더미가 놓여 있었습니다.

Mentre Buck si avvicinava al mucchio, gli applausi
diventavano sempre più forti.
벅이 더미에 가까워질수록 환호성은 점점 더 커졌습니다.

Gli applausi crebbero fino a diventare un boato quando
Buck superò il traguardo.
벅이 종착점을 지나자 환호성은 함성으로 커졌습니다.

Gli uomini saltarono e gridarono, perfino Matthewson
sorrise.
남자들은 놀라서 소리쳤고, 매튜슨조차도 미소를 지었다.

I cappelli volavano in aria e i guanti venivano lanciati senza
pensarci o mirare.
모자가 공중으로 날아가고, 장갑이 생각이나 목적 없이
던져졌습니다.

Gli uomini si afferrarono e si strinsero la mano senza sapere
chi.
누구인지도 모르는 남자들이 서로를 붙잡고 악수했다.

Tutta la folla era in delirio, in un tripudio di gioia e di
entusiasmo.
군중 전체가 열광적이고 즐거운 축하 분위기에 휩싸였다.

Thornton cadde in ginocchio accanto a Buck con le mani
tremanti.
쏜튼은 떨리는 손으로 벅 옆에 무릎을 꿇었다.

Premette la testa contro quella di Buck e lo scosse delicatamente avanti e indietro.

그는 자신의 머리를 벅의 머리에 가져다 대고 가볍게 앞뒤로 흔들었다.

Chi si avvicinava lo sentiva maledire il cane con amore silenzioso.

다가간 사람들은 그가 조용한 사랑으로 개를 저주하는 것을 들었습니다.

Imprecò a lungo contro Buck, con dolcezza, calore, emozione.

그는 오랫동안 벅을 향해 욕설을 퍼부었다. 부드럽고, 따뜻하게, 감정을 담아서.

"Bene, signore! Bene, signore!" esclamò di corsa il re della panchina di Skookum.

"좋아요, 선생님! 좋아, 선생님!" 스쿠컴 벤치의 왕이 황급히 소리쳤다.

"Le darò mille, anzi milleduecento, per quel cane, signore!"

"저 개 한 마리에 천 달러, 아니, 천이백 달러를 드리겠습니다, 선생님!"

Thornton si alzò lentamente in piedi, con gli occhi brillanti di emozione.

쏜튼은 천천히 일어섰고, 그의 눈은 감정으로 빛났다.

Le lacrime gli rigavano le guance senza alcuna vergogna.

그의 뺨에는 조금의 부끄러움도 없이 눈물이 줄줄 흘러내렸다.

"Signore", disse al re della panchina di Skookum, con fermezza e fermezza

그는 Skookum Bench의 왕에게 "선생님"이라고 말하며 꾸준하고 단호하게 말했습니다.

"No, signore. Può andare all'inferno, signore. Questa è la mia risposta definitiva."

"아니요, 선생님. 지옥에나 가시죠, 선생님. 이게 제 마지막 대답입니다."

Buck afferrò delicatamente la mano di Thornton tra le sue forti mascelle.

벅은 튼튼한 턱으로 쏜튼의 손을 부드럽게 잡았다.

Thornton lo scosse scherzosamente; il loro legame era più profondo che mai.

쏜튼은 장난스럽게 그를 흔들었고, 두 사람의 유대감은 그 어느 때보다 깊었다.

La folla, commossa dal momento, fece un passo indietro in silenzio.

그 순간에 감동한 군중은 조용히 뒤로 물러섰다.

Da quel momento in poi nessuno osò più interrompere un affetto così sacro.

그 이후로 그 누구도 감히 그 신성한 애정을 방해하지 못했습니다.

## Il suono della chiamata
## 부름의 소리

**Buck aveva guadagnato milleseicento dollari in cinque minuti.**
벅은 5분 만에 1,600달러를 벌었습니다.

**Il denaro permise a John Thornton di saldare alcuni dei suoi debiti.**
그 돈으로 존 손튼은 빚의 일부를 갚을 수 있었습니다.

**Con il resto del denaro si diresse verso est insieme ai suoi soci.**
그는 남은 돈을 가지고 동료들과 함께 동쪽으로 향했습니다.

**Cercarono una leggendaria miniera perduta, antica quanto il paese stesso.**
그들은 그 나라만큼이나 오래된 전설 속 잃어버린 광산을 찾았습니다.

**Molti uomini avevano cercato la miniera, ma pochi l'avevano trovata.**
많은 사람들이 광산을 찾았지만, 실제로 광산을 찾은 사람은 거의 없었습니다.

**Molti uomini erano scomparsi durante la pericolosa ricerca.**
위험한 탐색 중에 몇몇 남자가 사라졌습니다.

**Questa miniera perduta era avvolta nel mistero e nella vecchia tragedia.**
이 잃어버린 광산은 미스터리와 오래된 비극에 싸여 있었습니다.

**Nessuno sapeva chi fosse stato il primo uomo a scoprire la miniera.**
광산을 처음 발견한 사람이 누구인지는 아무도 몰랐습니다.

**Le storie più antiche non menzionano nessuno per nome.**
가장 오래된 이야기에는 누구의 이름도 언급되지 않습니다.

**Lì c'era sempre stata una vecchia capanna fatiscente.**
그곳에는 항상 낡고 허름한 오두막이 있었습니다.

I moribondi avevano giurato che vicino a quella vecchia capanna ci fosse una miniera.
죽어가는 사람들은 그 오래된 오두막 옆에 광산이 있었다고 맹세했습니다.

Hanno dimostrato le loro storie con un oro che non ha eguali altrove.
그들은 다른 어떤 곳에서도 찾을 수 없는 금으로 자신의 이야기를 증명했습니다.

Nessuna anima viva aveva mai saccheggiato il tesoro da quel luogo.
그 곳에서 보물을 약탈한 사람은 아무도 없었습니다.

I morti erano morti e i morti non raccontano storie.
죽은 자는 죽었고, 죽은 자는 아무 말도 하지 않는다.

Così Thornton e i suoi amici si diressero verso Est.
그래서 쏜튼과 그의 친구들은 동쪽으로 향했습니다.

Si unirono a noi Pete e Hans, portando con sé Buck e sei cani robusti.
피트와 한스가 벅과 힘센 개 여섯 마리를 데리고 합류했습니다.

Si avviarono lungo un sentiero sconosciuto dove altri avevano fallito.
그들은 다른 사람들이 실패한 알려지지 않은 산길로 들어섰습니다.

Percorsero in slitta settanta miglia lungo il fiume Yukon ghiacciato.
그들은 얼어붙은 유콘 강을 따라 70마일을 썰매를 타고 올라갔습니다.

Girarono a sinistra e seguirono il sentiero verso lo Stewart.
그들은 좌회전하여 스튜어트로 향하는 산길을 따라갔다.

Superarono il Mayo e il McQuestion e proseguirono oltre.
그들은 메이요 앤 맥퀘션을 지나 계속해서 전진했습니다.

Lo Stewart si restringeva fino a diventare un ruscello, infilandosi tra cime frastagliate.
스튜어트 강은 뾰족한 봉우리를 지나며 흐르는 개울처럼 줄어들었다.

Queste vette aguzze rappresentavano la spina dorsale del continente.

이 날카로운 봉우리들은 대륙의 핵심을 이루었습니다.

John Thornton pretendeva poco dagli uomini e dalla terra selvaggia.

존 손튼은 사람이나 자연에 별로 많은 것을 요구하지 않았습니다.

Non temeva nulla della natura e affrontava la natura selvaggia con disinvoltura.

그는 자연 속에서 아무것도 두려워하지 않았고, 야생에 쉽게 맞섰습니다.

Con solo del sale e un fucile poteva viaggiare dove voleva.

그는 소금과 소총만 가지고 원하는 곳 어디든 여행할 수 있었습니다.

Come gli indigeni, durante il viaggio cacciava per procurarsi il cibo.

그는 원주민들처럼 여행하면서 식량을 사냥했습니다.

Se non prendeva nulla, continuava ad andare avanti, confidando nella fortuna che lo attendeva.

아무것도 잡지 못하더라도 그는 앞으로 행운이 있을 것이라고 믿고 계속 나아갔습니다.

Durante questo lungo viaggio, la carne era l'alimento principale di cui si nutrivano.

이 긴 여정에서 그들이 주로 먹은 음식은 고기였습니다.

La slitta trasportava attrezzi e munizioni, ma non c'era un orario preciso.

썰매에는 도구와 탄약이 실려 있었지만, 엄격한 시간표는 없었습니다.

Buck amava questo vagabondare, la caccia e la pesca senza fine.

벅은 이런 방랑, 끝없는 사냥과 낚시를 좋아했습니다.

Per settimane viaggiarono senza sosta, giorno dopo giorno.

그들은 몇 주 동안 매일매일 여행을 했습니다.

Altre volte si accampavano e restavano fermi per settimane.

어떤 때는 캠프를 짓고 몇 주 동안 움직이지 않고 머물기도 했습니다.

I cani riposarono mentre gli uomini scavavano nel terreno ghiacciato.

남자들이 얼어붙은 흙을 파헤치는 동안 개들은 휴식을 취했습니다.

Scaldavano le padelle sul fuoco e cercavano l'oro nascosto.

그들은 불 위에 냄비를 올려놓고 숨겨진 금을 찾았습니다.

C'erano giorni in cui pativano la fame, altri in cui banchettavano.

어떤 날은 굶주렸고, 어떤 날은 잔치를 벌였습니다.

Il loro pasto dipendeva dalla selvaggina e dalla fortuna della caccia.

그들의 식사는 사냥감과 사냥의 행운에 달려 있었습니다.

Con l'arrivo dell'estate, uomini e cani caricavano carichi sulle spalle.

여름이 오자, 사람들과 개들은 등에 짐을 짊어졌습니다.

Fecero rafting sui laghi azzurri nascosti nelle foreste di montagna.

그들은 산림 속에 숨겨진 푸른 호수를 뗏목으로 건넜습니다.

Navigavano su imbarcazioni sottili su fiumi che nessun uomo aveva mai mappato.

그들은 아무도 지도에 표시해 본 적이 없는 강에서 가느다란 배를 타고 항해했습니다.

Quelle barche venivano costruite con gli alberi che avevano segato in natura.

그 배들은 야생에서 톱질한 나무로 만들어졌습니다.


Passarono i mesi e loro viaggiarono attraverso terre selvagge e sconosciute.

몇 달이 지났고, 그들은 알려지지 않은 광활한 땅을 지나갔습니다.

Non c'erano uomini lì, ma vecchie tracce lasciavano intendere che alcuni di loro fossero presenti.

거기에는 남자가 없었지만, 오래된 흔적으로 보아 남자가 있었던 것으로 보인다.

**Se la Capanna Perduta fosse esistita davvero, allora altre persone in passato erano passate da lì.**

만약 잃어버린 오두막이 실제로 존재한다면, 다른 사람들도 한때 이곳으로 왔을 것이다.

**Attraversavano passi alti durante le bufere di neve, anche d'estate.**

그들은 여름에도 눈보라 속에서 높은 고개를 건넜습니다.

**Rabbrividivano sotto il sole di mezzanotte sui pendii brulli delle montagne.**

그들은 벌거벗은 산비탈에서 자정의 태양 아래서 떨고 있었습니다.

**Tra il limite degli alberi e i campi di neve, salivano lentamente.**

그들은 나무가 우거진 곳과 눈밭 사이를 천천히 올라갔습니다.

**Nelle valli calde, scacciavano nuvole di moscerini e mosche.**

따뜻한 계곡에서는 그들은 모기와 파리떼를 쫓아냈습니다.

**Raccolsero bacche dolci vicino ai ghiacciai nel pieno della fioritura estiva.**

그들은 여름철 꽃이 만발한 빙하 근처에서 달콤한 열매를 따 먹었습니다.

**I fiori che trovarono erano belli quanto quelli del Southland.**

그들이 발견한 꽃은 사우스랜드의 꽃만큼이나 아름다웠습니다.

**Quell'autunno giunsero in una regione solitaria piena di laghi silenziosi.**

그해 가을, 그들은 조용한 호수가 가득한 외딴 지역에 도착했습니다.

**La terra era triste e vuota, un tempo brulicava di uccelli e animali.**

그 땅은 한때 새와 짐승이 살았지만 지금은 쓸쓸하고 텅 비어 있습니다.

**Ora non c'era più vita, solo il vento e il ghiaccio che si formava nelle pozze.**

이제는 생명은 존재하지 않았고, 오직 바람과 웅덩이에
형성되는 얼음만이 있을 뿐이었습니다.
**Le onde lambivano le rive deserte con un suono dolce e
lugubre.**
파도가 텅 빈 해안에 부드럽고 슬픈 소리를 내며
밀려왔다.


**Arrivò un altro inverno e loro seguirono di nuovo deboli e
vecchi sentieri.**
또다시 겨울이 왔고, 그들은 다시 희미하고 오래된 길을
따라갔다.
**Erano le tracce di uomini che avevano cercato molto prima di
loro.**
이것은 그들보다 훨씬 먼저 수색을 했던 사람들의
흔적이었습니다.
**Una volta trovarono un sentiero che si inoltrava nel
profondo della foresta oscura.**
그들은 어느 날 어둠의 숲 속으로 깊이 파인 길을
발견했습니다.
**Era un vecchio sentiero e sentivano che la baita perduta era
vicina.**
그곳은 오래된 산길이었고, 그들은 잃어버린 오두막이
가까이 있다고 느꼈습니다.
**Ma il sentiero non portava da nessuna parte e si perdeva nel
fitto del bosco.**
하지만 그 길은 어디로도 이어지지 않고 울창한 숲
속으로 사라졌습니다.
**Nessuno sapeva chi avesse tracciato il sentiero e perché lo
avesse fatto.**
누가 그 길을 만들었는지, 그리고 왜 만들었는지 아무도
몰랐습니다.
**Più tardi trovarono i resti di una capanna nascosta tra gli
alberi.**
나중에 그들은 나무 사이에 숨겨진 롯지의 잔해를
발견했습니다.

**Coperte marce erano sparse dove un tempo qualcuno aveva dormito.**

누군가가 잠을 잤던 곳에는 썩은 담요가 흩어져 있었습니다.

**John Thornton trovò sepolto all'interno un fucile a pietra focaia a canna lunga.**

존 손튼은 안에 묻힌 긴 총신의 화승총을 발견했습니다.

**Sapeva fin dai primi tempi che si trattava di un cannone della Hudson Bay.**

그는 초창기부터 이것이 허드슨 만의 총이라는 것을 알고 있었습니다.

**A quei tempi, tali armi venivano barattate con pile di pelli di castoro.**

그 당시에는 그런 총을 비버 가죽 몇 뭉치와 교환하곤 했습니다.

**Questo era tutto: non rimaneva alcuna traccia dell'uomo che aveva costruito la loggia.**

그게 전부였습니다. 롯지를 지은 사람에 대한 단서는 전혀 남아 있지 않았습니다.


**Arrivò di nuovo la primavera e non trovarono traccia della Capanna Perduta.**

다시 봄이 왔지만, 그들은 잃어버린 오두막의 흔적을 찾을 수 없었다.

**Invece trovarono un'ampia valle con un ruscello poco profondo.**

대신 그들은 얕은 개울이 흐르는 넓은 계곡을 발견했습니다.

**L'oro si stendeva sul fondo della pentola come burro giallo e liscio.**

냄비 바닥에는 매끈한 노란 버터처럼 금이 깔려 있었습니다.

**Si fermarono lì e non cercarono oltre la cabina.**

그들은 거기서 멈춰 서서 더 이상 오두막을 찾지 않았습니다.

Ogni giorno lavoravano e ne trovavano migliaia di pezzi in polvere d'oro.

그들은 매일 일하여 수천 개의 금가루를 발견했습니다.

Confezionarono l'oro in sacchi di pelle di alce, da cinquanta libbre ciascuno.

그들은 금을 각각 50파운드씩 무스 가죽 자루에 담아 포장했습니다.

I sacchi erano accatastati come legna da ardere fuori dal loro piccolo rifugio.

가방들은 그들의 작은 숙소 밖에 장작처럼 쌓여 있었습니다.

Lavoravano come giganti e i giorni trascorrevano veloci come sogni.

그들은 거인처럼 일했고, 하루하루는 꿈처럼 빨리 지나갔습니다.

Accumularono tesori mentre gli infiniti giorni trascorrevano rapidamente.

끝없는 나날이 빠르게 흘러가는 동안 그들은 보물을 쌓았습니다.

I cani avevano ben poco da fare, se non trasportare la carne di tanto in tanto.

개들이 할 수 있는 일은 가끔씩 고기를 끌어오는 것 외에는 별로 없었다.

Thornton cacciò e uccise la selvaggina, mentre Buck si sdraiò accanto al fuoco.

쏜튼은 사냥을 해서 사냥감을 잡았고, 벅은 불 옆에 누워 있었습니다.

Trascorse lunghe ore in silenzio, perso nei pensieri e nei ricordi.

그는 오랜 시간 침묵 속에 생각과 기억에 잠겨 있었습니다.

L'immagine dell'uomo peloso tornava sempre più spesso alla mente di Buck.

털이 많은 남자의 이미지가 벅의 마음속에 더 자주 떠올랐다.

Ora che il lavoro scarseggiava, Buck sognava mentre sbatteva le palpebre verso il fuoco.

이제 일자리가 부족해지자 벅은 불을 쳐다보며 눈을 깜빡이며 꿈을 꾸었다.

In quei sogni, Buck vagava con l'uomo in un altro mondo.

그 꿈속에서 벅은 그 남자와 함께 다른 세계를 방황했습니다.

La paura sembrava il sentimento più forte in quel mondo lontano.

두려움은 그 먼 세상에서 가장 강한 감정인 듯했다.

Buck vide l'uomo peloso dormire con la testa bassa.

벅은 털이 많은 남자가 머리를 숙인 채 잠들어 있는 것을 보았다.

Aveva le mani giunte e il suo sonno era agitato e interrotto.

그는 손을 꽉 쥐고 있었고, 잠은 불안하고 깨져 있었습니다.

Si svegliava di soprassalto e fissava il buio con timore.

그는 깜짝 놀라 깨어나 두려움에 떨며 어둠 속을 응시하곤 했습니다.

Poi aggiungeva altra legna al fuoco per mantenere viva la fiamma.

그리고 그는 불꽃을 밝게 유지하기 위해 불에 나무를 더 많이 던졌습니다.

A volte camminavano lungo una spiaggia in riva a un mare grigio e infinito.

때때로 그들은 잿빛으로 끝없이 펼쳐진 바다를 따라 해변을 따라 걸었습니다.

L'uomo peloso raccolse i frutti di mare e li mangiò mentre camminava.

털이 많은 남자는 조개류를 주워서 걸으면서 먹었습니다.

I suoi occhi cercavano sempre pericoli nascosti nell'ombra.

그의 눈은 항상 그림자 속에 숨겨진 위험을 찾았습니다.

Le sue gambe erano sempre pronte a scattare al primo segno di minaccia.

그의 다리는 언제나 위협의 첫 징후에 달려들 준비가 되어 있었습니다.

Avanzavano furtivamente nella foresta, silenziosi e cauti, uno accanto all'altro.

그들은 나란히 조용히 조심스럽게 숲을 지나갔다.

Buck lo seguì alle calcagna, ed entrambi rimasero all'erta.

벅이 그의 뒤를 따랐고, 두 사람은 모두 경계를 늦추지 않았습니다.

Le loro orecchie si muovevano e si contraevano, i loro nasi fiutavano l'aria.

그들의 귀는 꿈틀거리고 움직였고, 코는 공기를 맡았습니다.

L'uomo riusciva a sentire e ad annusare la foresta in modo altrettanto acuto quanto Buck.

그 남자는 벅만큼이나 숲의 냄새와 소리를 예리하게 들을 수 있었습니다.

L'uomo peloso si lanciò tra gli alberi a velocità improvvisa.

털이 많은 남자가 갑작스러운 속도로 나무 사이로 달려갔다.

Saltava da un ramo all'altro senza mai perdere la presa.

그는 가지에서 가지로 뛰어다니며 한 번도 놓치지 않았습니다.

Si muoveva con la stessa rapidità con cui si muoveva sopra e sopra il terreno.

그는 땅 위에서만큼 빠르게 움직였다.

Buck ricordava le lunghe notti passate sotto gli alberi a fare la guardia.

벅은 나무 아래에서 긴 밤을 보내며 경계를 지키던 때를 기억했다.

L'uomo dormiva appollaiato sui rami, aggrappandosi forte.

그 남자는 나뭇가지에 매달려 몸을 꼭 붙잡고 잠을 잤다.

Questa visione dell'uomo peloso era strettamente legata al richiamo profondo.

털이 많은 남자에 대한 이 환상은 깊은 부름과 밀접하게 연관되어 있었습니다.

Il richiamo risuonava ancora nella foresta con una forza inquietante.

그 부름은 여전히 숲 속에 잊혀지지 않을 만큼 힘차게
울려 퍼졌다.

La chiamata riempì Buck di desiderio e di un inquieto senso
di gioia.

그 전화는 벅의 마음을 그리움과 끊임없는 기쁨으로
채웠다.

Sentì strani impulsi e stimoli a cui non riusciva a dare un
nome.

그는 이름 붙일 수 없는 이상한 충동과 움직임을 느꼈다.

A volte seguiva la chiamata inoltrandosi nel silenzio dei
boschi.

때때로 그는 조용한 숲 속 깊은 곳까지 부름을 따라갔다.

Cercava il richiamo, abbaiando piano o bruscamente mentre
camminava.

그는 부름을 찾으려고 가면서 가볍게 또는 날카롭게
짖었다.

Annusò il muschio e il terreno nero dove cresceva l'erba.

그는 풀이 자라는 이끼와 검은 흙을 맡았습니다.

Sbuffò di piacere sentendo i ricchi odori della terra
profonda.

그는 깊은 땅에서 풍기는 풍부한 냄새를 즐기며 코를
킁킁거렸다.

Rimase accovacciato per ore dietro i tronchi ricoperti di
funghi.

그는 곰팡이로 뒤덮인 나무줄기 뒤에 몇 시간 동안
웅크리고 있었습니다.

Rimase immobile, ascoltando con gli occhi sgranati ogni
minimo rumore.

그는 움직이지 않고 눈을 크게 뜨고 모든 작은 소리에
귀를 기울였다.

Forse sperava di sorprendere la cosa che aveva emesso la
chiamata.

그는 전화를 건 사람을 놀라게 하고 싶었을지도 모른다.

Non sapeva perché si comportava in quel modo: lo faceva e
basta.

그는 왜 이런 행동을 했는지 몰랐지만, 그냥 그렇게
행동했을 뿐이었습니다.

**Questi impulsi provenivano dal profondo, al di là del
pensiero o della ragione.**

그런 충동은 생각이나 이성을 초월한 깊은 내면에서
나왔습니다.

**Buck fu colto da impulsi irresistibili, senza preavviso o
motivo.**

저항할 수 없는 충동이 아무런 경고나 이유 없이 벅을
사로잡았습니다.

**A volte sonnecchiava pigramente nell'accampamento, sotto
il caldo di mezzogiorno.**

그는 가끔 한낮의 더위 속에서 캠프 안에서 게으르게
졸기도 했습니다.

**All'improvviso sollevò la testa e le sue orecchie si drizzarono
in allerta.**

갑자기 그의 머리가 들려졌고 그의 귀가 솟아올랐습니다.

**Poi balzò in piedi e si lanciò nella natura selvaggia senza
fermarsi.**

그러자 그는 벌떡 일어나 잠시도 멈추지 않고 야생으로
달려 나갔다.

**Corse per ore attraverso sentieri forestali e spazi aperti.**

그는 숲길과 열린 공간을 수 시간 동안 달렸습니다.

**Amava seguire i letti asciutti dei torrenti e spiare gli uccelli
sugli alberi.**

그는 마른 개울바닥을 따라가고 나무 위에 있는 새들을
관찰하는 것을 좋아했습니다.

**Poteva restare nascosto tutto il giorno, osservando le pernici
che si pavoneggiavano in giro.**

그는 하루 종일 숨어서 참새들이 활보하는 것을 지켜볼
수도 있었습니다.

**Suonavano i tamburi e marciavano, ignari della presenza
immobile di Buck.**

그들은 벅이 아직 존재한다는 사실을 모른 채 북을 치며
행진했다.

**Ma ciò che amava di più era correre al crepuscolo estivo.**

하지만 그가 가장 좋아했던 것은 여름 황혼 무렵에
달리는 것이었습니다.

La luce fioca e i suoni assonnati della foresta lo riempivano
di gioia.

희미한 빛과 졸린 숲의 소리가 그를 기쁨으로 채웠다.

Leggeva i cartelli della foresta con la stessa chiarezza con cui
un uomo legge un libro.

그는 마치 사람이 책을 읽듯이 숲 속의 표지판을
또렷하게 읽었습니다.

E cercava sempre la strana cosa che lo chiamava.

그리고 그는 항상 자신을 부르는 이상한 것을
찾았습니다.

Quella chiamata non si è mai fermata: lo raggiungeva sia da
sveglio che nel sonno.

그 부름은 결코 멈추지 않았습니다. 깨어 있든 잠들어
있든 그 부름은 그에게 닿았습니다.


Una notte si svegliò di soprassalto, con gli occhi acuti e le
orecchie tese.

어느 날 밤, 그는 깜짝 놀라 깨어났는데, 눈은 예리하고
귀는 쫑긋 서 있었습니다.

Le sue narici si contrassero mentre la sua criniera si rizzava
in onde.

그의 콧구멍은 꿈틀거렸고 그의 갈기는 물결치듯
곤두섰다.

Dal profondo della foresta giunse di nuovo quel suono, il
vecchio richiamo.

숲 속 깊은 곳에서 다시 소리가 들렸습니다. 옛날의
부름이었습니다.

Questa volta il suono risuonò chiaro, un ululato lungo,
inquietante e familiare.

이번에는 소리가 또렷하게 들렸습니다. 길고, 잊혀지지
않고, 친숙한 울부짖음이었습니다.

Era come il verso di un husky, ma dal tono strano e
selvaggio.

그것은 허스키의 울음소리와 비슷했지만, 음색이
이상하고 거칠었습니다.

Buck riconobbe subito quel suono: lo aveva già sentito
molto tempo prima.

벅은 그 소리를 즉시 알아챘다. 그는 오래전에 그 소리를
들었던 것이다.

Attraversò con un balzo l'accampamento e scomparve
rapidamente nel bosco.

그는 캠프를 뛰어넘어 재빨리 숲 속으로 사라졌다.

Avvicinandosi al suono, rallentò e si mosse con cautela.

그는 소리가 가까워지자 속도를 늦추고 조심스럽게
움직였다.

Presto raggiunse una radura tra fitti pini.

그는 곧 울창한 소나무 사이의 개간지에 도착했습니다.

Lì, ritto sulle zampe posteriori, sedeva un lupo grigio alto e
magro.

거기, 엉덩이를 땅에 대고 똑바로 앉아 있는 키가 크고
마른 늑대가 있었습니다.

Il naso del lupo puntava verso il cielo, continuando a
riecheggiare il richiamo.

늑대의 코는 하늘을 가리키며 여전히 울음소리를 울리고
있었다.

Buck non aveva emesso alcun suono, eppure il lupo si fermò
e ascoltò.

벅은 소리를 내지 않았지만 늑대는 멈춰서서 귀를
기울였다.

Percependo qualcosa, il lupo si irrigidì e scrutò l'oscurità.

무언가를 감지한 늑대는 긴장하며 어둠 속을
탐색했습니다.

Buck si fece avanti furtivamente, con il corpo basso e i piedi
ben appoggiati al terreno.

벅이 몸을 숙이고 발은 땅에 닿은 채 조용히 다가왔다.

La sua coda era dritta e il suo corpo era teso e teso.

그의 꼬리는 곧게 뻗었고, 몸은 긴장감으로 팽팽하게
꼬여 있었습니다.

Manifestava sia un atteggiamento minaccioso che una sorta di rude amicizia.

그는 위협적인 모습과 거친 우정의 모습을 동시에 보였다.

Era il saluto cauto tipico delle bestie selvatiche.

그것은 야생 동물이 나누는 조심스러운 인사였습니다.

Ma il lupo si voltò e fuggì non appena vide Buck.

하지만 늑대는 벅을 보자마자 돌아서 도망갔습니다.

Buck si lanciò all'inseguimento, saltando selvaggiamente, desideroso di raggiungerlo.

벅은 맹렬하게 뛰어올라 그것을 따라잡으려고 달려들었다.

Seguì il lupo in un ruscello secco bloccato da un ingorgo di tronchi.

그는 늑대를 따라 나무가 막혀 있는 마른 개울로 들어갔다.

Messo alle strette, il lupo si voltò e rimase fermo.

궁지에 몰린 늑대는 돌아서서 그 자리에 섰다.

Il lupo ringhiò e schioccò i denti come un husky intrappolato in una rissa.

늑대는 싸움에 갇힌 허스키 개처럼 으르렁거리고 딱딱거렸다.

I denti del lupo schioccarono rapidamente e il suo corpo si irrigidì per la furia selvaggia.

늑대의 이빨이 빠르게 딱딱 부딪혔고, 늑대의 몸은 격렬한 분노로 가득 찼습니다.

Buck non attaccò, ma girò intorno al lupo con attenta cordialità.

벅은 공격하지 않고 조심스럽고 친근하게 늑대 주위를 돌았습니다.

Cercò di bloccargli la fuga con movimenti lenti e innocui.

그는 느리고 무해한 움직임으로 탈출을 막으려고 했습니다.

Il lupo era cauto e spaventato: Buck lo superava di peso tre volte.

늑대는 경계심과 두려움을 느꼈습니다. 벅은 늑대보다 세
배나 더 무거웠습니다.

La testa del lupo arrivava a malapena all'altezza della spalla
massiccia di Buck.

늑대의 머리는 벅의 거대한 어깨에 간신히 닿았습니다.

Il lupo, attento a individuare un varco, si lanciò e
l'inseguimento ricominciò.

늑대는 틈을 노리고 달려갔고 추격은 다시
시작되었습니다.

Buck lo mise alle strette più volte e la danza si ripeté.

벅은 여러 번 그를 몰아붙였고, 춤은 반복되었다.

Il lupo era magro e debole, altrimenti Buck non avrebbe
potuto catturarlo.

늑대는 마르고 약했기 때문에 벅이 그를 잡을 수 없었을
것이다.

Ogni volta che Buck si avvicinava, il lupo si girava di scatto
e lo affrontava spaventato.

벅이 다가갈 때마다 늑대는 돌아서서 두려움에 휩싸여
그를 마주 보았다.

Poi, alla prima occasione, si precipitò di nuovo nel bosco.

그러다가 기회가 생기자마자 그는 다시 숲으로 달려갔다.

Ma Buck non si arrese e alla fine il lupo imparò a fidarsi di
lui.

하지만 벅은 포기하지 않았고, 마침내 늑대는 그를
신뢰하게 되었습니다.

Annusò il naso di Buck e i due diventarono giocosi e attenti.

그는 벅의 코를 맡았고, 두 사람은 장난기 넘치고
경계심을 갖게 되었다.

Giocavano come animali selvaggi, feroci ma timidi nella loro
gioia.

그들은 야생 동물처럼 놀았고, 기쁨 속에서는
사나우면서도 수줍어했습니다.

Dopo un po' il lupo trotterellò via con calma e decisione.

얼마 후, 늑대는 차분한 마음으로 달려갔습니다.

Dimostrò chiaramente a Buck che intendeva essere seguito.

그는 벅에게 자신이 따라와야 한다는 것을 분명히
보여주었습니다.

Correvano fianco a fianco nel buio della sera.

그들은 황혼의 어둠 속을 나란히 달렸다.

Seguirono il letto del torrente fino alla gola rocciosa.

그들은 개울바닥을 따라 바위 협곡으로 올라갔습니다.

Attraversarono un freddo spartiacque nel punto in cui aveva
avuto origine il fiume.

그들은 개울이 시작되는 차가운 분수령을 건넜습니다.

Sul pendio più lontano trovarono un'ampia foresta e molti
corsi d'acqua.

저 멀리 있는 경사지에는 넓은 숲과 많은 개울이
있었습니다.

Corsero per ore senza fermarsi attraverso quella terra
immensa.

그들은 이 광활한 땅을 몇 시간 동안 멈추지 않고
달렸습니다.

Il sole saliva sempre più alto, l'aria si faceva calda, ma loro
continuavano a correre.

태양은 더 높이 떠올랐고, 공기는 따뜻해졌지만 그들은
계속 달렸습니다.

Buck era pieno di gioia: sapeva di aver risposto alla sua
chiamata.

벅은 기쁨으로 가득 찼습니다. 그는 자신이 부름에
응답했다는 것을 알았습니다.

Corse accanto al fratello della foresta, più vicino alla fonte
della chiamata.

그는 숲 속의 형제 옆으로 달려가, 부름의 근원에 더
가까이 다가갔다.

I vecchi sentimenti ritornano, potenti e difficili da ignorare.

옛날의 감정이 돌아왔고, 그 감정은 강렬해서 무시하기
어려웠다.

Queste erano le verità nascoste nei ricordi dei suoi sogni.

이것이 그의 꿈 속 기억 속에 담긴 진실이었습니다.

Tutto questo lo aveva già fatto in un mondo lontano e
oscuro.

그는 이 모든 일을 먼 어두운 세상에서 이미 행한 적이
있었습니다.

Questa volta lo fece di nuovo, scatenandosi con il cielo
aperto sopra di lui.

그는 이번에도 똑같은 짓을 반복하며, 머리 위의 열린
하늘을 마음껏 날아다녔습니다.

Si fermarono presso un ruscello per bere l'acqua fredda che
scorreva.

그들은 차갑게 흐르는 물을 마시기 위해 개울가에
멈췄다.

Mentre beveva, Buck si ricordò improvvisamente di John
Thornton.

그는 술을 마시던 중 갑자기 존 손튼을 떠올렸다.

Si sedette in silenzio, lacerato dal sentimento di lealtà e
dalla chiamata.

그는 충성심과 부름에 대한 갈등 속에서 침묵 속에
앉았습니다.

Il lupo continuò a trottare, ma tornò indietro per incitare
Buck ad andare avanti.

늑대는 계속 달렸지만, 돌아와서 벅을 앞으로
재촉했습니다.

Gli annusò il naso e cercò di convincerlo con gesti gentili.

그는 코를 킁킁거리며 부드러운 몸짓으로 그를 달래려고
노력했다.

Ma Buck si voltò e riprese a tornare indietro per la strada da
cui era venuto.

하지만 벅은 돌아서서 온 길로 돌아갔습니다.

Il lupo gli corse accanto per molto tempo, guaindo piano.

늑대는 오랫동안 그의 옆을 따라 달리며 조용히
낑낑거렸다.

Poi si sedette, alzò il naso ed emise un lungo ululato.

그러고 나서 그는 앉아서 코를 들어올리고 길게
울부짖었다.

Era un grido lugubre, che si addolcì mentre Buck si
allontanava.

그것은 애절한 울음소리였지만, 벅이 걸어가면서 그
울음소리는 부드러워졌습니다.

Buck ascoltò mentre il suono del grido svaniva lentamente
nel silenzio della foresta.

벅은 울음소리가 숲의 고요함 속으로 천천히 사라지는
것을 들었다.

John Thornton stava cenando quando Buck irruppe
nell'accampamento.

존 손튼이 저녁을 먹고 있을 때 벅이 캠프로 뛰어
들어왔습니다.

Buck gli saltò addosso selvaggiamente, leccandolo,
mordendolo e facendolo rotolare.

벅은 그에게 달려들어 핥고, 물고, 넘어뜨렸습니다.

Lo fece cadere, gli saltò sopra e gli baciò il viso.

그는 그를 쓰러뜨리고 그 위로 기어올라가 그의 얼굴에
키스했습니다.

Thornton lo definì con affetto "fare il buffone".

손튼은 이를 애정을 담아 "일반 바보 놀이"라고
불렀습니다.

Nel frattempo, imprecava dolcemente contro Buck e lo
scuoteva avanti e indietro.

그러는 동안 그는 벅을 부드럽게 저주하며 앞뒤로
흔들었다.

Per due interi giorni e due notti, Buck non lasciò
l'accampamento nemmeno una volta.

이틀 밤낮으로 벅은 캠프를 한 번도 떠나지 않았습니다.

Si teneva vicino a Thornton e non lo perdeva mai di vista.

그는 쏜튼과 가까이 지내며 그를 시야에서 벗어나지 않게
했습니다.

Lo seguiva mentre lavorava e lo osservava mentre mangiava.

그는 그가 일하는 모습을 따라갔고, 그가 식사하는
모습을 지켜보았습니다.

Di notte vedeva Thornton avvolto nelle sue coperte e ogni
mattina lo vedeva uscire.

그는 밤에는 쏜튼이 담요를 뒤집어쓰고, 아침에는 그가
담요를 뒤집어쓰고 있는 것을 보았습니다.

Ma presto il richiamo della foresta ritornò, più forte che mai.
하지만 곧 숲의 부름이 예전보다 더 크게 돌아왔습니다.

Buck si sentì di nuovo irrequieto, agitato dal pensiero del lupo selvatico.
벅은 야생 늑대에 대한 생각에 다시 불안해졌습니다.

Ricordava la terra aperta e le corse fianco a fianco.
그는 넓은 땅과 나란히 달리는 것을 기억했습니다.

Ricominciò a vagare nella foresta, solo e vigile.
그는 다시 한번 혼자서 정신을 차리고 숲속으로 들어가기 시작했습니다.

Ma il fratello selvaggio non tornò e l'ululato non fu udito.
그러나 야생의 형제는 돌아오지 않았고, 울부짖음도 들리지 않았습니다.

Buck cominciò a dormire all'aperto, restando lontano anche per giorni interi.
벅은 밖에서 자기 시작했고, 며칠씩이나 밖에 나가지 않았습니다.

Una volta attraversò l'alto spartiacque dove aveva origine il torrente.
그는 개울이 시작되는 높은 분수령을 건넜습니다.

Entrò nella terra degli alberi scuri e dei grandi corsi d'acqua.
그는 어두운 숲과 넓게 흐르는 개울이 있는 땅에 들어갔습니다.

Vagò per una settimana alla ricerca di tracce del fratello selvaggio.
그는 일주일 동안 야생 형제의 흔적을 찾아 돌아다녔습니다.

Uccideva la propria carne e viaggiava a passi lunghi e instancabili.
그는 스스로 고기를 잡고, 지치지 않고 긴 걸음걸이로 여행을 했습니다.

Pescò salmoni in un ampio fiume che arrivava fino al mare.
그는 바다로 이어지는 넓은 강에서 연어를 낚았습니다.

Lì lottò e uccise un orso nero reso pazzo dagli insetti.
그곳에서 그는 벌레에 미쳐버린 검은곰과 싸워서 죽였습니다.

L'orso stava pescando e corse alla cieca tra gli alberi.

곰은 낚시를 하던 중 나무 사이로 눈을 감고 달려갔다.

La battaglia fu feroce e risvegliò il profondo spirito combattivo di Buck.

그 전투는 치열했고, 벅의 깊은 투지를 일깨웠습니다.

Due giorni dopo, Buck tornò e trovò dei ghiottoni nei pressi della sua preda.

이틀 후, 벅은 자신이 죽인 사냥감에 울버린이 있는 것을 발견했습니다.

Una dozzina di loro litigarono furiosamente e rumorosamente per la carne.

그들 중 12명이 고기를 놓고 시끄럽고 분노하며 싸웠다.

Buck caricò e li disperse come foglie al vento.

벅은 달려들어 바람에 날리는 나뭇잎처럼 그들을 흩어버렸다.

Due lupi rimasero indietro: silenziosi, senza vita e immobili per sempre.

두 마리의 늑대가 뒤에 남았습니다. 영원히 조용하고, 생명이 없고, 움직이지 않았습니다.

La sete di sangue divenne più forte che mai.

피에 대한 갈증은 그 어느 때보다 강해졌습니다.

Buck era un cacciatore, un assassino, che si nutriva di creature viventi.

벅은 사냥꾼이자 살인자였으며, 살아있는 생물을 잡아먹었습니다.

Sopravvisse da solo, affidandosi alla sua forza e ai suoi sensi acuti.

그는 자신의 힘과 예리한 감각에 의지해 혼자 살아남았습니다.

Prosperava nella natura selvaggia, dove solo i più forti potevano sopravvivere.

그는 강인한 사람만이 살 수 있는 야생에서 잘 살았습니다.

Da ciò nacque un grande orgoglio che riempì tutto l'essere di Buck.

그러자 큰 자부심이 솟아올라 벅의 온 존재를 가득
채웠다.

**Il suo orgoglio traspariva da ogni passo, dal fremito di ogni muscolo.**

그의 자부심은 그의 모든 발걸음과 근육의 움직임에서
드러났습니다.

**Il suo orgoglio era evidente, come si vedeva dal suo comportamento.**

그의 자존심은 말에서처럼 분명했고, 그가 행동하는
방식에서도 드러났다.

**Persino il suo spesso mantello appariva più maestoso e splendeva di più.**

그의 두꺼운 털도 더욱 위엄 있어 보였고, 더욱 밝게
빛났다.

**Buck avrebbe potuto essere scambiato per un lupo grigio gigante.**

벅은 거대한 목재늑대로 오해받을 수도 있었습니다.

**A parte il marrone sul muso e le macchie sopra gli occhi.**

주둥이의 갈색과 눈 위의 반점을 제외하고요.

**E la striscia bianca di pelo che gli correva lungo il centro del petto.**

그리고 그의 가슴 중앙을 따라 흘러내리는 흰 털줄기.

**Era addirittura più grande del più grande lupo di quella feroce razza.**

그는 그 사나운 늑대 중에서도 가장 큰 늑대보다도 더
컸습니다.

**Suo padre, un San Bernardo, gli ha trasmesso la stazza e la corporatura robusta.**

그의 아버지는 세인트 버나드 종으로, 그에게 크고
튼튼한 체구를 물려주었습니다.

**Sua madre, una pastorella, plasmò quella mole conferendole la forma di un lupo.**

그의 어머니는 양치기였는데, 그 덩어리를 늑대 모양으로
만들었습니다.

**Aveva il muso lungo di un lupo, anche se più pesante e largo.**

그는 늑대처럼 긴 주둥이를 가지고 있었지만, 늑대보다 무겁고 넓었습니다.

**La sua testa era quella di un lupo, ma di dimensioni enormi e maestose.**

그의 머리는 늑대의 머리였지만, 그 규모는 엄청나고 위엄이 넘쳤습니다.

**L'astuzia di Buck era l'astuzia del lupo e della natura selvaggia.**

벅의 교활함은 늑대의 교활함과 야생의 교활함이었다.

**La sua intelligenza gli venne sia dal Pastore Tedesco che dal San Bernardo.**

그의 지능은 저먼 셰퍼드와 세인트 버나드에게서 나왔습니다.

**Tutto ciò, unito alla dura esperienza, lo rese una creatura temibile.**

이 모든 것과 혹독한 경험 때문에 그는 무서운 존재가 되었습니다.

**Era formidabile quanto qualsiasi animale che vagasse nelle terre selvagge del nord.**

그는 북부 황야를 돌아다니는 어떤 짐승보다도 강력했습니다.

**Nutrendosi solo di carne, Buck raggiunse l'apice della sua forza.**

오직 고기만 먹고 사는 벅은 자신의 힘의 정점에 도달했습니다.

**Trasudava potenza e forza maschile in ogni fibra del suo corpo.**

그는 온몸에 힘과 남성적 강인함이 넘쳐흘렀습니다.

**Quando Thornton gli accarezzò la schiena, i peli brillarono di energia.**

쏜튼이 그의 등을 쓰다듬자, 그의 털에서 에너지가 솟아올랐다.

**Ogni capello scricchiolava, carico del tocco di un magnetismo vivente.**

각각의 머리카락이 딱딱거렸고, 살아있는 자기력으로 충전된 듯했다.

Il suo corpo e il suo cervello erano sintonizzati sulla tonalità più fine possibile.

그의 몸과 두뇌는 가능한 가장 좋은 음정으로 조정되었습니다.

Ogni nervo, ogni fibra e ogni muscolo lavoravano in perfetta armonia.

모든 신경, 섬유, 근육이 완벽한 조화를 이루며 작동했습니다.

A qualsiasi suono o visione che richiedesse un intervento, rispondeva immediatamente.

행동이 필요한 소리나 광경에 그는 즉시 반응했습니다.

Se un husky saltava per attaccare, Buck poteva saltare due volte più velocemente.

허스키가 공격하려고 뛰어들면, 벅은 두 배나 빨리 뛰어오를 수 있었습니다.

Reagì più rapidamente di quanto gli altri potessero vedere o sentire.

그는 다른 사람들이 보거나 들을 수 있는 것보다 더 빠르게 반응했습니다.

Percezione, decisione e azione avvennero tutte in un unico, fluido istante.

인식, 결정, 행동이 모두 한 순간에 이루어졌습니다.

In realtà si tratta di atti separati, ma troppo rapidi per essere notati.

사실, 이 두 가지 행위는 별개였지만 너무 빨리 진행되어 알아차리지 못했습니다.

Gli intervalli tra questi atti erano così brevi che sembravano uno solo.

이 두 행위 사이의 간격이 너무 짧아서 마치 하나가 된 것처럼 보였습니다.

I suoi muscoli e il suo essere erano come molle strettamente avvolte.

그의 근육과 존재는 단단히 꼬인 스프링과 같았습니다.

Il suo corpo traboccava di vita, selvaggia e gioiosa nella sua potenza.

그의 몸은 활력으로 솟구쳐 올랐고, 그 힘은 거칠고
즐거웠다.

A volte aveva la sensazione che la forza stesse per esplodere
completamente dentro di lui.

때때로 그는 힘이 자신에게서 완전히 터져 나올 것 같은
느낌을 받았습니다.

"Non c'è mai stato un cane simile", disse Thornton un giorno
tranquillo.

"그런 개는 결코 없었어." 쏜튼은 어느 조용한 날 이렇게
말했다.

I soci osservarono Buck uscire fiero dall'accampamento.

두 사람은 벅이 캠프에서 당당하게 걸어나오는 모습을
지켜보았다.

"Quando è stato creato, ha cambiato il modo in cui un cane
può essere", ha detto Pete.

피트는 "그가 만들어졌을 때, 개가 될 수 있는 모습이
바뀌었어요."라고 말했습니다.

"Per Dio! Lo penso anch'io", concordò subito Hans.

"맙소사! 나도 그렇게 생각해." 한스가 재빨리 동의했다.

Lo videro allontanarsi, ma non il cambiamento che avvenne
dopo.

그들은 그가 행진하는 모습은 보았지만, 그 후에 일어난
변화는 보지 못했습니다.

Non appena entrò nel bosco, Buck si trasformò
completamente.

숲에 들어서자마자 벅은 완전히 변했습니다.

Non marciava più, ma si muoveva come uno spettro
selvaggio tra gli alberi.

그는 더 이상 행진하지 않고, 나무 사이를 야생 유령처럼
움직였다.

Divenne silenzioso, come un gatto, un bagliore che
attraversava le ombre.

그는 조용해졌고, 고양이발처럼 움직이며 그림자 속으로
스쳐 지나가는 깜빡임이 되었다.

Usava la copertura con abilità, strisciando sulla pancia come
un serpente.

그는 능숙하게 엄폐물을 사용했고, 뱀처럼 배를
기어다녔습니다.

**E come un serpente, sapeva balzare in avanti e colpire in
silenzio.**

그리고 뱀처럼 그는 앞으로 뛰어올라 소리 없이 공격할
수 있었습니다.

**Potrebbe rubare una pernice bianca direttamente dal suo
nido nascosto.**

그는 숨겨진 둥지에서 뇌조를 바로 훔칠 수도
있었습니다.

**Uccideva i conigli addormentati senza emettere alcun suono.**

그는 잠자는 토끼들을 소리 하나 내지 않고 죽였습니다.

**Riusciva a catturare gli scoiattoli a mezz'aria anche se
fuggivano troppo lentamente.**

그는 다람쥐들이 너무 느리게 도망가기 때문에 공중에서
그들을 잡을 수 있었습니다.

**Nemmeno i pesci nelle pozze riuscivano a sfuggire ai suoi
attacchi improvvisi.**

심지어 연못 속의 물고기조차도 그의 갑작스러운 공격을
피할 수 없었다.

**Nemmeno i furbi castori impegnati a riparare le dighe erano
al sicuro da lui.**

댐을 고치는 똑똑한 비버조차도 그에게서 안전하지
못했습니다.

**Uccideva per nutrirsi, non per divertirsi, ma preferiva
uccidere le proprie vittime.**

그는 재미로가 아니라 음식을 위해 살인을 저질렀지만,
자신이 죽인 것이 가장 좋았다.

**Eppure, un umorismo subdolo permeava alcune delle sue
cacce silenziose.**

그럼에도 불구하고 그의 조용한 사냥에는 교활한 유머가
흐르고 있었습니다.

**Si avvicinò furtivamente agli scoiattoli, solo per lasciarli
scappare.**

그는 다람쥐에게 가까이 다가갔지만 다람쥐가
도망가도록 내버려 두었습니다.

Stavano per fuggire tra gli alberi, chiacchierando con rabbia e paura.

그들은 두려움과 분노에 찬 소리를 지르며 나무 위로 도망갈 참이었다.

Con l'arrivo dell'autunno, le alci cominciarono ad apparire in numero maggiore.

가을이 오면서 무스가 더 많이 나타나기 시작했습니다.

Si spostarono lentamente verso le basse valli per affrontare l'inverno.

그들은 겨울을 맞이하기 위해 천천히 낮은 계곡으로 이동했습니다.

Buck aveva già abbattuto un giovane vitello randagio.

벅은 이미 어린 길 잃은 송아지 한 마리를 잡아왔다.

Ma lui desiderava ardentemente affrontare prede più grandi e pericolose.

하지만 그는 더 크고 더 위험한 먹잇감에 맞서고 싶어했습니다.

Un giorno, sul crinale, alla sorgente del torrente, trovò la sua occasione.

어느 날 분수령에서, 개울의 상류에서 그는 기회를 찾았습니다.

Una mandria di venti alci era giunta da terre boscose.

20마리의 무스 무리가 숲에서 건너왔습니다.

Tra loro c'era un possente toro, il capo del gruppo.

그들 중에는 힘센 황소가 있었는데, 그는 그 무리의 리더였다.

Il toro era alto più di due metri e mezzo e appariva feroce e selvaggio.

그 황소는 키가 6피트가 넘었고 사납고 거칠어 보였습니다.

Lanciò le sue grandi corna, le cui quattordici punte si diramavano verso l'esterno.

그는 넓은 뿔을 흔들었고, 뿔의 14개가 바깥쪽으로 갈라졌습니다.

Le punte di quelle corna si estendevano per due metri.

뿔의 끝은 너비가 7피트나 되었습니다.

I suoi piccoli occhi ardevano di rabbia quando vide Buck lì vicino.

그는 근처에 벅이 있는 것을 보고 작은 눈으로 분노를 표했다.

Emise un ruggito furioso, tremando di rabbia e dolore.

그는 격노와 고통으로 떨면서 맹렬한 포효를 터뜨렸다.

Vicino al suo fianco spuntava la punta di una freccia, appuntita e piumata.

그의 옆구리 근처에는 깃털이 돋아 있고 날카로운 화살촉이 튀어나와 있었다.

Questa ferita contribuì a spiegare il suo umore selvaggio e amareggiato.

이 상처는 그의 사나운, 씁쓸한 기분을 설명하는 데 도움이 되었습니다.

Buck, guidato dall'antico istinto di caccia, fece la sua mossa.

벅은 고대의 사냥 본능에 따라 움직였다.

Il suo obiettivo era separare il toro dal resto della mandria.

그는 황소를 무리의 나머지 부분에서 분리하는 것을 목표로 삼았습니다.

Non era un compito facile: richiedeva velocità e una grande astuzia.

이것은 쉬운 일이 아니었습니다. 빠른 속도와 엄청난 재치가 필요했습니다.

Abbaiava e danzava vicino al toro, appena fuori dalla sua portata.

그는 황소 근처로 짖으며 춤을 추었지만, 황소의 사정거리 바로 바깥에 있었습니다.

L'alce si lanciò con enormi zoccoli e corna mortali.

무스는 거대한 발굽과 치명적인 뿔로 달려들었다.

Un colpo avrebbe potuto porre fine alla vita di Buck in un batter d'occhio.

한 번의 타격만으로도 벅의 생명은 눈 깜짝할 새에 끝날 수 있었습니다.

Incapace di abbandonare la minaccia, il toro si infuriò.

위협에서 벗어날 수 없었던 황소는 미쳐버렸다.

Lui caricava con furia, ma Buck riusciva sempre a sfuggirgli.

그는 격노하여 돌격했지만 벅은 언제나 도망쳤다.

**Buck finse di essere debole, allontanandosi ulteriormente dalla mandria.**

벅은 약한 척하며 무리에서 멀어졌습니다.

**Ma i giovani tori sarebbero tornati alla carica per proteggere il capo.**

하지만 어린 황소들은 지도자를 보호하기 위해 돌격해 왔습니다.

**Costrinsero Buck a ritirarsi e il toro a ricongiungersi al gruppo.**

그들은 벅을 후퇴하게 했고 황소는 무리에 다시 합류했습니다.

**C'è una pazienza nella natura selvaggia, profonda e inarrestabile.**

자연에는 깊고 멈출 수 없는 인내심이 있습니다.

**Un ragno resta immobile nella sua tela per innumerevoli ore.**

거미는 수없이 많은 시간 동안 거미줄 속에서 움직이지 않고 기다린다.

**Un serpente si avvolge su se stesso senza contrarsi e aspetta il momento giusto.**

뱀은 꿈틀거리지 않고 똬리를 틀며 때가 될 때까지 기다린다.

**Una pantera è in agguato, finché non arriva il momento.**

표범은 매복 공격을 하지만, 때가 되면 매복 공격을 합니다.

**Questa è la pazienza dei predatori che cacciano per sopravvivere.**

이것이 살아남기 위해 사냥하는 포식자의 인내심입니다.

**La stessa pazienza ardeva dentro Buck mentre gli restava accanto.**

벅은 가까이 머물면서 그와 같은 인내심을 불태웠다.

**Rimase vicino alla mandria, rallentandone la marcia e incutendo timore.**

그는 무리 근처에 머물며 무리의 행진을 늦추고 두려움을 조장했습니다.

**Provocava i giovani tori e molestava le mucche madri.**

그는 어린 황소들을 놀리고, 어미 암소들을 괴롭혔다.

Spinse il toro ferito in una rabbia ancora più profonda e impotente.

그는 상처 입은 황소를 더욱 깊고 무력한 분노 속으로 몰아넣었다.

Per mezza giornata il combattimento si trascinò senza alcuna tregua.

반나절 동안 싸움은 쉬지 않고 계속되었습니다.

Buck attaccò da ogni angolazione, veloce e feroce come il vento.

벅은 모든 각도에서 바람처럼 빠르고 맹렬하게 공격했다.

Impedì al toro di riposare o di nascondersi con la mandria.

그는 황소가 쉬거나 무리 속에 숨는 것을 막았습니다.

Buck logorò la volontà dell'alce più velocemente del suo corpo.

벅은 무스의 몸보다 더 빨리 무스의 의지를 꺾어버렸다.

Il giorno passò e il sole tramontò basso nel cielo a nord-ovest.

하루가 지나고 태양이 북서쪽 하늘에 낮게 졌습니다.

I giovani tori tornarono più lentamente per aiutare il loro capo.

어린 황소들은 지도자를 돕기 위해 더 천천히 돌아왔습니다.

Erano tornate le notti autunnali e il buio durava ormai sei ore.

가을밤이 돌아왔고, 어둠은 이제 여섯 시간 동안 지속되었습니다.

L'inverno li spingeva verso valli più sicure e calde.

겨울은 그들을 더 안전하고 따뜻한 계곡으로 내리막길로 몰아넣었습니다.

Ma non riuscirono comunque a sfuggire al cacciatore che li tratteneva.

하지만 그들은 여전히 그들을 붙잡고 있는 사냥꾼에게서 벗어날 수 없었습니다.

Era in gioco solo una vita: non quella del branco, ma quella del loro capo.

위험에 처한 것은 단 한 명의 목숨뿐이었다. 무리의
목숨이 아니라, 그들의 지도자의 목숨이었다.

Ciò rendeva la minaccia lontana e non una loro
preoccupazione urgente.
그래서 그들은 위협을 멀리하는 것으로 여겼고, 그
위협을 시급한 문제로 여기지 않았습니다.

Col tempo accettarono questo prezzo e lasciarono che Buck
prendesse il vecchio toro.
시간이 지나면서 그들은 이 비용을 받아들이고 벅이 늙은
황소를 맡게 했습니다.

Mentre calava il crepuscolo, il vecchio toro rimase in piedi
con la testa bassa.
황혼이 깃들자 늙은 황소는 머리를 숙인 채 서
있었습니다.

Guardò la mandria che aveva guidato svanire nella luce
morente.
그는 자신이 이끌던 무리가 희미해지는 빛 속으로
사라지는 것을 지켜보았습니다.

C'erano mucche che aveva conosciuto, vitelli che un tempo
aveva generato.
그가 아는 소도 있었고, 한때 낳은 송아지도 있었습니다.

C'erano tori più giovani con cui aveva combattuto e che
aveva dominato nelle stagioni passate.
그는 지난 시즌에 더 어린 황소들과 싸워서
다스렸습니다.

Non poteva seguirli, perché davanti a lui era di nuovo
accovacciato Buck.
그는 그들을 따라갈 수 없었다. 그의 앞에는 벅이 다시
웅크리고 있었기 때문이다.

Il terrore spietato e zannuto gli bloccava ogni via che potesse
percorrere.
무자비한 송곳니를 가진 공포가 그가 갈 수 있는 모든
길을 막았습니다.

Il toro pesava più di trecento chili di potenza densa.
그 황소는 300파운드 이상의 무거운 힘을 가지고
있었습니다.

Aveva vissuto a lungo e lottato duramente in un mondo di difficoltà.

그는 오랫동안 살았고, 투쟁의 세상에서 힘겹게 싸웠습니다.

Eppure, alla fine, la morte gli venne commessa da una bestia molto più bassa di lui.

하지만 이제, 마지막에 이르러 죽음은 그의 훨씬 아래에 있는 짐승에게서 왔습니다.

La testa di Buck non arrivò nemmeno alle enormi ginocchia noccate del toro.

벅의 머리는 황소의 거대한 무릎에도 미치지 못했습니다.

Da quel momento in poi, Buck rimase con il toro notte e giorno.

그 순간부터 벅은 밤낮으로 황소와 함께 지냈습니다.

Non gli dava mai tregua, non gli permetteva mai di brucare o bere.

그는 그에게 결코 휴식을 주지 않았고, 방목하거나 물을 마시는 것도 허락하지 않았습니다.

Il toro cercò di mangiare giovani germogli di betulla e foglie di salice.

황소는 어린 자작나무 새순과 버드나무 잎을 먹으려고 했습니다.

Ma Buck lo scacciò, sempre all'erta e sempre all'attacco.

하지만 벅은 그를 몰아냈고, 항상 경계하며 항상 공격했습니다.

Anche nei torrenti che scorrevano, Buck bloccava ogni assetato tentativo.

심지어 졸졸 흐르는 시냇물에서도 벅은 목마른 사람들의 모든 시도를 막았습니다.

A volte, in preda alla disperazione, il toro fuggiva a tutta velocità.

때로는 절망에 빠진 황소는 전속력으로 도망치기도 했습니다.

Buck lo lasciò correre, avanzando tranquillamente dietro di lui, senza mai allontanarsi troppo.

벅은 그가 달리도록 내버려 두었고, 그의 바로 뒤에서
침착하게 달렸으며, 결코 멀리 떨어지지 않았습니다.

**Quando l'alce si fermò, Buck si sdraiò, ma rimase pronto.**
무스가 멈추자 벅은 누워 있었지만 준비를 갖추고
있었습니다.

**Se il toro provava a mangiare o a bere, Buck colpiva con tutta
la sua furia.**
황소가 먹거나 마시려고 하면 벅은 맹렬한 분노로
공격했습니다.

**La grande testa del toro si abbassava sotto le enormi corna.**
황소의 커다란 머리는 거대한 뿔 아래로 처져
있었습니다.

**Il suo passo rallentò, il trotto divenne pesante, un'andatura
barcollante.**
그의 걸음은 느려졌고, 질주는 무거워졌다. 비틀거리는
걸음걸이였다.

**Spesso restava immobile con le orecchie abbassate e il naso
rivolto verso il terreno.**
그는 종종 귀를 늘어뜨리고 코를 땅에 대고 서
있었습니다.

**In quei momenti Buck si prese del tempo per bere e riposare.**
그 시간 동안 벅은 술을 마시고 휴식을 취했습니다.

**Con la lingua fuori e gli occhi fissi, Buck sentì che la terra
stava cambiando.**
혀를 내밀고 눈을 고정한 채, 벅은 땅이 변하고 있음을
느꼈다.

**Sentì qualcosa di nuovo muoversi nella foresta e nel cielo.**
그는 숲과 하늘을 가로질러 새로운 무언가가 움직이는
것을 느꼈습니다.

**Con il ritorno delle alci tornarono anche altre creature
selvatiche.**
무스가 돌아오자 다른 야생 동물들도 돌아왔습니다.

**La terra sembrava viva di una presenza invisibile ma
fortemente nota.**
그 땅은 눈에 보이지 않지만 뚜렷하게 알려진 존재감으로
살아 있는 듯했다.

Buck non lo sapeva tramite l'udito, la vista o l'olfatto.

벅은 소리나 시각이나 후각으로 그것을 알지 못했습니다.

Un sentimento più profondo gli diceva che nuove forze erano in movimento.

더 깊은 감각은 새로운 세력이 움직이고 있다고 그에게 말했습니다.

Una strana vita si agitava nei boschi e lungo i corsi d'acqua.

숲과 개울을 따라 이상한 생명이 움직였다.

Decise di esplorare questo spirito una volta completata la caccia.

그는 사냥이 끝난 후 이 영혼을 탐구하기로 결심했습니다.

Il quarto giorno, Buck riuscì finalmente a catturare l'alce.

네 번째 날, 벅은 마침내 무스를 내려왔습니다.

Rimase nei pressi della preda per un giorno e una notte interi, nutrendosi e riposandosi.

그는 하루 종일 밤새도록 사냥한 사슴 곁에 머물며 먹이를 먹고 쉬었습니다.

Mangiò, poi dormì, poi mangiò ancora, finché non fu forte e sazio.

그는 먹고, 자고, 다시 먹었는데, 그렇게 몸이 튼튼하고 배부르게 되었다.

Quando fu pronto, tornò indietro verso l'accampamento e Thornton.

준비가 되자 그는 캠프와 손튼 쪽으로 돌아섰습니다.

Con passo costante iniziò il lungo viaggio di ritorno verso casa.

그는 꾸준한 속도로 집으로 돌아가는 긴 여정을 시작했습니다.

Correva con la sua andatura instancabile, ora dopo ora, senza mai smarrirsi.

그는 지칠 줄 모르고 몇 시간이고 달렸으며, 한 번도 길을 잃지 않았습니다.

Attraverso terre sconosciute, si muoveva dritto come l'ago di una bussola.

그는 알려지지 않은 땅을 나침반 바늘처럼 똑바로
나아갔다.

**Il suo senso dell'orientamento faceva sembrare deboli, al confronto, l'uomo e la mappa.**

그의 방향 감각은 인간과 지도를 비교하면 약해 보였다.

**Mentre Buck correva, sentiva sempre più forte l'agitazione nella terra selvaggia.**

벅은 달릴수록 황야지대에서 더 강한 움직임을 느꼈다.

**Era un nuovo tipo di vita, diverso da quello dei tranquilli mesi estivi.**

그것은 고요한 여름철의 삶과는 다른 새로운 종류의
삶이었습니다.

**Questa sensazione non giungeva più come un messaggio sottile o distante.**

이런 느낌은 더 이상 미묘하거나 멀리서 전해지는
메시지가 아니었습니다.

**Ora gli uccelli parlavano di questa vita e gli scoiattoli chiacchieravano.**

이제 새들은 이 삶에 대해 이야기했고 다람쥐들은 이
삶에 대해 지저귀었습니다.

**Persino la brezza sussurrava avvertimenti tra gli alberi silenziosi.**

심지어 바람조차도 조용한 나무들 사이로 경고를
속삭였다.

**Più volte si fermò ad annusare l'aria fresca del mattino.**

그는 여러 번 멈춰서서 신선한 아침 공기를 맡았습니다.

**Lì lesse un messaggio che lo fece fare un balzo in avanti più velocemente.**

그는 거기에서 자신을 더 빨리 앞으로 뛰게 만드는
메시지를 읽었습니다.

**Fu pervaso da un forte senso di pericolo, come se qualcosa fosse andato storto.**

마치 무슨 일이 잘못된 것처럼, 무거운 위험감이 그를
가득 채웠다.

**Temeva che la calamità stesse per arrivare, o che fosse già arrivata.**

그는 재앙이 다가오고 있다거나 이미 다가왔다고
두려워했습니다.

**Superò l'ultima cresta ed entrò nella valle sottostante.**
그는 마지막 능선을 넘어 아래 계곡으로 들어갔다.

**Si muoveva più lentamente, attento e cauto a ogni passo.**
그는 더욱 천천히, 경계하며 조심스럽게 매 걸음을
옮겼다.

**Dopo tre miglia trovò una pista fresca che lo fece irrigidire.**
3마일을 나간 뒤 그는 몸을 굳게 만드는 새로운 길을
발견했습니다.

**I peli sul collo si rizzarono e si rizzarono in segno di allarme.**
그의 목덜미의 머리카락이 놀라움으로 흩날리고
곤두섰다.

**Il sentiero portava dritto all'accampamento dove Thornton
aspettava.**
그 길은 쏜튼이 기다리고 있던 캠프를 향해 곧장
이어졌습니다.

**Buck ora si muoveva più velocemente, con passi silenziosi e
rapidi.**
벅은 이제 더 빨리 움직였다. 그의 걸음걸이는
조용하면서도 빨랐다.

**I suoi nervi si irrigidirono mentre leggeva segnali che altri
non avrebbero notato.**
그는 다른 사람들이 놓칠 징조를 읽으며 긴장감을
느꼈다.

**Ogni dettaglio del percorso raccontava una storia, tranne
l'ultimo pezzo.**
트레일의 각 세부 사항은 이야기를 담고 있었습니다.
마지막 부분을 제외하고요.

**Il suo naso gli raccontò della vita che aveva trascorso lì.**
그의 코는 그에게 이 길을 지나간 삶에 대해 말해주었다.

**L'odore gli fornì un'immagine mutevole mentre lo seguiva
da vicino.**
그가 바로 뒤따르자 향기가 그에게 변화하는 그림을
선사했다.

Ma la foresta stessa era diventata silenziosa, innaturalmente immobile.

하지만 숲 자체는 고요해졌습니다. 부자연스러울 정도로 고요해졌습니다.

Gli uccelli erano scomparsi, gli scoiattoli erano nascosti, silenziosi e immobili.

새들은 사라지고 다람쥐들은 숨어서 조용하고 고요했습니다.

Vide solo uno scoiattolo grigio, sdraiato su un albero morto.

그는 죽은 나무 위에 납작하게 앉아 있는 회색 다람쥐 한 마리만 보았습니다.

Lo scoiattolo si mimetizzava, rigido e immobile come una parte della foresta.

다람쥐는 숲의 일부처럼 뻣뻣하고 움직이지 않고 섞여 있었습니다.

Buck si muoveva come un'ombra, silenzioso e sicuro tra gli alberi.

벅은 그림자처럼 움직이며, 나무 사이로 조용하고 확실하게 움직였다.

Il suo naso si mosse di lato come se fosse stato tirato da una mano invisibile.

그의 코는 보이지 않는 손에 잡아당겨진 듯 옆으로 움직였다.

Si voltò e seguì il nuovo odore nel profondo di un boschetto.

그는 돌아서서 새로운 향기를 따라 덤불 깊숙이 들어갔다.

Lì trovò Nig, steso morto, trafitto da una freccia.

그는 그곳에서 니그가 화살에 찔려 죽은 채로 누워 있는 것을 발견했습니다.

La freccia gli attraversò il corpo, lasciando ancora visibili le piume.

화살은 그의 몸을 꿰뚫었고, 깃털은 여전히 보였다.

Nig si era trascinato fin lì, ma era morto prima di riuscire a raggiungere i soccorsi.

니그는 그곳까지 기어갔지만 도움을 받기 전에 죽었습니다.

**Cento metri più avanti, Buck trovò un altro cane da slitta.**
100야드 더 가서 벅은 또 다른 썰매개를 발견했습니다.

**Era un cane che Thornton aveva comprato a Dawson City.**
그 개는 쏜튼이 도슨 시티에서 사온 개였습니다.

**Il cane lottava con tutte le sue forze, dimenandosi violentemente sul sentiero.**
그 개는 죽음의 싸움을 벌이고 있었고, 길에서 심하게 몸부림치고 있었습니다.

**Buck gli passò accanto senza fermarsi, con gli occhi fissi davanti a sé.**
벅은 멈추지 않고 그의 주위를 돌아다녔고, 시선은 앞을 응시했다.

**Dalla direzione dell'accampamento proveniva un canto lontano e ritmico.**
캠프 방향에서 멀리서 리드미컬한 노래가 들려왔다.

**Le voci si alzavano e si abbassavano con un tono strano, inquietante, cantilenante.**
목소리가 이상하고, 섬뜩하고, 노래하듯이 오르락내리락했다.

**Buck strisciò in silenzio fino al limite della radura.**
벅은 아무 말 없이 개간지 가장자리로 기어갔다.

**Lì vide Hans disteso a faccia in giù, trafitto da numerose frecce.**
그는 한스가 얼굴을 아래로 하고 누워 있는 것을 보았는데, 그의 몸에는 수많은 화살이 박혀 있었다.

**Il suo corpo sembrava quello di un porcospino, irto di penne.**
그의 몸은 깃털이 난 털이 빽빽이 난 고슴도치처럼 생겼습니다.

**Nello stesso momento, Buck guardò verso la capanna in rovina.**
동시에 벅은 파괴된 롯지를 바라보았다.

**Quella vista gli fece rizzare i capelli sul collo e sulle spalle.**
그 광경을 보자 그의 목과 어깨에는 소름이 돋았다.

**Un'ondata di rabbia selvaggia travolse tutto il corpo di Buck.**
격렬한 분노의 폭풍이 벅의 온 몸을 휩쓸었다.

Ringhiò forte, anche se non ne era consapevole.

그는 자신이 그렇게 했다는 것을 알지 못한 채 큰 소리로 으르렁거렸다.

Il suono era crudo, pieno di una furia terrificante e selvaggia.

그 소리는 날카로웠고, 무섭고 야만적인 분노로 가득 차 있었습니다.

Per l'ultima volta nella sua vita, Buck perse la ragione a causa delle emozioni.

벅은 인생에서 마지막으로 이성을 잃고 감정을 잃었습니다.

Fu l'amore per John Thornton a spezzare il suo attento controllo.

존 손튼에 대한 사랑으로 인해 그의 신중한 통제가 깨졌습니다.

Gli Yeehats ballavano attorno alla baita in legno di abete rosso distrutta.

예하트 가족은 파괴된 가문비나무 오두막 주위에서 춤을 추고 있었습니다.

Poi si udì un ruggito e una bestia sconosciuta si lanciò verso di loro.

그러자 포효하는 소리가 들렸고, 알 수 없는 짐승이 그들을 향해 달려들었습니다.

Era Buck: una furia in movimento, una tempesta vivente di vendetta.

그것은 벅이었다. 움직이는 분노, 복수의 살아있는 폭풍이었다.

Si gettò in mezzo a loro, folle di voglia di uccidere.

그는 살인의 욕구에 미쳐 그들 한가운데로 달려들었다.

Si lanciò contro il primo uomo, il capo Yeehat, e colpì nel segno.

그는 첫 번째 남자, 예하트 족장에게 달려들어 정확히 공격했습니다.

La sua gola era squarciata e il sangue schizzava a fiotti.

그의 목이 찢어지고 피가 물줄기로 뿜어져 나왔다.

Buck non si fermò, ma con un balzo squarciò la gola dell'uomo successivo.

벅은 멈추지 않고 단번에 다음 남자의 목을 찢어버렸습니다.

Era inarrestabile: squarciava, tagliava, non si fermava mai a riposare.

그는 멈출 수 없었습니다.찢고, 베고, 쉬는 틈도 없이 계속했습니다.

Si lanciò e balzò così velocemente che le loro frecce non riuscirono a toccarlo.

그는 너무 빨리 달려가서 화살이 그를 맞힐 수 없었습니다.

Gli Yeehats erano in preda al panico e alla confusione.

예하트 가족은 그들만의 공황과 혼란에 빠졌습니다.

Le loro frecce non colpirono Buck e si colpirono tra loro.

그들의 화살은 벅을 빗나가고 대신 서로를 맞혔습니다.

Un giovane scagliò una lancia contro Buck e colpì un altro uomo.

한 청년이 벅에게 창을 던져 다른 남자를 맞혔습니다.

La lancia gli trapassò il petto e la punta gli trafisse la schiena.

창은 그의 가슴을 꿰뚫었고, 창끝은 그의 등을 찔렀다.

Il terrore travolse gli Yeehats, che si diedero alla ritirata.

예하트족은 공포에 휩싸여 전속력으로 퇴각했다.

Urlarono allo Spirito Maligno e fuggirono nelle ombre della foresta.

그들은 악령을 비명을 지르며 숲의 그림자 속으로 도망쳤습니다.

Buck era davvero come un demone mentre inseguiva gli Yeehats.

정말로 벅은 예하츠를 쫓아가는 동안 악마와 같았습니다.

Li inseguì attraverso la foresta, abbattendoli come cervi.

그는 숲을 뚫고 그들을 쫓아갔고, 그들을 사슴처럼 쓰러뜨렸습니다.

Divenne un giorno di destino e terrore per gli spaventati Yeehats.

두려움에 떨던 예하트족에게는 그날이 운명과 공포의
날이 되었다.

**Si dispersero sul territorio, fuggendo in ogni direzione.**
그들은 땅 곳곳에 흩어져서 모든 방향으로 멀리
도망쳤습니다.

**Passò un'intera settimana prima che gli ultimi sopravvissuti si incontrassero in una valle.**
마지막 생존자들이 계곡에 모이기까지 꼬박 일주일이
걸렸습니다.

**Solo allora contarono le perdite e raccontarono quanto accaduto.**
그제서야 그들은 손실을 계산하고 무슨 일이 일어났는지
이야기합니다.

**Buck, stanco dell'inseguimento, ritornò all'accampamento in rovina.**
벅은 추격에 지친 후 폐허가 된 캠프로 돌아갔다.

**Trovò Pete, ancora avvolto nelle coperte, ucciso nel primo attacco.**
그는 첫 번째 공격에서 사망한 피트가 담요를 두른 채
있는 것을 발견했습니다.

**I segni dell'ultima lotta di Thornton erano visibili nella terra lì vicino.**
근처 흙에는 쏜튼의 마지막 투쟁의 흔적이 남아
있었습니다.

**Buck seguì ogni traccia, annusando ogni segno fino al punto finale.**
벅은 모든 흔적을 따라가며 각각의 흔적을 마지막
지점까지 냄새 맡았다.

**Sul bordo di una profonda pozza trovò il fedele Skeet, immobile.**
그는 깊은 웅덩이의 가장자리에서 충실한 스키트가
움직이지 않고 누워 있는 것을 발견했습니다.

**La testa e le zampe anteriori di Skeet erano nell'acqua, immobili nella morte.**
스키트의 머리와 앞발은 물속에 잠겨 있었고, 죽은 듯
움직이지 않았습니다.

La piscina era fangosa e contaminata dai liquidi di scarico delle chiuse.

수영장은 진흙투성이였고 수문 상자에서 흘러나온 물로 더러워져 있었습니다.

La sua superficie torbida nascondeva ciò che si trovava sotto, ma Buck conosceva la verità.

구름이 낀 표면은 그 아래에 무엇이 있는지 숨기고 있었지만, 벅은 진실을 알고 있었습니다.

Seguì l'odore di Thornton nella piscina, ma non lo portò da nessun'altra parte.

그는 쏜튼의 냄새를 수영장까지 따라갔다. 하지만 그 냄새는 다른 곳으로 이어지지 않았다.

Non c'era alcun odore che provenisse, solo il silenzio dell'acqua profonda.

밖으로는 아무런 향기도 나지 않았다. 오직 깊은 물의 고요함만이 느껴졌다.

Buck rimase tutto il giorno vicino alla piscina, camminando avanti e indietro per l'accampamento, addolorato.

벅은 하루종일 수영장 근처에 머물며 슬픔에 잠겨 캠프 안을 왔다 갔다 했습니다.

Vagava irrequieto o sedeva immobile, immerso nei suoi pensieri.

그는 불안하게 방황하거나, 고요히 앉아 깊은 생각에 잠겼습니다.

Conosceva la morte, la fine della vita, la scomparsa di ogni movimento.

그는 죽음을 알았습니다. 삶의 끝, 모든 움직임의 소멸을 알았습니다.

Capì che John Thornton se n'era andato e non sarebbe mai più tornato.

그는 존 손튼이 떠났고 다시는 돌아오지 않을 것이라는 걸 알았습니다.

La perdita lasciò in lui un vuoto che pulsava come la fame.

그 상실은 그에게 굶주림처럼 뛰는 공허한 공간을 남겼습니다.

Ma questa era una fame che il cibo non riusciva a placare, non importava quanto ne mangiasse.

하지만 아무리 많이 먹어도 배고픔은 해소되지 않았습니다.

A volte, mentre guardava i cadaveri di Yeehats, il dolore si attenuava.

때때로 그는 죽은 예하트들을 바라보면서 고통이 사라졌습니다.

E poi dentro di lui nacque uno strano orgoglio, feroce e totale.

그러자 그의 안에서 이상하고도 강렬한 자부심이 솟아올랐습니다.

Aveva ucciso l'uomo, la preda più alta e pericolosa di tutte.

그는 인간을 죽였습니다. 인간이란 모든 게임 중에서도 가장 고귀하고 위험한 게임입니다.

Aveva ucciso in violazione dell'antica legge del bastone e della zanna.

그는 몽둥이와 송곳니라는 고대의 법을 어기고 살인을 저질렀습니다.

Buck annusò i loro corpi senza vita, curioso e pensieroso.

벅은 호기심과 생각에 잠겨 그들의 생명 없는 몸을 냄새 맡았다.

Erano morti così facilmente, molto più facilmente di un husky in combattimento.

그들은 너무 쉽게 죽었어요. 싸움 속의 허스키보다 훨씬 쉽게요.

Senza le armi non avrebbero avuto vera forza né avrebbero rappresentato una minaccia.

무기가 없다면 그들에게는 진정한 힘도 위협도 없습니다.

Buck non avrebbe più avuto paura di loro, a meno che non fossero stati armati.

벅은 그들이 무장하지 않는 한 다시는 그들을 두려워하지 않을 것이다.

Stava attento solo quando portavano clave, lance o frecce.

오직 그들이 곤봉이나 창, 화살을 휴대하고 있을 때만 조심했다.

Calò la notte e la luna piena spuntò alta sopra le cime degli
alberi.
밤이 되었고, 나무 꼭대기 위로 보름달이 높이
떠올랐습니다.
La pallida luce della luna avvolgeva la terra in un tenue e
spettrale chiarore, come se fosse giorno.
달빛의 희미한 빛이 땅을 낮처럼 부드럽고 희미한 빛으로
물들였다.
Mentre la notte avanzava, Buck continuava a piangere
presso la pozza silenziosa.
밤이 깊어갈수록, 벅은 여전히 조용한 웅덩이 옆에서
애도하고 있었습니다.
Poi si accorse di un diverso movimento nella foresta.
그때 그는 숲 속에서 다른 움직임이 일어나는 것을
느꼈습니다.
L'agitazione non proveniva dagli Yeehats, ma da qualcosa di
più antico e profondo.
그 감동은 예하츠 에서 나온 것이 아니라, 더 오래되고 더
깊은 곳에서 나온 것이었습니다.
Si alzò in piedi, drizzò le orecchie e tastò con attenzione la
brezza con il naso.
그는 일어서서 귀를 치켜들고, 코를 대고 조심스럽게
바람을 살펴보았다.
Da lontano giunse un debole e acuto grido che squarciò il
silenzio.
멀리서 조용함을 깨고 희미하고 날카로운 비명소리가
들려왔다.
Poi un coro di grida simili seguì subito dopo il primo.
그러자 첫 번째 소리 바로 뒤에 비슷한 함성의 합창이
이어졌습니다.
Il suono si avvicinava sempre di più, diventando sempre più
forte con il passare dei minuti.
소리는 점점 가까워졌고, 지날수록 소리는 점점 더
커졌습니다.

**Buck conosceva quel grido: proveniva da quell'altro mondo nella sua memoria.**

벅은 이 외침을 알고 있었다. 그것은 그의 기억 속 다른 세계에서 들려오는 소리였다.

**Si recò al centro dello spazio aperto e ascoltò attentamente.**

그는 열린 공간의 중앙으로 걸어가서 귀를 기울여 들었습니다.

**L'appello risuonò più forte che mai, più sentito e più potente che mai.**

그 부름은 많은 이의 주목을 끌었고 그 어느 때보다 더 강력했습니다.

**E ora, più che mai, Buck era pronto a rispondere alla sua chiamata.**

그리고 지금, 그 어느 때보다도 벅은 자신의 소명에 응답할 준비가 되었습니다.

**John Thornton era morto e in lui non era rimasto alcun legame con l'uomo.**

존 손튼은 죽었고, 그에게는 인간과의 유대감이 더 이상 남아 있지 않았습니다.

**L'uomo e tutte le pretese umane erano svaniti: era finalmente libero.**

인간과 인간에 대한 모든 주장은 사라졌습니다. 마침내 그는 자유로워졌습니다.

**Il branco di lupi era a caccia di carne, proprio come un tempo avevano fatto gli Yeehats.**

늑대 무리는 예하트족이 그랬던 것처럼 고기를 쫓고 있었습니다.

**Avevano seguito le alci mentre scendevano dalle terre boscose.**

그들은 숲이 우거진 땅에서 무스를 따라 내려왔습니다.

**Ora, selvaggi e affamati di prede, attraversarono la sua valle.**

이제 그들은 야성적이고 먹이를 갈망하며 그의 계곡으로 들어갔습니다.

**Giunsero nella radura illuminata dalla luna, scorrendo come acqua argentata.**

그들은 달빛이 비치는 개간지로 은빛 물처럼 흘러 들어왔습니다.

**Buck rimase immobile al centro, in attesa.**

벅은 중앙에 서서 움직이지 않고 그들을 기다렸다.

**La sua presenza calma e imponente lasciò il branco senza parole, tanto da farlo restare per un breve periodo in silenzio.**

그의 차분하고 큰 존재감에 무리는 잠시 침묵에 잠겼다.

**Allora il lupo più audace gli saltò addosso senza esitazione.**

그러자 가장 대담한 늑대가 주저하지 않고 그에게 달려들었다.

**Buck colpì rapidamente e spezzò il collo del lupo con un solo colpo.**

벅은 재빠르게 공격해 단 한 번의 타격으로 늑대의 목을 부러뜨렸다.

**Rimase di nuovo immobile mentre il lupo morente si contorceva dietro di lui.**

죽어가는 늑대가 그의 뒤로 몸을 비틀자 그는 다시 움직이지 않고 서 있었다.

**Altri tre lupi attaccarono rapidamente, uno dopo l'altro.**

세 마리의 늑대가 잇따라 재빨리 공격해 왔습니다.

**Ognuno di loro si ritrasse sanguinante, con la gola o le spalle tagliate.**

그들은 모두 피를 흘리며 물러섰고, 목이나 어깨가 베였다.

**Ciò fu sufficiente a scatenare una carica selvaggia da parte dell'intero branco.**

그것은 무리 전체를 흥분하게 만들기에 충분했습니다.

**Si precipitarono tutti insieme, troppo impazienti e troppo ammassati per colpire bene.**

그들은 너무 열의에 차서 몰려들었고, 군중이 너무 많아서 제대로 공격할 수가 없었다.

**La velocità e l'abilità di Buck gli permisero di anticipare l'attacco.**

벅의 빠른 속도와 기술 덕분에 그는 공격보다 앞서 나갈 수 있었습니다.

Girò sulle zampe posteriori, schioccando i denti e colpendo in tutte le direzioni.

그는 뒷다리를 돌리며 사방으로 몸을 휘두르며 공격했습니다.

Ai lupi sembrò che la sua difesa non si fosse mai aperta o avesse vacillato.

늑대들에게는 그의 수비가 전혀 열리지 않거나 흔들리지 않는 것처럼 보였습니다.

Si voltò e colpì così velocemente che non riuscirono a raggiungerlo alle spalle.

그는 돌아서서 너무 빨리 베어서 그들이 그의 뒤로 돌아올 수 없게 했습니다.

Ciononostante, il loro numero lo costrinse a cedere terreno e a ritirarsi.

그럼에도 불구하고, 그들의 수 때문에 그는 물러서야 했고 후퇴해야 했습니다.

Superò la piscina e scese nel letto roccioso del torrente.

그는 수영장을 지나 바위투성이의 개울바닥으로 내려갔습니다.

Lì si imbatté in un ripido pendio di ghiaia e terra.

그는 그곳에서 자갈과 흙으로 이루어진 가파른 언덕에 다다랐습니다.

Si è infilato in un angolo scavato durante i vecchi scavi dei minatori.

그는 광부들이 옛날에 땅을 파던 중에 생긴 모서리에 다가갔다.

Ora, protetto su tre lati, Buck si trovava di fronte solo al lupo frontale.

이제 세 면이 보호받게 된 벅은 앞쪽 늑대만을 마주하게 되었다.

Lì rimase in attesa, pronto per la successiva ondata di assalto.

그는 그곳에서 다음 공격에 대비해 궁지에 몰렸습니다.

Buck mantenne la posizione con tanta ferocia che i lupi indietreggiarono.

벅은 늑대들이 물러설 정도로 사납게 자리를 지켰습니다.

**Dopo mezz'ora erano sfiniti e visibilmente sconfitti.**
30분 후, 그들은 지쳐 있었고 눈에 띄게 패배했습니다.

**Le loro lingue pendevano fuori e le loro zanne bianche brillavano alla luce della luna.**
그들의 혀가 늘어져 있었고, 하얀 송곳니가 달빛에 반짝였다.

**Alcuni lupi si sdraiano, con la testa alzata e le orecchie dritte verso Buck.**
늑대 몇 마리가 머리를 들고 벅 쪽으로 귀를 쫑긋 세운 채 누워 있었습니다.

**Altri rimasero immobili, attenti e osservarono ogni suo movimento.**
다른 사람들은 움직이지 않고 경계하며 그의 모든 움직임을 지켜보았습니다.

**Qualcuno si avvicinò alla piscina e bevve l'acqua fredda.**
몇몇은 수영장으로 가서 차가운 물을 마셨습니다.

**Poi un lupo grigio, lungo e magro, si fece avanti furtivamente, con passo gentile.**
그러자 길고 마른 회색 늑대 한 마리가 부드럽게 앞으로 기어나왔다.

**Buck lo riconobbe: era il fratello selvaggio di prima.**
벅은 그를 알아보았다. 아까 봤던 그 야생형제였다.

**Il lupo grigio uggiolò dolcemente e Buck rispose con un guaito.**
회색 늑대가 부드럽게 징징거리자, 벅은 징징거리며 대답했다.

**Si toccarono il naso, silenziosamente, senza timore o minaccia.**
그들은 조용히, 위협이나 두려움 없이 코를 만졌습니다.

**Poi venne un lupo più anziano, scarno e segnato dalle numerose battaglie.**
그 다음은 나이 많은 늑대 한 마리였는데, 수많은 전투로 인해 수척하고 흉터가 있었다.

**Buck cominciò a ringhiare, ma si fermò e annusò il naso del vecchio lupo.**

벅은 으르렁거리기 시작했지만, 잠시 멈추고 늙은 늑대의
코를 맡았습니다.

**Il vecchio si sedette, alzò il naso e ululò alla luna.**
그 노인은 앉아서 코를 치켜들고 달을 향해 울부짖었다.

**Il resto del branco si sedette e si unì al lungo ululato.**
나머지 무리도 앉아서 긴 울부짖음에 동참했습니다.

**E ora la chiamata giunse a Buck, inequivocabile e forte.**
그리고 이제 벅에게 분명하고 강력한 부름이 왔습니다.

**Si sedette, alzò la testa e ululò insieme agli altri.**
그는 앉아서 머리를 들고 다른 사람들과 함께
울부짖었다.

**Quando l'ululato cessò, Buck uscì dal suo riparo roccioso.**
울부짖음이 끝나자 벅은 바위로 된 은신처에서 나왔다.

**Il branco si strinse attorno a lui, annusando con gentilezza e cautela.**
무리가 그의 주위로 모여들어 친절하면서도 조심스럽게
냄새를 맡았다.

**Allora i capi lanciarono un grido e si precipitarono nella foresta.**
그러자 지도자들은 비명을 지르며 숲으로 달려갔다.

**Gli altri lupi li seguirono, guaendo in coro, selvaggi e veloci nella notte.**
다른 늑대들도 뒤따라서 밤에 사납고 빠르게 울부짖으며
합창했다.

**Buck corse con loro, accanto al suo selvaggio fratello, ululando mentre correva.**
벅은 거친 형 옆에서 그들과 함께 울부짖으며 달렸다.

**Qui la storia di Buck giunge al termine.**
여기서 벅의 이야기는 마무리되는 게 좋을 듯합니다.

**Negli anni a seguire, gli Yeehats notarono degli strani lupi.**
그 후 몇 년 동안, 예하트 부부는 이상한 늑대들을
발견했습니다.

**Alcuni avevano la testa e il muso marroni e il petto bianco.**
어떤 종은 머리와 주둥이는 갈색이고 가슴은
흰색이었습니다.

Ma ancora di più temevano la presenza di una figura
spettrale tra i lupi.

하지만 그보다 더 두려웠던 것은 늑대들 사이에 유령
같은 존재가 있다는 것이었습니다.

Parlavano a bassa voce del Cane Fantasma, il capo del
branco.

그들은 무리의 우두머리인 유령개에 대해 속삭이듯
이야기를 나누었습니다.

Questo Ghost Dog era più astuto del più audace cacciatore di
Yeehat.

이 유령 개는 가장 대담한 예하트 사냥꾼보다 더
교활했습니다.

Il cane fantasma rubava dagli accampamenti nel cuore
dell'inverno e faceva a pezzi le loro trappole.

유령 개는 한겨울에 캠프에서 훔쳐와서 함정을
찢어버렸습니다.

Il cane fantasma uccise i loro cani e sfuggì alle loro frecce
senza lasciare traccia.

유령 개는 그들의 개를 죽이고 흔적도 없이 화살을 피해
도망쳤습니다.

Perfino i guerrieri più coraggiosi avevano paura di
affrontare questo spirito selvaggio.

가장 용감한 전사들조차도 이 거친 영혼에 맞서는 것을
두려워했습니다.

No, la storia diventa ancora più oscura con il passare degli
anni trascorsi nella natura selvaggia.

아니, 세월이 흐르면서 이야기는 더욱 어두워진다.

Alcuni cacciatori scompaiono e non fanno più ritorno ai loro
accampamenti lontani.

일부 사냥꾼은 사라져서 다시는 먼 캠프로 돌아오지
않습니다.

Altri vengono trovati con la gola squarciata, uccisi nella
neve.

어떤 동물들은 목이 찢어진 채 눈 속에서 죽은 채로
발견됩니다.

Intorno ai loro corpi ci sono delle impronte più grandi di quelle che un lupo potrebbe mai lasciare.

그들의 몸 주위에는 늑대가 만들 수 있는 것보다 더 큰 발자국이 있습니다.

Ogni autunno, gli Yeehats seguono le tracce dell'alce.

매년 가을이면 예하트들은 무스의 흔적을 따라간다.

Ma evitano una valle perché la paura è scolpita nel profondo del loro cuore.

하지만 그들은 두려움을 가슴 깊이 새긴 채 계곡 하나를 피합니다.

Si dice che la valle sia stata scelta dallo Spirito Maligno come sua dimora.

그들은 이 계곡을 악령이 자신의 집으로 선택했다고 말합니다.

E quando la storia viene raccontata, alcune donne piangono accanto al fuoco.

그리고 그 이야기가 전해졌을 때, 몇몇 여자들은 불 옆에서 울었습니다.

Ma d'estate, c'è un visitatore che giunge in quella valle sacra e silenziosa.

하지만 여름이면 그 조용하고 신성한 계곡을 찾는 방문객이 한 명 있습니다.

Gli Yeehats non lo conoscono e non potrebbero capirlo.

예하트족은 그를 알지도 못하고, 이해할 수도 없었다.

Il lupo è un animale grandioso, ricoperto di gloria, come nessun altro della sua specie.

늑대는 다른 어떤 늑대와도 비교할 수 없을 만큼 위대한 존재로, 영광으로 뒤덮여 있습니다.

Lui solo attraversa il bosco verde ed entra nella radura della foresta.

그는 혼자서 푸른 숲을 건너 숲 사이의 빈터로 들어간다.

Lì, la polvere dorata contenuta nei sacchi di pelle d'alce si infiltra nel terreno.

그곳에서는 무스 가죽 자루에서 나온 황금빛 먼지가 땅으로 스며든다.

L'erba e le foglie vecchie hanno nascosto il giallo del sole.

풀과 오래된 잎사귀가 햇빛으로부터 노란색을
가렸습니다.

**Qui il lupo resta in silenzio, pensando e ricordando.**
여기 늑대는 침묵 속에 서서 생각하며 기억하고
있습니다.

**Urla una volta sola, a lungo e lugubremente, prima di girarsi
e andarsene.**
그는 돌아서서 떠나기 전에 길고 슬픈 울부짖음을 한 번
울부짖는다.

**Ma non è sempre solo nella terra del freddo e della neve.**
하지만 그는 추위와 눈의 땅에서 항상 혼자 있는 것은
아닙니다.

**Quando le lunghe notti invernali scendono sulle valli più
basse.**
긴 겨울밤이 계곡 아래쪽에 내려올 때.

**Quando i lupi seguono la selvaggina attraverso il chiaro di
luna e il gelo.**
늑대들이 달빛과 서리 속에서 사냥감을 쫓을 때.

**Poi corre in testa al gruppo, saltando in alto e in modo
selvaggio.**
그러고 나서 그는 무리의 선두로 달려가 높이, 사납게
뛰어오른다.

**La sua figura svetta sulle altre, la sua gola risuona di canto.**
그의 모습은 다른 이들보다 훨씬 크고, 그의 목구멍은
노래로 가득 차 있습니다.

**È il canto del mondo più giovane, la voce del branco.**
그것은 젊은 세계의 노래이며, 무리의 목소리입니다.

**Canta mentre corre: forte, libero e per sempre selvaggio.**
그는 달리면서 노래를 부릅니다. 강하고, 자유롭고,
언제나 거칠죠.